北交所上市企业创新能力分析

刘 鹤 连书勇／著

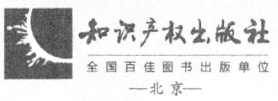

图书在版编目（CIP）数据

北交所上市企业创新能力分析 / 刘鹤，连书勇著 . —北京：知识产权出版社，2022.8
ISBN 978-7-5130-8311-9

Ⅰ.①北…　Ⅱ.①刘…②连…　Ⅲ.①上市公司 – 企业创新 – 研究 – 中国　Ⅳ.① F279.246

中国版本图书馆 CIP 数据核字（2022）第 155671 号

内容提要

本书围绕北交所的制度创新及其上市企业的创新能力，从定位、发展方向、制度规则等方面透彻解析北交所的制度特点，采用创新能力评价体系，综合评价北交所上市企业的创新能力、创新现状，以翔实的资料和确凿的数据为优质创新型中小企业提供参考，并对上市企业的专利风险与对策提出更有针对性的建议。

本书适合广大投资者和专利分析工作者参阅。

责任编辑：崔　玲　王志茹　　　　责任印制：孙婷婷

北交所上市企业创新能力分析
BEIJIAOSUO SHANGSHI QIYE CHUANGXIN NENGLI FENXI
刘　鹤　连书勇　著

出版发行：	知识产权出版社 有限责任公司	网　　址：	http：//www.ipph.cn	
电　　话：	010-82004826		http：//www.laichushu.com	
社　　址：	北京市海淀区气象路 50 号院	邮　　编：	100081	
责编电话：	010-82000860 转 8761	责编邮箱：	laichushu@cnipr.com	
发行电话：	010-82000860 转 8101	发行传真：	010-82000893	
印　　刷：	北京中献拓方科技发展有限公司	经　　销：	新华书店、各大网上书店及相关专业书店	
开　　本：	720mm×1000mm　1/16	印　　张：	18	
版　　次：	2022 年 8 月第 1 版	印　　次：	2022 年 8 月第 1 次印刷	
字　　数：	263 千字	定　　价：	88.00 元	

ISBN 978-7-5130-8311-9

出版权专有　侵权必究
如有印装质量问题，本社负责调换。

前　言

当前，我国进入新发展阶段，推动高质量发展是保持经济持续健康发展的必然要求，而创新是引领发展的第一动力。

在世界知识产权组织（World Intellectual Property Organization，WIPO）发布的《2021年全球创新指数报告》的排名中，我国由2013年第35位升至2021年第12位，位居中等收入经济体之首，是世界上进步最快的国家之一。据统计，中小企业贡献了我国70%以上的技术创新。很多"专精特新"企业是技术创新领域的"小巨人"和"隐形冠军"，都有自己的"金刚钻"，在解决关键领域"卡脖子"问题上发挥着"四两拨千斤"的作用。

北交所以"打造服务创新型中小企业主阵地"为建设发展目标，为优质创新型企业提供相适应的创新型资本市场。北交所对于中小企业的制度创新究竟"新"在哪里？作为创新型中小企业主阵地，北交所上市企业的创新能力到底如何？这是本书要着力回答的两个问题。

对于第一个问题，本书在第一章至第三章里进行了阐述。我们不仅解读了北交所的定位、发展方向、制度规则，还将其与科创板、创业板进行对比，从而使读者能够在短时间内较为系统地了解北交所的制度特点。

对于第二个问题，本书在第四章至第七章及第九章里进行了分析。在对北交所上市企业进行分析之前，第四章首先对已有的创新能力评价方法进行综述，进而引出笔者所采用的创新能力评价体系；第五章、第六章对专利数量、专利质量的一些基础指标进行分析；第七章在此基础上选取了一些适合北交所企业实际情况的指标进行综合评价；第九章重点对几家企业与科创板的科创属性进行对标分析。

　　此外，笔者尝试分析专利储备与企业经营发展的关系，在第八章里提出了专利储备指数、专利支撑系数的概念，将企业的专利积累与经营收入联系起来，为预测企业未来的发展提供数据参考。最后，第十章通过典型案例点评的方式对上市企业的专利风险与对策进行提示。

　　全书共分十章，第一章至第四章、第九章由刘鹤撰写，第五章至第八章、第十章由连书勇撰写。

　　本书适合广大投资者和专利工作者阅读。一方面，本书的统计数据和分析结果可以为投资者提供数据参考；另一方面，本书的分析方法对专利工作者具有抛砖引玉的作用。

　　由于作者水平有限，书中观点难免有不妥之处，数据统计也可能存在疏漏，欢迎广大读者批评指正。

刘　鹤　连书勇

2022 年 5 月 31 日

目　录

第一章　设立北交所的背景及意义 ··· 1
　　一、设立北交所的背景 ··· 1
　　二、北交所的定位与发展方向 ··· 4
　　三、设立北交所的意义及积极效应 ·· 8

第二章　北交所重点制度规则及解读 ·· 12
　　一、交易规则 ·· 14
　　二、股票上市与交易持续监管规则 ·· 17
　　三、上市保荐与持续督导规则 ·· 25
　　四、上市后持续监管规则 ··· 28
　　五、再融资规则 ·· 46
　　六、重组规则 ·· 52
　　七、转板规则 ·· 57
　　八、退市规则 ·· 62

第三章　北交所与科创板、创业板对比 ··· 69
　　一、主要制度区别 ··· 69
　　二、北交所的优势与劣势 ··· 75
　　三、创新能力比较 ··· 76
　　四、从创新能力挖掘投资机会 ·· 77

第四章　创新能力分析的方法 ··· 79
一、专利与创新能力 ··· 79
二、专利信息在上市公司分析中的应用 ································· 85
三、本书中创新能力分析的指标选取 ···································· 88
四、本书中创新能力分析的范围及数据来源 ··························· 89

第五章　北交所上市公司专利数量分析 ··································· 90
一、专利申请量分析 ··· 90
二、专利保有量分析 ··· 91
三、专利类型分析 ·· 94
四、行业分析 ·· 102
五、申请态势分析 ·· 105

第六章　北交所上市公司专利质量分析 ································· 109
一、创新高度 ·· 109
二、专利寿命 ·· 116
三、法律价值 ·· 121
四、运营情况 ·· 128
五、市场潜力 ·· 147
六、技术影响力 ··· 149

第七章　创新能力综合分析 ··· 164
一、创新效率 ·· 164
二、创新数量 ·· 168
三、创新质量 ·· 171
四、创新能力 ·· 178
五、创新能力排名前十企业分析 ·· 181

第八章 专利储备综合分析 ·· 208
    一、专利储备指数（Is) ·· 208
    二、专利支撑系数（Cz) ·· 228

第九章 与科创板科创属性的对标分析 ··· 240
    一、贝特瑞 ·· 241
    二、颖泰生物 ·· 243
    三、安徽凤凰 ·· 245
    四、五新隧装 ·· 246
    五、创远仪器 ·· 248
    六、三元基因 ·· 250

第十章 上市企业的专利风险与对策 ·· 253
    一、风险概述 ·· 253
    二、案例分析 ·· 255

参考文献 ·· 266

附 录 ··· 277
    附表1 北交所创新能力优势企业目录 ··· 277
    附表2 北交所专利储备优势企业目录 ··· 279

第一章　设立北交所的背景及意义

一、设立北交所的背景

设立北京证券交易所（以下简称"北交所"），是党中央、国务院立足构建新发展格局、推动高质量发展作出的重大决策部署，是我国资本市场改革与创新发展的一座里程碑。

（一）时代背景

随着中国改革开放的逐步推进，中国资本市场从无到有、从小到大，取得了举世瞩目的发展成就。截至 2021 年年底，中国资本市场 A 股市值达 91.7 万亿元❶，债券市场托管余额 133.5 万亿元❷，私募股权和创投基金规模 12.79 万亿元❸，均位居世界第二；商品期货市场更是连续多年位居全球成交量第一。

中国资本市场的快速成长伴随着多次重大改革和不断升级，目前已形成了科学完备的基础制度、包容适应的市场体系、集中统一的监管体系，培养了一批兼具服务能力和竞争力的市场机构。可以说，中国资本市场的良好生态已经初步形成，正在向更广和更深的维度不断探索前进。但是，在前进的道路上，无论是服务实体经济方面，还是资本市场自身，都存在一些需要解决的矛盾与问题。

---

❶ 梁谦刚，郭洁，张娟娟. 总市值首度突破 90 万亿 全年成交额创纪录 [N]. 证券时报，2022-01-10（A04）.

❷ 中国人民银行. 2021 年金融市场运行情况 [EB/OL].（2022-01-30）[2022-03-12]. http://www.pbc.gov.cn/goutongjiaoliu/113456/113469/4463448/index.html.

❸ 钟国斌. 私募证券基金规模年底或破 7 万亿 [N]. 深圳商报，2022-06-20（A03）.

目前，我国直接融资比重约为20%，而发达国家直接融资比重约为50%。❶可见，在直接融资比重方面我国尚有较大的提升空间。中小企业是我国国民经济和社会发展的重要力量。有数据显示，我国有4000多万家企业，其中95%以上是中小企业，科技型中小企业超过22万家。❷我国中小企业贡献了50%以上的税收、60%以上的GDP、70%以上的技术创新、80%以上的城镇就业岗位及90%以上的企业数量。❸由于企业规模、发展阶段等原因，中小企业获取金融服务的能力相对较弱，特别是其中的"专精特新"中小企业由于资产规模小、研发投入大、盈利能力相对较差等特征，融资会更加困难。

扶持中小企业发展不仅能带来大量的就业机会，而且能促进科技创新，为中国经济注入活力。特别是在加快构建以国内大循环为主体、国内国际双循环相互促进的新发展格局的进程中，在国际竞争主战场抢占科技创新制高点，必须鼓励扶持创新型企业发展，在技术创新、产业升级上不断发力。对于量大面广的中小企业融资需求，金融市场在扩大中小企业服务覆盖面、缓解融资难等方面空间巨大、责任重大，金融体系需要持续改进和深化中小企业金融服务，对其给予特别支持。

（二）新三板为北交所打下良好基础

新三板（全国中小企业股份转让系统的俗称）2013年正式揭牌运营；2016年启动分层管理机制，将市场分为基础层和创新层；2019年10月全面深化新三板改革正式启动；2020年设立精选层，同时引入转板上市、公开发行和连续竞价交易，逐步形成了与不同层次企业状况相适应的差异化发行、交易等基础制度，建立了"基础层、创新层、精选层"层层递进的市场结构。

新三板成立8年来，累计服务挂牌公司13 000多家，汇聚了300余家"专精

---

❶ 何诚颖，等.不一样的北交所：北京证券交易所新政解读[M].北京：中国财政经济出版社，2021：1.
❷ 卓丽洪.北交所设立的历史逻辑、时代背景与发展思考[J].发展研究，2021，38（11）：51.
❸ 向鹏.北交所成立：优化资本市场服务"专精特新"[J].高科技与产业化，2021，27（11）：3.

第一章 设立北交所的背景及意义

特新"的"小巨人"企业❶,其中精选层经过一年多的实践已经初步具备了服务中小企业的公开市场功能,为设立北交所奠定了企业基础、制度基础和市场基础。

在具体实践中,如何突破新三板流动性差、企业融资难的困境,如何重点支持在精选层遴选出的企业、进一步提升精选层的法律地位和市场功能、突破体制机制上的发展瓶颈,成为亟待解决的新问题。因此,深化新三板改革,建设一个为创新型中小企业量身打造的交易所,探索支持服务中小企业科技创新的普惠金融之路,成为金融供给侧结构性改革背景下的新应对。

(三)北交所的设立历程

2021年9月2日,国家主席习近平在中国国际服务贸易交易会全球服务贸易峰会上发表视频致辞,宣布设立北交所。

9月3日,中国证券监督管理委员会(以下简称"中国证监会")就北交所有关基础制度安排向社会公开征求意见。中国证监会起草形成了《北京证券交易所向不特定合格投资者公开发行股票注册管理办法(试行)》。北交所正式注册成立。

9月5日,北交所就股票上市规则、交易规则和会员管理规则向社会公开征求意见。

9月10日,北交所就公开发行并上市、上市公司再融资和重大资产重组审核规则公开征求意见。

9月17日,北交所发布《北京证券交易所投资者适当性管理办法(试行)》,明确个人投资者准入的资金门槛为证券资产50万元,机构投资者准入不设置资金门槛。

9月22日至24日,北交所开展了开市仿真测试,9月25日完成第一次开市全网测试,10月9日完成第二次开市全网测试。

10月30日,北交所主要制度规则正式发布,包括发行上市、再融资、持

---

❶ 马婧妤,张雪.深化新三板改革 聚焦"主阵地"高质量建设北交所[N].上海证券报,2022-01-14(2).

续监管规章，以及上市与审核4件基本业务规则、6件配套细则和指引，涵盖发行融资、信息披露、公司治理、监督管理等方面。

11月12日，北交所发布消息称，北交所开市涉及的技术系统已完成改造升级，各证券公司、信息商和基金公司相关系统已完成配套改造。北交所内部机构配置、人员配备均已到位。北交所还同时发布《北京证券交易所合格境外机构投资者和人民币合格境外机构投资者证券交易实施细则》等6件业务规则，上述规则连同前期发布的45件业务规则，涵盖发行上市、融资并购、公司监管、证券交易、会员管理及投资者适当性等方面，标志着北交所自律规则体系的形成。

11月15日，北交所正式开市交易，首批上市企业共有81家。

北交所从宣布设立到正式开市前后共计74天，可以说是"跑出中国资本市场改革的新速度"。

二、北交所的定位与发展方向

2021年9月2日，国家主席习近平在中国国际服务贸易交易会全球服务贸易峰会上的视频致辞中，明确宣布"深化新三板改革，设立北京证券交易所，打造服务创新型中小企业主阵地"❶。

由此可见，准确理解"主阵地"的内涵、明确打造"主阵地"的途径是理解北交所的定位与发展方向的关键。

（一）北交所的定位

理解"主阵地"，可以有四个维度：一是创新型中小企业聚集地，吸引聚集一大批创新型中小企业；二是特色制度功能示范地，为创新型中小企业提供更加精准、创新的差异化制度、功能与产品；三是良好资本市场文化涵养地，不

---

❶ 卓丽洪.北交所设立的历史逻辑、时代背景与发展思考[J].发展研究，2021，38（11）：47.

断增强中小企业公众公司意识、信息披露意识、公司治理意识、敬畏投资者意识，厚植资本市场土壤文化；四是"投早投小投新"生态策源地，引导市场投资前移，促进长期投资、价值投资。❶

1. 创新型中小企业聚集地

截至 2021 年年底，北交所上市公司共计 82 家，其中 71 家为存量新三板精选层公司平移而来，10 家在精选层已完成公开发行等程序，1 家于 2021 年 12 月从创新层转板上市。上市公司的行业分布涵盖软件信息、医药制造、新能源、新材料及智能制造等科技创新领域，其中 17 家公司入选工业和信息化部"专精特新"的"小巨人"企业名单。新三板创新层、基础层中有 1155 家新三板公司符合北交所上市财务条件，北交所后备资源储备充足。

2. 特色制度功能示范地

证券交易所制定的业务规则是各参与主体开展证券交易活动、发挥自律能动性的制度依据，也是践行其服务实体经济目标的体现。北交所已发布的业务规则总体上延续了精选层的内容，紧紧围绕创新型中小企业需求，形成了具有特色的基础制度安排。

一是发行上市制度突出精准包容。4 套并行的上市标准兼顾不同类型、不同特征的创新型中小企业。贯彻注册制要求，坚持以信息披露为中心，引导发行人"说清楚"、督促中介机构"核清楚"、确保投资者"看清楚"。

二是持续融资制度突出灵活多元。形成普通股、优先股、可转债等丰富的权益融资工具，引入授权发行、储架发行和自办发行，降低企业融资成本。

三是交易制度突出便捷高效。延续精选层连续竞价交易机制，新股上市首日不设涨跌幅限制，自次日起涨跌幅限制为 30%，更好地促进股票价值发现。

四是公司监管制度突出宽严适度。在接轨上市公司监管安排基础上，引入灵活弹性的监管要求，董事会不强制要求设立专门委员会，现金分红比例

---

❶ 马婧妤，张雪.深化新三板改革 聚焦"主阵地"高质量建设北交所[N].上海证券报，2022-01-14（2）.

不作硬性要求，允许在充分披露、程序合规的前提下合理设置股权激励行权价格。

总而言之，北交所正积极构建一套契合创新型中小企业特点的涵盖发行上市、交易、退市、持续监管、投资者适当性管理等的基础制度安排，以补齐多层次资本市场发展普惠金融的短板。

3. 良好资本市场文化涵养地

北交所对市值、财务指标、业绩波动等方面的包容，不意味着放松审核。培养良好资本市场文化涵养的前提是严守财务真实性和信息披露充分性底线，压实中介机构责任，强化监管执法，把好公司质量关。通过已发布的业务规则可以看出，北交所贴合中小企业的现实需求，坚持市场化导向，不再实行主办券商"终身"持续督导，细化了上市企业信息披露的具体要求，实施更为严格的停复牌管理等。可见，北交所正在努力建设各方职责清晰、运行高效有序的治理体系，在培育一批"专精特新"中小企业的同时，构建创新创业热情高涨、合格投资者踊跃参与、中介机构归位尽责的良性市场生态。

4. "投早投小投新"生态策源地

北交所上市的标准整体沿用新三板精选层的标准。不管是对市值的要求，还是对净利润的要求，北交所的上市标准都显著低于现行的创业板和科创板的上市标准，而且在公司类型上北交所更注重"专精特新"企业。整体上，北交所相对于上海证券交易所和深圳证券交易所（以下合称"沪深交易所"），聚焦"更早、更小、更新"，充分体现出市场的包容性和精准性。北交所设立后，企业上市变得更加容易，对新三板投资机构来说不用再担心流动性不足的问题，打通了天使投资、风险投资等早期投资人的投后退出渠道。

（二）北交所的发展方向

北交所作为我国第一家公司制证券交易所，其仍处于规模建设、特色制度功能建设初期。在可预见的未来，北交所将紧密围绕"专精特新"中小企业，致力于金融服务支持创新发展，始终聚焦"打造主阵地"这个方向，坚持发展，继往开来。

1. 坚持错位发展

中小企业覆盖国民经济各行业、各领域，其创新不仅体现在新兴产业中，也会体现在传统产业中。创新主体不仅包括以制造业为主的"专精特新"中小企业，也包括战略新兴产业中创新能力突出的中小企业、向专业化和价值链高端延伸的生产性服务业企业、向高品质和多样化升级的生活性服务业企业。同时，切实发挥承上启下作用，落实好与沪深交易所、区域性股权市场的转板联通机制。❶

2. 坚持一体发展

北交所融资、并购、交易等方面功能的强化能发挥"龙头"撬动和"反哺"作用，创新层、基础层的细化、做活将持续平衡企业挂牌成本收益，促进形成内部一以贯之、预期性强的准入体系，让处于不同发展阶段、具有不同发展需求的创新型中小企业在各层次中找准位置，顺畅、高效递进发展。

3. 坚持创新发展

北交所在资本市场发展一般规律的基础上，立足自身发展规律和需求，加大制度、产品和工具创新力度，提升制度的包容性和精准性，结合创新型中小企业对外融资、资产组合需求的特点，持续构建工具丰富、机制多样、兼顾市场效率与风险约束的融资并购制度体系，完善各有侧重、机制多元的交易制度体系，进一步提升市场流动性和估值定价能力，适配市场规模建设，构建北交所指数及产品体系。

4. 坚持协同发展

拓宽市场发展政策空间，持续推动营造良好的创新型中小企业挂牌上市政策、政务、舆论环境。加大力度引入各类专业机构。持续完善主办券商制度，引导中介机构更多开展全链条、全生命周期业务，培育一批专注于创新型中小

---

❶ 程丹. 提升北交所流动性 构建指数及产品体系[N]. 证券时报，2022-01-10（A02）.

企业的精品中介。支持商业银行开展各类创新型中小企业投贷业务，汇聚更多普惠金融政策。持续夯实市场法治基础，加强投资者权益保护，强化司法保障。

综上所述，北交所未来的生命力在于特色。形成特色的关键是在多层次资本市场框架下准确把握市场定位，不断提升市场与创新型中小企业的契合度和适配性。

三、设立北交所的意义及积极效应

（一）深化金融供给侧结构性改革

北交所是以原有的新三板精选层为基础组建的，同时坚持北交所上市公司由创新层公司产生。在新三板创新层、基础层培育壮大的企业，继续在北交所上市；北交所退市公司符合条件的可以退至创新层和基础层继续交易，存在重大违法违规的直接退出市场。此外，北交所继续保持转板机制，培育成熟的北交所上市公司可以选择到沪深交易所继续发展。这样的机制设计既保持了新三板基础层、创新层与北交所层层递进的市场结构，也维持了北交所与新三板现有创新层、基础层之间的结构平衡，有利于形成统筹协调与制度联动的良好格局。

多层次的资本市场对不同的市场主体均有积极的意义。对于企业，在不同的成长周期能够快速找到所对应的融资渠道。对于投资主体，能够快速匹配对投资产品的需求和风险偏好，如在北交所上市的"专精特新"企业从新三板中脱颖而出，解决了投资者辨别好项目的问题，能够吸引优质投资人的长期投资，有利于真正价值投资的实现。对于监管层，能够防范或化解直接融资比重过低的金融体系风险，促进我国经济的健康发展。

（二）激发创新活力，推动构建新发展格局

创新是引领发展的第一动力。近年来，我国不断加大对创新型中小企

业的支持力度。根据《关于支持"专精特新"中小企业高质量发展的通知》（财建〔2021〕2号）规定，2021—2025年，中央财政将累计安排100亿元以上奖补资金，分三批重点支持1000余家国家级"专精特新"的"小巨人"企业高质量发展。在全球经济金融不确定性增强的背景下，中国经济高质量发展不能缺少充满活力的中小企业，尤其是创新型中小企业——"专精特新"企业。

"专精特新"的灵魂是创新，但是自主创新又是一个昂贵的经济过程，中小企业长期以来缺少足够的资源来启动、指引和维持自主创新。不少中小企业都渴求有效渠道以动员并配置金融资源，这是一个决定创新发展成败的关键性问题。北交所的设立就是为了拓展中小企业的融资渠道，增强金融服务中小企业创新发展的能力。

有了北交所这一上市通道，创业者和科研人员可以更快获得经济收益，有利于激发其持续的创新、创业热情；早期风险投资人和创投机构也有了更快的退出途径，缩短了资金运行周期，打通了一级、二级市场的堵点，有利于科技创新型中小企业更容易获得风险投资，进而引导更多的社会资源关注并投入新一轮的科技创新。相信在创新潜能被不断激发的过程中，一个个"卡脖子"问题将会被解决，影响未来技术革命的原始创新将会出现，经济新动能将会被培育。创新这个引领发展的第一动力，必将推动我国新发展格局的构建。

（三）北交所开市后的积极效应

北交所自2021年11月15日开市至当年年底，市场运行整体平稳，积极效应持续释放，开创了与新三板有机联动、一体发展的良好局面。北交所的积极效应主要体现在以下六个方面。❶

1. 法律地位提升

精选层由交易场所一个市场层次转变为证券交易所，精选层挂牌公司由非

---

❶ 周璐璐，张利静. 北京证券交易所：开市以来市场生态发生六大积极变化[N]. 中国证券报，2022-01-10（A01）.

上市公众公司转变为上市公司。精选层法律地位的提升解决了前期困扰市场发展的一些重大关键性问题和制度障碍。

2. 专业机构积极入场

社会保险、保险入市制度性障碍迎刃而解，地方政府支持力度更大。目前，全国社会保障基金、合格的境外机构投资者（Qualified Foreign Institutional Investor，QFII）已经进场投资，专业机构加速布局。我国前期出台的支持绿色经济发展政策、推动区域高质量发展政策等多项文件，均提出支持相关企业上市，这些相关政策也适用于北交所。北交所成立后首家发行上市的江苏威博液压股份有限公司（以下简称"威博液压"），其战略投资者名单中有4家公募基金。

3. 市场结构更加完善

聚焦创新型中小企业，市场定位更加清晰，预期更加明确。北交所对内坚持与新三板创新层、基础层统筹协调和制度联动；对外坚持与沪深交易所和区域性股权市场互联互通，打通资本市场服务中小企业全链条市场体系。

4. 投资者参与热情高

北交所合格投资者超过475万户，是北交所设立消息宣布前的2.8倍。经过买卖双方充分博弈后，投资者已趋于理性，总体交易热度保持合理水平。开市以来，北交所日均成交额较2021年8月精选层日均成交额增长3.04倍，整体年化换手率为434.26%，符合中小市值股票流动性特征；2021年北交所股票平均上涨98.90%，市场财富效应初步显现；存量公募基金入市交易，8只新设主题基金全部超募。创新层和基础层得到有效带动，全年成交额同比增长19.76%，10只指数全部上涨。

5. 各方信心有效提振

调查问卷显示，96.21%的公司对北交所的未来发展有信心，95.7%的公司对新三板的未来发展有信心。各级政府部门、中介机构、银行等主体积极与北交所对接，表示将加大业务投入和合作，参与市场建设，形成服务创新型中小企业合力。宣布设立北交所后，新增申报挂牌企业107家，9月后月均申报量增加五成。

6. 市场热度不断提高

北交所开市后,交易活跃度提升,市场舆情正面积极,市场主体获得感增强。各方普遍对市场后续改革发展表达了积极预期,对长期资金入市、提升流动性举措、新股后续供给情况等方面给予了较高关注。

第二章 北交所重点制度规则及解读

随着北交所在2021年11月15日开市，北交所相关制度及其配套细则和指引也正式实施。与北交所相关的制度基本可分为四个层级：国家法律、中国证监会部门规章、北交所业务规则和其他规范性文件。本章涉及的重要制度、规则如下。

一是国家法律，如《中华人民共和国证券法》（以下简称"《证券法》"）、《中华人民共和国公司法》（以下简称"《公司法》"）。

二是中国证监会部门规章，如《北京证券交易所向不特定合格投资者公开发行股票注册管理办法（试行）》（以下简称"《公开发行注册办法（试行）》"）、《北京证券交易所上市公司证券发行注册管理办法（试行）》（以下称"《再融资办法（试行）》"）、《北京证券交易所上市公司持续监管办法（试行）》（以下简称"《持续监管办法（试行）》"）、《证券交易所管理办法》《非上市公众公司监督管理办法》《非上市公众公司信息披露管理办法》《上市公司收购管理办法》《保荐业务管理办法》《上市公司重大资产重组管理办法》。

三是北交所业务规则，如《北京证券交易所股票上市规则（试行）》（以下简称"《上市规则（试行）》"）、《北京证券交易所向不特定合格投资者公开发行股票并上市审核规则（试行）》《北京证券交易所上市公司证券发行上市审核规则（试行）》（以下称"《再融资审核规则（试行）》"）、《北京证券交易所上市公司重大资产重组审核规则（试行）》（以下简称"《重组规则（试行）》"）、《北京证券交易所交易规则（试行）》（以下简称"《交易规则（试行）》"）、《北京证券交易所会员管理规则（试行）》《北京证券交易所上市委员会管理细则》《北京证券交易所证券发行上市保荐业务管理细则》《北京证券交易所证券发行与承销管理细则》《北京证券交易所上市公司向特定对象发行优先股业务细则》《北京证券交易所上市公司向特定对象发行可转换公司债券业务细则》《北京证券交易所上市公司持续监管指引第 1 号——独立董事》（以下简称"《持续监管指引第 1 号》"）、《北京证券交易所上市公司持续监管指引第 6 号——内幕信息知情人管理及报送》（以下简称"《持续监管指引第 6 号》"）、《北京证券交易所上市公司持续监管指引第 7 号——转板》（以下简称"《持续监管指引第 7 号》"）、《北京证券交易所向不特定合格投资者公开发行股票并上市业务规则适用指引第 1 号》《北京证券交易所投资者适当性管理办法（试行）》（以下简称"《投资者适当性办法（试行）》"）、《北京证券交易所自律监管措施和纪律处分实施细则》《北京证券交易所上市公司重大资产重组业务指引》。

四是其他规范性文件，如《公开发行证券的公司信息披露内容与格式准则第 46 号——北京证券交易所公司招股说明书》《公开发行证券的公司信息披露内容与格式准则第 47 号——向不特定合格投资者公开发行股票并在北京证券交易所上市申请文件》《公开发行证券的公司信息披露内容与格式准则第 48 号——北京证券交易所上市公司向不特定合格投资者公开发行股票募集说明书》（以下简称"《内容与格式准则第 48 号》"）、《公开发行证券的公司信息披露内容与格式准则第 49 号——北京证券交易所上市公司向特定股票发行股票募集说明书和发行情况报告书》（以下简称"《内容与格式准则第 49 号》"）、《公开发行证券的公司信息披露内容与格式准则第 50 号——北京证券交易所上市公司向特定对象发行可转换公司债券募集说明书和发行情况报告书》（以下简称"《内容与格式准则第 50 号》"）、《公开发行证券的公司信息披露内容与格式准则第 51 号——北京证券交易所上市公司向特定对象发行优先股募集说明书和发行情况报告书》（以下简称"《内容与格式准则第 51 号》"）、《公开发行证券的公司信息披露内容与格式准则第 52 号——北京证券交易所上市公司发行证券申请文件》（以下简称"《内容与格式准则第 52 号》"）、《公开发行证券的公司信息披露内容与格式准则第 53 号——北京证券交易所上市公司年度报告》《公开发行证券的公司信息披露内容与格式准则第 54 号——北京证券交易所上市公司中期报告》《公开

发行证券的公司信息披露内容与格式准则第 55 号——北京证券交易所上市公司权益变动报告书、上市公司收购报告书、要约收购报告书、被收购董事会报告书》《公开发行证券的公司信息披露内容与格式准则第 56 号——北京证券交易所上市公司重大资产重组》(以下简称"《内容与格式准则第 56 号》")、《非上市公众公司信息披露内容与格式准则第 18 号——定向发行可转换公司债券说明书和发行情况报告书》《非上市公众公司信息披露内容与格式准则第 19 号——定向发行可转换公司债券发行申请文件》。

一、交易规则

北交所交易规则的制度依据是《交易规则(试行)》和《投资者适当性办法(试行)》。前者是在北交所全部上市证券发生交易的基础规则,后者则规定了市场参与人参与相关交易应当符合的条件。

下面将围绕常规交易时段、竞价交易和盘后大宗交易的相关规则展开。对于行政划转、收购、对赌履约等特殊交易方式,需要以协议转让形式线下向北交所提出申请;由于这些交易方式不常见,所以这里没有涉及。读者对特殊交易方式如有需要时,可登录北交所网站查阅协议转让的细则、指引和指南等相关文件。

(一)交易时段

北交所与沪深交易所的交易时间和方式基本保持一致,均采取竞价为主的交易方式。每个交易日 9:15~9:20 为开盘申报时间,9:20~9:25 为开盘集合竞价时间,14:57~15:00 为收盘集合竞价时间,在开盘和收盘集合竞价时间内北交所交易主机不接受撤销申报;9:30~11:30、13:00~14:57 为连续竞价时间。❶目前,科创板、创业板在 15:05~15:30 实行盘后固定价格交易;北交所虽然在其获批的交易方式中包括盘后固定价格交易方式,但目前尚未实施。

---

❶ 根据《交易规则(试行)》第 2.3.2 条规定整理。

（二）投资者适当性制度

北交所对机构投资者不设准入门槛，但对个人投资者设定了适当性准入条件，根据《投资者适当性办法（试行）》第5条规定具体条件如下。

（1）申请权限开通前20个交易日，证券账户和资金账户内的资产日均不低于人民币50万元（不包括该投资者通过融资融券融入的资金和证券）。

（2）参与证券交易24个月以上。

（三）竞价交易❶

竞价交易采用集合竞价和连续竞价两种方式。竞价交易按照价格优先、时间优先的原则撮合成交。竞价交易单笔申报数量不低于100股、不超过100万股，卖出时余额不足100股的部分应当一次性申报卖出。申报价格最小变动单位为人民币0.01元。

连续竞价阶段限价申报要求如下。

（1）不高于买入基准价格的105%或买入基准价格以上10个最小价格变动单位（以孰高为准）。

（2）不低于卖出基准价格的95%或卖出基准价格以下10个最小价格变动单位（以孰低为准）。

（四）大宗交易❷

大宗交易为协议交易，投资者可通过成交确认委托方式委托会员（券商）进行。大宗交易需满足单笔申报数量不低于10万股，或者交易金额不低100万元人民币的要求。成交确认申报时间为每个交易日的9:15~11:30、13:00~15:00，成交确认时间为15:00~15:30。对于有价格涨跌幅限制的股票，大宗交易的成交价格应在当日价格涨跌幅限制范围内。对于无价格涨跌幅限制的股票，大宗

---

❶ 根据《交易规则（试行）》第3.3.8~3.3.13条规定整理。
❷ 根据《交易规则（试行）》第3.6.1~3.6.8条规定整理。

交易的成交价格应不高于前收盘价的130%或当日已成交的最高价格（以孰高为准），且不低于前收盘价的70%或当日已成交的最低价格（以孰低为准）。

大宗交易不纳入即时行情和指数计算，成交量在大宗交易结束后计入当日该证券成交总量。

（五）涨跌幅限制和临时停牌 ❶

北交所竞价交易涨跌幅限制比例为前收盘价的±30%，但有两个特例当日不受涨跌幅限制。

（1）向不特定合格投资者公开发行的股票上市交易首日（不包括增发）。

（2）退市整理期首日。

为减少投资者非理性交易，对不设涨跌幅限制的股票设置了临时停牌机制。当股票盘中成交价格较开盘价首次上涨或下跌到30%、60%时，实施临时停牌，每次停牌10分钟，复牌时采取集合竞价；若股票停牌时间跨越14:57，则于14:57复牌并直接进入复牌集合竞价，再进行收盘集合竞价。

（六）市价订单

根据《交易规则（试行）》第3.3.4条规定，北交所接受的市价申报类型如下。

（1）对手方最优价格申报，即该申报以其进入交易主机时，对手方最优价格为其申报价格；对手方无申报的，申报自动撤销。

（2）本方最优价格申报，即该申报以其进入交易主机时，本方最优价格为其申报价格；本方无申报的，申报自动撤销。

（3）最优5档即时成交剩余撤销申报，即该申报在对手方最优5个价位内以对手方价格为成交价依次成交，剩余未成交部分自动撤销。

（4）最优5档即时成交剩余转限价申报，即该申报在对手方最优5个价位内以对手方价格为成交价依次成交，剩余未成交部分按本方申报最新成交价转

---

❶ 根据《交易规则（试行）》第3.3.11~3.3.12条、第4.2.5条规定整理。

为限价申报；如该申报无成交的，按本方最优价格转为限价申报；如无本方申报的，该申报撤销。

二、股票上市与交易持续监管规则

北交所与沪深交易所发行上市规则及监管要求的基础框架基本相同，都是依据《公司法》《证券法》《证券交易所管理办法》等法律法规。《上市规则（试行）》和《持续监管办法（试行）》是北交所股票发行上市的基础依据，其与注册制衔接，契合了创新型中小企业的特点。

（一）上市条件

北交所的上市条件整体平移原新三板精选层的进入条件，体现了在政策及对企业市值、财务指标要求方面的延续性，在稳定拟上市企业合理预期和保护投资者方面均有积极意义。

1. 对发行主体的要求

根据《上市规则（试行）》第 2.1.2 条规定，发行人为在新三板连续挂牌满 12 个月的创新层挂牌公司。值得注意的是，有媒体将上述条件解读为须在创新层挂牌满 12 个月，这是错误的。在新三板连续挂牌满 12 个月即可。

根据《上市规则（试行）》第 2.1.4 条规定，发行人不得存在以下情形。

（1）最近 36 个月内，发行人及其控股股东、实际控制人，存在贪污、贿赂、侵占财产、挪用财产或者破坏社会主义市场经济秩序的刑事犯罪，存在欺诈发行、重大信息披露违法或者其他涉及国家安全、公共安全、生态安全、生产安全、公众健康安全等领域的重大违法行为。

（2）最近 12 个月内，发行人及其控股股东、实际控制人，董事、监事、高级管理人员（以下简称"董监高"），受到中国证监会及其派出机构行政处罚，或因证券市场违法违规行为受到全国中小企业股份转让系统有限责任公司（以下简称"全国股转公司"）、证券交易所等自律监管机构公开谴责。

（3）发行人及其控股股东、实际控制人、董监高因涉嫌犯罪正被司法机关立案侦查或涉嫌违法违规正被中国证监会及其派出机构立案调查，尚未有明确结论意见。

（4）发行人及其控股股东、实际控制人被列入失信被执行人名单且情形尚未消除。

（5）最近36个月内，未按照《证券法》和中国证监会的相关规定在每个会计年度结束之日起4个月内编制并披露年度报告，或者未在每个会计年度的上半年结束之日起2个月内编制并披露中期报告（本条与征求意见稿相比，增加了"36个月"的时间限定）。

2. 对净资产、发行量及股权分散度的要求 ❶

（1）净资产。公司最近一年期末净资产不低于5000万元。

（2）公开发行数量。向不特定合格投资者公开发行的股份不少于100万股，发行对象不少于100人。

（3）公开发行后的股权分散度。公司股本总额不少于3000万元；公司股东人数不少于200人，公众股东持股比例不低于公司股本总额的25%；公开发行后公司股本总额超过4亿元的，公众股东持股比例不低于公司股本总额的10%。

3. 对市值及财务指标的要求 ❷

发行人申请在北交所公开发行并上市，市值（以发行人公开发行价格计算的股票总价值）及财务指标应当至少符合下列标准中的一项。

标准一：侧重盈利能力强。关注指标：市值+净利润+净资产收益率。市值不低于2亿元，最近两年净利润均不低于1500万元且加权平均净资产收益率平均不低于8%，或者最近一年净利润不低于2500万元且加权平均净资产收益率不低于8%。

标准二：侧重成长性好。关注指标：市值+营收+营收增长率+经营活动现金流。市值不低于4亿元，最近两年营业收入平均不低于1亿元，且最近一

---

❶ 根据《上市规则（试行）》第2.1.2条规定整理。
❷ 根据《上市规则（试行）》第2.1.3条规定整理。

年营业收入增长率不低于30%，最近一年经营活动产生的现金流量净额为正。

标准三：侧重研发投入多且已实现产业化。关注指标：市值＋营收＋研发投入占比。市值不低于8亿元，最近一年营业收入不低于2亿元，最近两年研发投入合计占最近两年营业收入合计比例不低于8%。

标准四：侧重具有研发优势。关注指标：市值＋研发投入。市值不低于15亿元，最近两年研发投入合计不低于5000万元。

截至2021年年底，北交所90%以上的已上市企业在上市时（或进入原精选层时）都选择了上述标准一，但标准二、三、四也均有企业选择，如大连连城数控机器股份有限公司（以下简称"连城数控"）、北京诺思兰德生物技术股份有限公司（以下简称"诺思兰德"）等。设置多个标准供拟上市企业灵活选择，体现了北交所对中小企业的包容度。

4. 对差异化表决权的要求

根据《上市规则（试行）》第2.1.5条规定，发行人具有表决权差异安排的，该安排应当平稳运行至少一个完整会计年度，且相关信息披露和公司治理应当符合中国证监会及全国股转公司相关规定。

（二）募集资金管理

北交所对募集资金管理作出了适度弹性安排，体现中小企业特色，促进发行人规范透明、灵活自主安排资金使用。

1. 制度建设

根据《上市规则（试行）》第2.3.1条规定，发行人应当建立募集资金存储、使用、监管和责任追究的内部制度，明确募集资金使用的分级审批权限、决策程序、风险防控措施和信息披露要求。

2. 设置专户

根据《上市规则（试行）》第2.3.2条规定，发行人募集资金应当存放于募集资金专项账户，该账户不得存放非募集资金或用作其他用途。发行人应当与保荐机构、存放募集资金的商业银行签订三方监管协议。

3. 募集资金用途

根据《上市规则（试行）》第 2.3.3 条规定，发行人募集资金应当用于主营业务及相关业务领域。暂时闲置的募集资金可以进行现金管理，投资于安全性高、流动性好、可以保障投资本金安全的理财产品。

发行人使用闲置募集资金投资理财产品的，应当经公司董事会审议通过并披露，独立董事和保荐机构应当发表明确同意意见并披露。

除金融类企业外，募集资金不得用于持有交易性金融资产、其他权益工具投资、其他债权投资或借予他人、委托理财等财务性投资，不得直接或间接投资于以买卖有价证券为主营业务的公司，不得用于股票及其衍生品种、可转换公司债券等高风险投资，不得通过质押、委托贷款或其他方式变相改变募集资金用途。

4. 监管要求

《上市规则（试行）》对募集资金变更用途，闲置募集资金投资理财产品或暂时补充流动资金，超募资金永久补充流动资金和归还银行借款及置换预先投入的自筹资金等相关事项的审议程序与披露要求作出了明确的规定。不同类型事项的程序、披露和监管要求如表 2-1 所示。

表 2-1 不同募集资金事项的监管要求 ❶

事项	董事会审议并披露	股东大会审议并披露	独立董事、保荐机构发表意见	监管要求
变更募集资金用途	√	√	√	
闲置募集资金投资理财产品	√		√	安全性好、流动性高、可以保障投资本金安全
闲置募集资金暂时补充流动资金	√		√	单次时间最长不得超过 12 个月，到期日之前归还至募集资金专户，并在资金全部归还后及时公告
超募资金用于永久补充流动资金和归还银行借款	√	√	√	不设时间和比例限制，承诺 12 个月内不进行高风险投资及为他人提供财务资助并披露
置换预先投入的自筹资金	√		√	

❶ 根据《上市规则（试行）》第 2.3.4~2.3.7 条规定整理。

5. 视同募集资金用途变更的情形

根据《上市规则（试行）》第2.3.4条规定，存在下列情形的视为募集资金用途变更。

（1）取消或者终止原募集资金项目，实施新项目。

（2）变更募集资金投资项目实施主体（实施主体在发行人及其全资子公司之间变更的除外）。

（3）变更募集资金投资项目实施方式。

例外情形：发行人仅改变募集资金投资项目实施地点的，可免于提交股东大会审议。

6. 募集资金使用的核查要求

《上市规则（试行）》中规定了董事会、会计师事务所和保荐机构对募集资金的使用负有定期核查责任，并对核查内容进行了详细规定（见表2-2）。

表2-2　募集资金使用定期核查要求 ❶

责任主体	核查频次	披露文件	披露时间
发行人董事会	每半年度	自查报告	与年报和中报一并披露
会计师事务所	每年	鉴证报告	与年报一并披露
保荐机构	每年至少一次（现场核查）	核查报告	与年报一并披露

（三）股份变动管理

北交所对上市公司股东及董监高等主体股份变动的管理，在遵循《公司法》的法定限售要求基础上，充分考虑了北交所上市公司来源于新三板挂牌公司、股票上市前已在新三板公开交易的特点，制定了独具特色的股份变动管理制度，兼顾一级和二级市场投资者、新老股东、大股东和中小股东的利益，为保持上市后一段时间的股权结构稳定，特别是"关键主体"持股稳定打下了坚实的基础，为维护良性的市场生态提供了制度保障。

---

❶ 根据《上市规则（试行）》第2.3.8条规定整理。

需要特别说明的是，在这里，上市公司股东所持股份应当与其一致行动人所持股份合并计算。

1. 公开发行并上市相关的股份限售 ❶

北交所关于公开发行并上市相关的股份限售，整体平移了精选层的相关限售规定。依据限售对象不同，可分为三种情形。

（1）上市公司控股股东、实际控制人及其亲属，以及上市前直接持有10%以上股份的股东或虽未直接持有但可实际支配10%以上股份表决权的相关主体。

限售要求：持有或控制的本公司向不特定合格投资者公开发行前的股份，自公开发行并上市之日起12个月内不得转让或委托他人代为管理。

（2）发行人高级管理人员、核心员工。限售要求：通过专项资产计划、员工持股计划等参与战略配售取得的股份，自公开发行并上市之日起12个月内不得转让或委托他人代为管理。

（3）其他投资者。限售要求：参与战略配售取得的股份，自公开发行并上市之日起6个月内不得转让或委托他人代为管理。

2. 董监高股份的限售

对于上市公司董监高的股份，其限售根据《上市规则（试行）》第2.4.3条规定可以按不同情况进行划分，具体包括以下三种情况。

（1）上市限售。持有的本公司股份，按照《公司法》第141条的规定，自上市之日起12个月内不得转让。（本条为新增，原精选层无此要求。）

（2）在任职期间的年度限售。每年转让的股份不超过其所持本公司股份总数的25%。

（3）离职限售。离职后6个月内不得转让。

此外，董监高应当报备个人信息和持股情况，其所持有的规定期间不得转让的股份应及时办理限售；所持股份发生变动的（因权益分派导致的变动除外）

---

❶ 根据《上市规则（试行）》第2.4.2条、第2.4.5条规定整理。

应当及时向公司报告,并由公司在北交所网站专区予以披露。❶办理限售不及时,则可能会导致董监高违规减持的情况。

3. 不得减持的特殊情形

除以上两点规定的限售情形外,对于特殊主体,还有不得减持的特殊情形,具体归纳如下。❷

(1)未盈利企业。公司上市时未盈利的,在实现盈利前,控股股东、实际控制人、董监高自上市之日起 2 个完整会计年度内,不得减持公开发行并上市前股份;公司实现盈利后,可以自当年年报披露后次日起减持。董监高在上述期限内离职的,应当继续遵守规定。科创板、创业板的规定为 3 个完整会计年度。因北交所上市公司均来自新三板,在新三板挂牌期间已有一次不得减持的规定。

(2)重大违法违规。对于控股股东和持股 5% 以上的股东(以下统称"大股东")、实际控制人,上市公司或其大股东、实际控制人因涉嫌证券期货违法犯罪,被立案调查或立案侦查期间,以及在行政处罚决定、刑事判决作出后未满 6 个月的;大股东、实际控制人因违反北交所业务规则,被公开谴责未满 3 个月的。其中,大股东、实际控制人通过竞价或做市买入的股份除外。上市公司或大股东、实际控制人自身出现违法违规情形的,大股东、实际控制人均不得减持。

对于董监高,因涉嫌证券期货违法犯罪,被立案调查或立案侦查期间,以及行政处罚决定、刑事判决作出后未满 6 个月的;因违反北交所业务规则,被公开谴责未满 3 个月的。对董监高的规定仅限其自身违法违规的情形。

(3)重大违法强制退市。上市公司可能触及重大违法强制退市情形的,自相关行政处罚事先告知书或司法裁判作出之日起至终止上市之日或重大违法强制退市情形消除,公司控股股东、实际控制人及董监高不得减持股份。

4. 减持预披露

在对特殊主体的减持时间和数量等进行明确的基础上,在减持前相关主体

---

❶ 根据《上市规则(试行)》第 2.4.4 条规定整理。
❷ 根据《上市规则(试行)》第 2.4.6 条、第 2.4.8 条、第 2.4.9 条、第 2.4.12 条规定整理。

还需要履行预披露责任。根据《上市规则（试行）》第 2.4.10 条规定，具体要求如下：

（1）预披露主体。上市公司大股东、实际控制人、董监高计划通过集中竞价交易减持其所持有本公司股份的，实际控制人、大股东通过竞价或做市交易买入的股份除外。

（2）一般减持要求。在首次卖出股份的 15 个交易日前预先披露减持计划，每次披露的减持时间区间不得超过 6 个月。

（3）减持股数较多的情形。拟在 3 个月内卖出股份总数超过公司股份总数 1% 的，还应当在首次卖出的 30 个交易日前预先披露减持计划。本条为新增内容，灵活运用了《证券法》的授权条款，《持续监管办法（试行）》对此进行了特别规定，将上位规定中不得减持的情形灵活地规定为减持预披露要求，在完成预披露后即可减持。

（4）减持进展和结果。减持数量过半或减持时间过半时，披露减持进展；减持计划实施完毕或者减持时间区间届满后，公告具体减持情况。

5. 敏感期交易

由于特殊主体相对一般投资者具有信息优势，因此对这些主体在敏感期的股票买卖交易行为进行了规定。❶

（1）董监高不得买卖本公司股票的情形。

定期报告：年度报告、中期报告公告前 30 日内及季度报告公告前 10 日内；因特殊原因推迟的，自原预约公告日前 30 日起算，直至公告日日终。

业绩预告、业绩快报：公告前 10 日内。

重大事件：发生之日或者进入决策程序之日，至依法披露之日内。

（2）控股股东、实际控制人不得买卖本公司股票的情形。

定期报告：年度报告公告前 30 日内，因特殊原因推迟的，自原预约公告日前 30 日起算，直至公告日日终。

其他规定与董监高的情形一致。

---

❶ 根据《上市规则（试行）》第 2.4.14 条、第 2.4.15 条规定整理。

三、上市保荐与持续督导规则

为进一步明确上市公司作为规范运作第一责任人的主体地位，增强上市公司不断提高自身质量的内生动力，北交所在上市保荐与持续督导方面开展了制度创新，不再实行主办券商"终身"持续督导，而是鼓励券商"培早培新"，服务中小企业实现跨层次、递进式发展，形成良性的市场生态。

（一）上市保荐

根据《上市规则（试行）》第3.1.1条规定，发行人向北交所申请公开发行并上市、上市公司发行的新股在北交所上市，应当由保荐机构保荐，根据相关规定无须保荐的除外。保荐机构应当为具有保荐业务资格且取得北交所会员资格的证券公司。公开发行并上市的发行人应当聘请在申报时为其提供持续督导服务的主办券商担任保荐机构，主办券商不具有保荐业务资格的，可以由其控股的具有保荐业务资格的子公司担任。

根据《上市规则（试行）》第3.1.3条规定，保荐机构应当指定两名保荐代表人具体负责保荐工作。保荐代表人应当为具有保荐代表人资格的自然人。

（二）持续督导

1. 取消终身督导

北交所取消终身督导是一项有重大意义的制度创新，进一步凸显上市公司作为信息披露和规范运作第一责任人的法律地位，对上市公司的治理能力和治理水平会产生深远的影响。

制度创新的背景和有利因素。北交所上市公司已经过较长时间的市场检验，上市时通过严格的准入审核，其质量已有充分保障。同时，上市公司可以通过持续督导期逐步减少对主办券商的路径依赖，这有利于培养上市公司作为第一责任人的合法合规意识。在信息披露方面，减少主办券商事前检查和上传环节，这会减少信息的流转范围，有利于内幕信息的防控。

2. 持续督导期

根据《上市规则（试行）》第3.1.2条规定，公开发行并上市的，持续督导期间为股票上市当年剩余时间及其后3个完整会计年度；上市后发行新股的，持续督导期间为股票上市当年剩余时间及其后2个完整会计年度。持续督导期间自股票上市之日计算。

以2020年7月27日首批在精选层上市的公司为例，其上市持续督导期截止日为2023年12月31日。

值得一提的是，与征求意见稿相比，持续督导期由"2+1"变成了定稿中的"3+2"（上市3年加上市后发行2年）。这种改变应是综合整体考虑后作出的。在取消持续督导制的背景下，适度延长持续督导期，体现了制度的审慎与实用。

（三）持续督导职责

1. 保荐机构及其保荐代表人的职责

根据《上市规则（试行）》第3.2.1条规定，保荐机构应当督导上市公司建立健全并有效执行公司治理制度、财务内控制度和信息披露制度，督导上市公司按照《上市规则（试行）》的规定履行信息披露及其他相关义务，审阅信息披露文件及其他相关文件，并保证制作、出具的文件真实、准确、完整，不存在虚假记载、误导性陈述和重大遗漏。

保荐机构及其保荐代表人应当督导上市公司的控股股东、实际控制人、董监高遵守北交所的业务规则，履行其所作出的承诺。

根据《上市规则（试行）》第3.2.9条规定，保荐机构及其保荐代表人应当持续关注上市公司运作情况，充分了解公司及其业务，通过日常沟通、定期或不定期回访、查阅资料，列席股东大会、董事会、监事会等方式，关注公司日常经营、股票交易和媒体报道等情况，督促相关信息披露义务人履行信息披露义务。

2. 发表保荐意见

根据《上市规则（试行）》第3.2.13条规定，上市公司出现下列情形之一的，在披露临时报告前应当告知保荐机构及其保荐代表人。保荐机构及其保荐代表人应当督促上市公司按规定履行信息披露义务,就信息披露是否真实、准确、完整,对公司经营的影响,以及是否存在其他未披露重大风险等内容发表意见,并于上市公司披露公告时予以披露。

（1）关联交易。

（2）提供担保。

（3）变更募集资金用途。

（4）主要业务停滞或出现可能导致主要业务停滞的重大风险事件。

（5）公司经营业绩异常波动。

（6）控股股东、实际控制人及其一致行动人所持股份被司法冻结且可能导致控制权发生变动。

（7）控股股东、实际控制人及其一致行动人质押公司股份比例超过所持股份的80%或者被强制处置。

3. 现场核查

根据《上市规则（试行）》第3.2.14条规定,上市公司出现下列情形之一的,保荐机构及其保荐代表人应自知道或应当知道之日起15个交易日内进行专项现场核查（通常须现场核查的情况相对比较严重）。

（1）未在规定期限内披露年度报告或中期报告。

（2）控股股东、实际控制人或其他关联方涉嫌违规占用或转移上市公司的资金、资产及其他资源。

（3）关联交易显失公允或未履行审议程序和信息披露义务。

（4）违规使用募集资金。

（5）违规为他人提供担保或借款。

（6）上市公司及其董监高、控股股东、实际控制人涉嫌重大违法违规。

（7）存在重大财务造假嫌疑。

保荐机构进行现场核查的,应当就核查情况、提请上市公司及投资者关注的问题、本次现场核查结论等事项出具现场核查报告,并在现场核查结束后15个交易日内披露。

四、上市后持续监管规则

（一）公司治理

北交所通过《上市规则（试行）》规定了上市公司治理的基本框架，系统、全面地规定股东大会、董事会、监事会和高级管理人员的运作规范，并针对控股股东、实际控制人、收购人等关键主体作出了规定，同时根据中小企业的特殊性在公司治理方面予以特别安排。

1. 规范"三会"运作 ❶

《上市规则（试行）》规定：上市公司应当在公司章程中载明股东大会、董事会、监事会的职责，以及召集、召开和表决等程序，规范股东大会、董事会、监事会运作机制；应当制定股东大会议事规则、董事会议事规则和监事会议事规则，并列入公司章程或者作为章程附件。

上市公司应当在公司章程中规定股东大会对董事会的授权原则，授权内容应当明确具体。股东大会不得将其法定职权授予董事会行使。

董事会授权董事长在董事会闭会期间行使董事会部分职权的，上市公司应当在公司章程中明确规定授权的原则和具体内容。

在《上市规则（试行）》的规定中，进一步明确了董事会、独立董事、持股1%以上股东、投资者保护机构可以征集投票权，为中小股东参与决策提供了有力保障。

2. 累积投票制

累积投票制是指在公司的选举会上，实行每个股份持有者按其有表决权的股份数与被选人数的乘积为其应有的选举权利，选举者可以将这一定数的权利进行集中或分散投票的选举办法。例如，股东会需选5名董事，某股东持有100个普通股，这样他就有了500票的权利。他可以用500票投某一名候选人，对其他候选人一票也不投；也可以把票分布开，同时投几名候选人。累积投票

---

❶ 根据《上市规则（试行）》第4.1.1条、第4.1.2条、第4.1.15条、第4.1.25条规定整理。

制是对中小股东的合理保护，防止大股东一家独大的一种投票方式。

根据《上市规则（试行）》第4.1.16条规定，对于上市公司单一股东及其一致行动人拥有权益的股份比例在30%及以上的情况，股东大会在董事、监事选举中应当推行累积投票制。

对于其他情况，股东大会选举董事、监事时，应当充分反映中小股东的意见。鼓励上市公司股东大会在董事、监事选举中推行累积投票制。

3. 中小股东的表决情况单独计票

根据《上市规则（试行）》第4.1.18条规定，上市公司股东大会审议下列影响中小股东利益的重大事项时，对中小股东的表决情况应当单独计票并披露。

（1）任免董事。

（2）制定、修改利润分配政策，或者审议权益分派事项。

（3）关联交易、提供担保（不含对控股子公司提供担保）、提供财务资助、变更募集资金用途等。

（4）重大资产重组、股权激励、员工持股计划。

（5）公开发行股票、向境内其他证券交易所申请股票转板（以下简称"申请转板"）或向境外其他证券交易所申请股票上市。

4. 对董监高的规定 ❶

《上市规则（试行）》规定：公司章程中应载明董监高的提名、选聘程序，规范董监高选聘行为。

（1）任职资格。不得有规定的负面情形，如《公司法》规定不得担任董监高的情形；被中国证监会采取证券市场禁入措施或者认定为不适当人选，期限尚未届满；被北交所或者全国股转公司认定为不适合担任的情形；财务负责人还应当具备会计师以上专业技术职务资格，或者具有会计专业知识背景并从事会计工作3年以上。

（2）总体要求。董监高应当遵守法律法规、北交所业务规则和公司章程，

---

❶ 根据《上市规则（试行）》第4.2.1条、第4.2.2条、第4.2.10条、第4.2.14条、第4.2.15条、第4.2.23条规定整理。

对公司负有忠实义务和勤勉义务，严格履行公开承诺，不得损害公司利益。

（3）保障董事会秘书（简称"董秘"）开展工作。董事长应当保证董秘的知情权，不得以任何形式阻挠其依法行使职权。董事长接到重大事件的报告后，应立即敦促董秘履行信息披露义务。上市公司解聘董秘应当有充分的理由，不得无故解聘。

（4）董事履职要求。董事连续两次未出席董事会会议，或任职期内连续12个月未出席董事会会议次数超过期间董事会会议总次数的二分之一，应当作出书面说明并对外披露。董事连续两次未能出席，也不委托其他董事出席董事会会议，视为不能履行职责，董事会应当建议股东大会予以更换。

5. 独立董事任职要求

北交所为加强对独立董事的监管，专门制定了《持续监管指引第1号》，对独立董事的任职资格、权利义务、备案和管理等事项进行了规范。目前在北交所上市的公司，独立董事数量暂按2名执行，根据《持续监管指引第1号》第十二条、第十三条有如下规定。

（1）任职期限。在同一公司连续任职独立董事已满6年的，自该事实发生之日起12个月内不得被提名为该上市公司独立董事候选人。上述连续任职年限自公司在新三板挂牌之日起计算。

（2）任职数量。已在5家境内上市公司或新三板挂牌公司担任独立董事的，不得再被提名为北交所上市公司独立董事候选人。

6. 独立董事发表独立意见的情形

为切实发挥独立董事的监督作用，北交所扩充了独立董事应当对上市公司重大事项发表独立意见的情形。根据《持续监管指引第1号》第十六条规定有如下情形（标有下划线的内容为新增情形❶）。

（1）提名、任免董事。

（2）聘任、解聘高级管理人员。

---

❶ 本章中的新增情形、新增内容、新增条款等，均为在原新三板的相关制度、规则基础上新增。

（3）公司董事、高级管理人员的薪酬。

（4）公司现金分红政策的制定、调整、决策程序、执行情况及信息披露，以及利润分配政策是否损害中小投资者合法权益。

（5）需要披露的关联交易、对外担保（不含对控股子公司提供担保）、委托理财、对外提供财务资助、股票及其衍生品种投资等重大事项。

（6）变更募集资金用途、<u>使用闲置募集资金投资理财产品、闲置募集资金暂时用于补充流动资金、超募资金用于永久补充流动资金和归还银行借款、以募集资金置换自筹资金</u>等。

（7）重大资产重组、股份回购、股权激励和<u>员工持股计划</u>。

（8）<u>承诺相关方变更承诺事项</u>。

（9）<u>因会计准则变更以外的原因作出会计政策、会计估计变更或重大会计差错更正</u>。

（10）<u>财务会计报告被会计师事务所出具非标准审计意见</u>。

（11）<u>董事会因故无法对定期报告形成决议</u>。

（12）公司拟申请股票从北交所退市、<u>申请转板</u>或向境外其他证券交易所申请股票上市。

（13）独立董事认为有可能损害中小股东合法权益的事项。

7. 独立董事年度述职报告

北交所在注重对独立董事培训的基础上，也规范了独立董事年度述职报告的内容。独立董事述职报告最迟应当在发布召开年度股东大会通知时披露。根据《持续监管指引第1号》第二十条规定，述职报告应当包括以下内容（标有下划线的部分为新增内容）。

（1）全年出席董事会方式、次数及投票情况，列席股东大会次数。

（2）发表独立意见的情况。

（3）现场检查情况。

（4）提议召开董事会、提议聘用或者解聘会计师事务所、独立聘请外部审计机构和咨询机构等情况。

（5）保护中小股东合法权益方面所做的其他工作。

（6）参加北交所业务培训情况。

（7）被北交所实施工作措施、自律监管措施或纪律处分等情况。

8. 对控股股东、实际控制人的规定

对控股股东、实际控制人等"关键主体"，北交所进行了详细的规定以约束其行为，简单来说可以将这些规定概括为"十二不得"。❶

（1）不得通过任何方式影响公司的独立性。

（2）不得利用其控制权损害上市公司及其他股东的合法权益。

（3）不得利用控制地位谋取非法利益。

（4）不得违规干预上市公司的正常决策程序。

（5）不得对股东大会人事选举结果和董事会人事聘任决议设置批准程序。

（6）不得干预高级管理人员正常选聘程序。

（7）不得越过股东大会、董事会直接任免高级管理人员。

（8）不得通过直接调阅、要求上市公司向其报告等方式获取公司未公开的重大信息，法律法规另有规定的除外。

（9）不得占用公司资金（包括实际控制人的关联方在内）。

（10）不得在公司上市后新增影响公司独立持续经营的同业竞争（包括实际控制人控制的企业）。

（11）不得利用公司未公开的重大信息谋取利益（包括其他知情人员）。

（12）不得进行内幕交易、操纵市场或者其他违法违规活动（包括其他知情人员）。

9. 表决权差异安排

部分公司在上市前经过多轮融资，为保障控制权稳定，有设置差异化表决权的实际需要。北交所允许设置差异化表决权的上市公司在稳定运行至少一年后才可申报北交所。

---

❶ 根据《上市规则（试行）》第 4.3.4~4.3.9 条规定整理。

存在特别表决权股份的上市公司，除同比例配送股、转增股本方式外，上市后要满足以下要求。❶

（1）不得在境内外新发行特别表决权股份。

（2）不得提高特别表决权比例。因股份回购、减少注册资本等原因，可能导致特别表决权比例提高的，公司应当同时采取将相应数量特别表决权股份转换为普通股份等措施，保证特别表决权比例不高于原有水平。

（3）特别表决权股份不得进行交易。

（4）对特定事项不得行使特别表决权，如合并、分立、解散或者变更公司形式，选举和更换非由职工代表担任的监事，选举或罢免独立董事，聘请或解聘为上市公司定期报告出具审计意见的会计师事务所，股票从北交所退市等。

（5）特定情形下转换为普通股，如股东丧失相应履职能力、离任或死亡。

（6）上市公司应当保证普通表决权比例不低于10%。

（7）披露要求。上市公司应当在年度报告、中期报告中披露表决权差异安排的运行情况、特别表决权股份的变动情况及投资者保护措施的落实情况等。

（8）监督要求。监事会、独立董事应当在年度报告、中期报告中，对一些事项出具专项意见。一是特别表决权股东是否持续符合资格要求；二是特别表决权股份是否出现规定的须及时转换为普通股份的情形；三是特别表决权比例是否持续符合其设置所依据的有关规则规定；四是特别表决权股东是否存在滥用特别表决权或者其他损害投资者合法权益的情形。

10. 符合中小企业特点的相关安排

在公司治理制度中，北交所保留了部分符合中小企业特点需求的特色安排，与沪深交易所存在制度差异。

（1）不强制设立专门委员会。北交所鼓励上市公司根据需要设立审计、战略、提名、薪酬与考核等相关专门委员会。❷目前，沪、深上市公司要求设立审计委员会。

---

❶ 根据《上市规则（试行）》第4.4.3~4.4.11条规定整理。
❷ 根据《上市规则（试行）》第4.1.22条规定整理。

（2）不强制现金分红。考虑到中小企业的经营风险较高，且经济形势复杂多变的背景，北交所不强制规定现金分红，而是将现金分红的决定权下放。北交所上市公司自主制定利润分配制度，在公司章程中根据实际情况明确一定比例的现金分红相对于股票股利在利润分配方式中的优先顺序。❶相比之下，沪、深上市公司需要根据公司的发展阶段和重大现金支出安排设置一定比例的现金分红。

（二）信息披露

北交所《上市规则（试行）》对信息披露的规定具有细化实用的特点。一是丰富了信息披露总体要求，对信息披露原则的解释更加充分，对信息披露的具体要求更加精细，同时建立了内幕信息知情人管理和报备制度。二是完善了披露事项的决策和披露程序，对各类重大事项及关联交易披露标准和程序要求的规定更加具体，对独立董事的监督作用进一步强化，对子公司投资、委托理财等交易事项实行豁免适用。三是细化了重大事项披露制度，重点加强对股票异常波动和传闻澄清、股份质押和司法冻结的披露要求。

1. 一般规定 ❷

（1）基本原则：信息披露应当及时、公平地披露所有可能对公司股票交易价格、投资者投资决策产生较大影响的信息，并保证信息披露内容的真实、准确、完整，不存在虚假记载、误导性陈述或重大遗漏；应当同时向所有投资者公开披露重大信息，确保所有投资者可以平等地获取同一信息。

（2）披露的信息包括定期报告、临时报告。

（3）临时报告的触发条件：发生可能对公司股票交易价格、投资者投资决策产生较大影响的重大事件。

（4）重大事件披露时点。最先触及下列任一时点时，应及时履行首次披露义务。

---

❶ 根据《上市规则（试行）》第 4.3.3 条规定整理。
❷ 根据《上市规则（试行）》第 5.1.1~5.2.4 条规定整理。

a. 董事会或者监事会作出决议时。

b. 有关各方签署意向书或协议时。

c. 董监高知悉或者应当知悉该重大事件发生时。

（5）预测性信息披露原则：应当合理、谨慎、客观，并充分披露相关信息所涉及的风险因素，以明确的警示性文字提示投资者可能出现的风险和不确定性。

2. 披露类型 ❶

（1）自愿披露。上市公司及相关信息披露义务人可以自愿披露与投资者作出价值判断和投资决策有关的信息，但同时应当遵守公平信息披露原则，保持信息披露的完整性、持续性和一致性，避免选择性信息披露，不得与依法披露的信息相冲突，不得误导投资者，不得利用自愿性信息披露从事市场操纵、内幕交易或者其他违法违规行为。已披露的信息发生重大变化，有可能影响投资决策的，应当及时披露进展公告，直至该事项完全结束。

（2）暂缓或豁免披露。上市公司及相关信息披露义务人拟披露的信息属于商业秘密、商业敏感信息，按照规则披露或者履行相关义务可能引致不当竞争、损害公司及投资者利益或者误导投资者的，可以暂缓或者豁免披露该信息。拟披露的信息被依法认定为国家秘密，披露或者履行相关义务可能导致其违反法律法规或危害国家安全的，可以豁免披露。同时需要注意，不得随意扩大暂缓、豁免事项的范围，相关内幕信息知情人应当书面承诺做好保密。

（3）行业特点及公司风险披露。上市公司应当结合所属行业的特点，充分披露行业经营信息，便于投资者合理决策；还应当充分披露可能对公司核心竞争力、经营活动和未来发展产生重大不利影响的风险因素。公司尚未盈利的，应当充分披露尚未盈利的成因，以及对公司现金流、业务拓展、人才吸引、团队稳定性、研发投入、战略性投入、生产经营可持续性等方面的影响。

---

❶ 根据《上市规则（试行）》第 5.2.10~5.2.14 条规定整理。

3. 董监高的信息披露责任

《上市规则（试行）》进一步明确了信息披露的责任认定，不同责任主体对公司信息披露的内容要求及所承担的责任见表2-3。

在信息披露事务管理方面，《上市规则（试行）》第5.4.2条、第5.4.6条规定有如下要求。

（1）董事长对信息披露事务管理承担首要责任。

（2）董事会秘书负责组织和协调信息披露管理事务，应当积极督促公司制定、完善和执行信息披露事务管理制度，做好相关信息披露工作。

（3）勤勉尽责。董监高应当关注信息披露文件的编制情况，保证定期报告、临时报告在规定期限内披露，配合上市公司履行信息披露义务。

表2-3　上市公司董监高信息披露要求及责任❶

责任主体	信息披露内容要求	承担的责任
董监高	信息披露的真实性、准确性、完整性、及时性、公平性，但有充分证据表明已勤勉尽责的除外	负责
董事长、经理、董事会秘书	临时报告的真实性、准确性、完整性、及时性、公平性	承担主要责任
董事长、经理、财务负责人	公司财务会计报告的真实性、准确性、完整性、及时性、公平性	承担主要责任

（4）告知义务。股东、实际控制人、收购人等相关信息披露义务人应及时告知上市公司控制权变更、权益变动和其他重大事项，主动配合公司履行信息披露义务。

4. 内幕信息知情人管理及报送

按照《证券法》的规定，内幕信息，是指涉及上市公司的经营、财务或者对上市公司股票及其他证券品种交易价格有重大影响的尚未公开的信息。

上市公司从新三板创新层登录北交所必然会伴随着市场流动性的大幅度提

---

❶ 根据《上市规则（试行）》第5.3.4条规定整理。

升，因此对内幕信息知情人的管理工作更为重要。北交所加强了对内幕信息知情人的监管，主要体现在三个方面：一是建立内幕信息管理制度；二是登记管理内幕信息知情人；三是报备内幕信息知情人档案。

根据《上市规则（试行）》第 5.4.8 条规定，上市公司及其董监高和其他内幕信息知情人在信息披露前，应当将内幕信息知情人控制在最小范围。内幕信息知情人在内幕信息公开前，不得买卖公司股票、泄露内幕信息或者建议他人买卖公司股票。

根据《上市规则（试行）》第 5.4.9 条规定，上市公司应当对内幕信息知情人进行登记管理，在披露以下重大事项时，应当按照北交所相关规定报备内幕信息知情人档案。公司披露重大事项后，相关事项发生重大变化的，应当及时向北交所补充报送内幕信息知情人档案。

（1）年度报告、中期报告。

（2）证券发行。

（3）股份回购。

（4）重大资产重组。

（5）公司被收购。

（6）公司合并、分立。

（7）申请转板或向境外其他证券交易所申请股票上市。

《持续监管指引第 6 号》对不同重大事件提出了有针对性的细化要求，同时规范了报备文件的统一要求，包括内幕信息知情人登记表、相关人员买卖上市公司股票的自查报告、重大事项进程备忘录，全体董事对内幕信息知情人报备文件真实性、准确性和完整性的承诺书等。

5. 定期报告 ❶

（1）总体要求：与沪深交易所基本一致，保持各交易所监管标准的总体一致性。

---

❶ 根据《上市规则（试行）》第 6.1 节规定整理。

（2）定期报告的类型有年度报告、中期报告和季度报告。

（3）披露期限。在每个会计年度结束之日起4个月内编制并披露年度报告；在每个会计年度的上半年结束之日起2个月内编制并披露中期报告；在每个会计年度前3个月、9个月结束后的1个月内编制并披露季度报告。第一季度报告的披露时间不得早于上一年的年度报告。公司预计不能在规定期限内披露定期报告的，应当及时向北交所报告，并公告不能按期披露的原因、解决方案及延期披露的最后期限。

（4）审计要求：上市公司年度报告的财务报告应当经符合《证券法》规定的会计师事务所审计。中期报告、季度报告一般不要求审计，拟实施送股或者以资本公积转增股本的，应审计；仅实施现金分红的，可免于审计。

（5）审议程序。上市公司董事会应当编制和审议定期报告，确保公司定期报告按时披露。上市公司不得披露未经董事会审议通过的定期报告，董事会已经审议通过的，不得以董事、高级管理人员对定期报告内容有异议为由不按时披露定期报告。监事会应当对董事会编制的定期报告进行审核，并提出书面审核意见。董监高应当对定期报告签署书面确认意见。董监高无法保证定期报告内容的真实性、准确性、完整性或者有异议的，应当在书面确认意见中发表意见并陈述理由，公司应当披露相关情况。公司不予披露的，董监高可以直接申请披露。

6. 业绩预告和业绩快报

业绩预告和业绩快报的披露规定沿用了原精选层的规定，根据《上市规则（试行）》第6.2.1~6.2.2条规定具体要求如下。

（1）业绩预告。上市公司在年度报告披露前，预计上一会计年度净利润发生重大变化的，应当在北交所规定的时间内进行业绩预告；预计半年度和季度净利润发生重大变化的，可以进行业绩预告。业绩预告应当披露净利润的预计值及重大变化的原因。重大变化的情形包括净利润同比变动超过50%且大于500万元、发生亏损或者由亏损变为盈利。

（2）业绩快报。上市公司预计不能在会计年度结束之日起2个月内披露年度报告的，应当在该会计年度结束之日起2个月内披露业绩快报。业绩快报中的财务数据包括但不限于营业收入、净利润、总资产、净资产及净资产收益率。

对于业绩预告和业绩快报，北交所与沪深交易所的要求略有不同，如上交所主板对业绩快报不做要求，而北交所要求在2月底前没有披露年度报告的必须披露业绩快报。沪深交易所对业绩预告的时间要求是1月底前，北交所对业绩预告的时间没有要求，但因为业绩快报（或已发布年报）的时间节点为2月底前，因此业绩发生重大变化的也会同步发布业绩预告，业绩预告的时间也不会晚于2月底。

7. 重大交易的披露

（1）交易的界定范围。临时报告是以交易为核心进行整体披露安排的，因此北交所《上市规则（试行）》第7.1.1条对"交易"进行了详细的界定，包括下列事项。

a. 购买或者出售资产。

b. 对外投资（含委托理财、对子公司投资等，设立或者增资全资子公司及购买银行理财产品除外）。

c. 提供担保（即上市公司为他人提供的担保，含对控股子公司的担保）。

d. 提供财务资助。

e. 租入或者租出资产。

f. 签订管理方面的合同（含委托经营、受托经营等）。

g. 赠与或者受赠资产。

h. 债权或者债务重组。

i. 研究与开发项目的转移。

j. 签订许可协议。

k. 放弃权利。

上述购买或者出售资产，不包括购买原材料、燃料和动力，以及出售产品或者商品等与日常经营相关的交易行为。

（2）披露及股东大会审议标准。北交所进一步细化了对各类重大事项及关联交易的具体披露标准和决策程序要求，对需要及时披露和需要提交股东大会审议的标准与程序进行了明确的规定。

根据《上市规则（试行）》第7.1.2条规定，上市公司发生的交易（除提供担保、提供财务资助外）达到下列标准之一的，应当及时披露，下述指标计算中涉及的数据如为负值，取其绝对值计算。

a. 交易涉及的资产总额（同时存在账面值和评估值的，以孰高为准）占上市公司最近一期经审计总资产的10%以上（占50%以上时还需提交股东大会审议）。

b. 交易的成交金额占上市公司最近一期经审计净资产的10%以上，且超过1000万元（占50%以上，且超过5000万元时还需提交股东大会审议）。

c. 交易标的（如股权）最近一个会计年度相关的营业收入占上市公司最近一个会计年度经审计营业收入的10%以上，且超过1000万元（占50%以上时还需提交股东大会审议）。

d. 交易产生的利润占上市公司最近一个会计年度经审计净利润的10%以上，且超过150万元（占50%以上，且超过750万元时还需提交股东大会审议）。

e. 交易标的（如股权）最近一个会计年度相关的净利润占上市公司最近一个会计年度经审计净利润的10%以上，且超过150万元（占50%以上，且超过750万元时还需提交股东大会审议）。

对于应当提交股东大会审议的情形，其标准可以参见《上市规则（试行）》第7.1.3条中的规定。其中，股权资产应当提供最近一年及一期的审计报告（6个月有效），其他非现金资产应当提供评估报告（1年有效）。

相对于征求意见稿，《上市规则（试行）》删除了与市值对应的披露和审议要求，主要考虑到市值变动较快、波动较大，从操作层面难以把握，且目前北交所上市公司普遍市值大于净资产，因此如按照征求意见稿执行，用到对应市值的披露和审议要求的情况也几乎没有。

（3）特别事项要求。对外担保或提供财务资助这两类重大交易不同于其他交易，因其不仅涉及财务指标，还涉及交易对手方的情况，因此披露和审议标准制定的逻辑与其他不同。对外担保和提供财务资助应当提交公司董事会审议并对外披露。董事会审议时，必须经出席董事会会议的三分之二以上董事审议同意。如果触发《上市规则（试行）》第 7.1.11 条、第 7.1.14 条情形之一的，还应当提交股东大会审议。

（4）豁免情形。上市公司与其控股子公司发生的或者上述控股子公司之间发生的交易，除另有规定或者损害股东合法权益的外，免于按照《上市规则（试行）》第 7.1.2 条或者第 7.1.3 条的规定披露或审议。上市公司为全资子公司提供担保，或者为控股子公司提供担保且控股子公司其他股东按所享有的权益提供同等比例担保，不损害公司利益的，可以豁免适用《上市规则（试行）》第 7.1.11 条第二款第一项至第三项的规定，但是公司章程另有规定的除外。未盈利的上市公司可以豁免适用《上市规则（试行）》第 7.1.2 条或第 7.1.3 条的净利润指标。

8. 关联交易的披露 ❶

上市公司的关联交易，是指上市公司或者其控股子公司等其他主体与上市公司关联方发生交易和日常经营范围内发生的可能引致资源或者义务转移的事项。

（1）总体原则：关联交易应当具有商业实质，价格应当公允，原则上不偏离市场独立第三方的价格或者收费标准等交易条件。上市公司及其关联方不得利用关联交易输送利益或者调节利润，不得以任何方式隐瞒关联关系。

（2）独立董事监督。关联交易事项提交董事会审议前，应当取得独立董事事前认可意见。独立董事事前认可意见应当取得全体独立董事的半数以上同意，并在关联交易公告中披露。（本条为新增内容。）

（3）应及时披露的关联交易（除提供担保外）。

a. 公司与关联自然人发生的成交金额在 30 万元以上的关联交易。

b. 与关联法人发生的成交金额占公司最近一期经审计总资产 0.2% 以上的

---

❶ 根据《上市规则（试行）》第 7.2.1~7.2.8 条规定整理。

交易,且超过 300 万元。

(4)应提交股东大会审议的关联交易。

a. 成交金额占公司最近一期经审计总资产 2% 以上且超过 3000 万元的交易,提交审议时应比照《上市规则(试行)》第 7.1.17 条的规定提供评估报告或者审计报告。

b. 为关联方提供担保的均需提交审议。其中,为控股股东、实际控制人及其关联方提供担保的,控股股东、实际控制人及其关联方应当提供反担保。

(5)日常性关联交易。对于每年与关联方发生的日常性关联交易,上市公司可以在披露上一年度报告之前,对本年度将发生的关联交易总金额进行合理预计,根据预计金额分别适用《上市规则(试行)》第 7.2.5 条或者第 7.2.6 条的规定提交董事会或者股东大会审议。在实际操作中,上市公司可以在 1 月对全年进行预计,如果在 1 月 1 日到年报披露期间没有预计,那么全年的关联交易将逐笔审议。

预计范围内的关联交易。公司应当在年度报告和中期报告中进行分类,列表披露执行情况并说明交易的公允性。实际执行超出预计金额时,公司应就超出金额所涉及事项履行相应审议程序并披露。

9. 其他重大事项的披露 ❶

除重大交易外,还需披露临时报告的事项即为其他重大事项。相关规定如下。

(1)股票异常波动。上市公司股票交易出现北交所业务规则规定或北交所认定的异常波动的,公司应当于次一交易日开盘前披露异常波动公告。如次一交易日开盘前无法披露,上市公司应当向北交所申请停牌直至披露后复牌。公告的内容应包括股票交易异常波动的具体情况,对信息披露相关重要问题的关注、核实情况说明,是否存在应当披露而未披露重大信息的声明,董事会核实公司及控股股东、实际控制人、董监高异常波动期间是否存在交易公司股票的情况,向市场提示异常波动股票投资风险等。

---

❶ 根据《上市规则(试行)》第 8.1.2~8.3.5 条规定整理。

（2）传闻澄清。上市公司和相关信息披露义务人应当密切关注公共媒体关于公司的重大报道、市场传闻（以下统称"传闻"）。相关传闻可能或者已经对公司股票交易价格或者投资决策产生较大影响的，公司应当及时核实，并视情况披露或者澄清。

（3）股份质押和司法冻结。上市公司任一股东所持公司5%以上的股份被质押、冻结、司法拍卖、托管、设定信托或者被依法限制表决权的，应当及时通知公司并予以披露。对于股份质押的情形，应当说明质押股东和质押权人的基本情况、股份质押基本情况及质押登记办理情况等。质押股东是上市公司控股股东、实际控制人及其一致行动人的，还应当说明股份质押的目的、资金偿还能力、可能引发的风险及应对措施等。

（4）重大诉讼、仲裁。应当及时披露的情形包括涉案金额超过1000万元，且占公司最近一期经审计净资产绝对值10%以上；股东大会、董事会决议被申请撤销或者宣告无效；可能对公司控制权稳定、生产经营或股票交易价格产生较大影响的其他诉讼、仲裁等。

（5）发行、转板及境外上市。股票发行、申请转板或向境外其他证券交易所申请股票上市，或者发行其他证券品种作出决议，应当自董事会决议之日起及时披露相关公告。

（6）利润分配和转增股本。董事会审议通过利润分配或资本公积转增股本方案后，应及时披露方案具体内容，并于实施方案的股权登记日前披露方案实施公告。

（7）限售股解禁。限售股份在解除限售前，上市公司应当按照北交所相关规定披露相关公告。

（8）大股东增减持。直接或间接持有公司5%以上股份的股东，所持股份占上市公司总股本的比例每增加或减少5%时，投资者应当按规定及时告知公司，并配合上市公司履行信息披露义务。

10. 收购事项的披露

成为北交所上市公司后，收购规则的适用发生了重大变化，由此前的适用于《非上市公众公司收购管理办法》变为适用于《证券法》和《上市公司收购管理办法》，因此对收购事项的披露要求也随之变化。下面重点介绍变化前后的一些关键区别（见表2-4）。

表2-4　收购事项披露要求的变化 ❶

事项	变化前	变化后
权益变动披露起点	投资者及其一致行动人拥有权益的股份达到公众公司已发行股份的10%	投资者及其一致行动人拥有权益的股份达到一个上市公司已发行股份的5%（与沪深上市公司一致）
进展披露	拥有权益的股份每达到5%的整数倍：披露+暂停交易2个交易日	拥有权益的股份每增减5%：披露+暂停交易3个交易日；拥有权益的股份每增减1%：披露（可不暂停交易）
披露文件类型	权益变动报告书；收购报告书	要约收购报告书；简式或详式权益变动报告书[持股5%~20%（不含）披露]；收购报告书（持股20%~30%披露）
强制要约		达到30%触发强制要约

（三）停牌和复牌

1. 一般规定 ❷

上市公司应当维护证券交易的连续性，谨慎申请停牌，不得滥用停牌或者复牌损害投资者的合法权益。在筹划重大事项过程中，应当严格履行保密义务，做好信息管理和内幕信息知情人登记工作，不得以停牌代替公司及有关各方在筹划重大事项过程中的信息保密义务。

上市公司筹划重大事项，应当在股票不停牌的情况下分阶段披露所筹划事项的具体情况，不得以相关事项结论尚不确定为由随意申请停牌。难以分阶段披露所筹划重大事项，确有需要申请停牌的，应当明确停牌事由，合理确定停牌时间，缩短停牌时长，并及时申请复牌。停牌期间，公司应当分阶段披露所筹划重大事项的进展情况，避免笼统、概况式披露，并至少每5个交易日披露

---

❶ 根据《上市规则（试行）》第8.3.5条规定及《上市公司收购管理办法》第二章、第三章整理。
❷ 根据《上市规则（试行）》第9.1.2~9.1.6条规定整理。

一次进展公告。终止筹划重大事项的，还应当披露终止筹划的具体原因及决策程序。

2. 筹划重大事项 ❶

（1）筹划资产重组或发行股份购买资产。上市公司可以申请停牌，停牌时间不超过 10 个交易日。公司应当在停牌期限届满前披露经董事会审议通过的重组预案或者报告书，并申请复牌；未能按期披露重组预案或者报告书的，应当终止筹划本次重组并申请复牌。公司可以在披露重组预案或者报告书后，以对相关方案作出重大调整为由申请停牌，停牌时间不超过 5 个交易日。公司应当及时披露重大调整的具体情况、当前进展、后续安排及尚需履行的程序等事项，并申请复牌。上市公司不停牌筹划重大资产重组的，应当做好信息保密工作，在按规定披露重组预案或者报告书等文件前，不得披露所筹划重组的相关信息。相关信息泄露的，公司应当及时申请停牌。

（2）筹划控制权变更、要约收购等事项。上市公司原则上应当分阶段披露筹划进展，确有需要申请停牌的，停牌时间不超过 5 个交易日。上市公司破产重整期间，应当分阶段披露重整事项进展，并充分提示相关风险，确有需要申请停牌的，应当披露停牌具体事由、重整事项进展和预计复牌时间等内容，停牌时间原则上不超过 5 个交易日。

（3）延期复牌。上市公司无法在停牌期限届满前完成相关事项筹划，但国家有关部门对相关事项的停复牌时间另有要求的，公司可以向北交所申请延期复牌，但连续停牌时间原则上不得超过 25 个交易日。涉及国家重大战略项目、国家军工秘密等事项，对停复牌时间另有要求的从其要求。在延期复牌生效前应披露延期复牌公告，公告内容应当包括筹划事项进展、延期复牌的原因及延期后预计复牌时间等具体信息。

3. 其他事项的停复牌 ❷

（1）未在规定期限内披露季度报告。公司股票应当于报告披露期限届满的

---

❶ 根据《上市规则（试行）》第 9.2.1~9.2.4 条规定整理。
❷ 根据《上市规则（试行）》第 9.3.2~9.3.4 条规定整理。

次一交易日停牌 1 天。

（2）上市公司被要约收购的。要约收购期限届满后的次一交易日至披露要约收购查询结果期间，公司股票应当停牌。

（3）转板。上市公司向境内其他证券交易所申请股票转板（以下简称"转板"），应当申请股票于向境内其他证券交易所提交申报材料的次一交易日停牌。在收到境内其他证券交易所不予受理决定、终止审核决定等文书后，应当申请股票复牌。

五、再融资规则

北交所的再融资规则坚持服务创新型中小企业的市场定位，在平移新三板特色制度的基础上，借鉴沪深交易所的成熟做法，既体现了对中小企业利用北交所平台做优做强的支持，又能够保护投资者合法权益和社会公众利益。

北交所的再融资规则具有小额、快速、灵活、多元的制度特点。一是遵循上位规则。落实试点注册制的要求，以信息披露为中心，明确了北交所与中国证监会注册的有效衔接。同时，在自律规则层面，细化申报与审核，定价、发售与认购及信息披露等规则要求。从整体上看，北交所再融资制度的基本框架与科创板、创业板基本一致。二是丰富融资方式及品种。为满足创新型中小企业多元化的融资需求，提供普通股、可转债、优先股等多个融资品种选择，建立向不特定合格投资者公开发行、向特定对象发行等制度安排。三是匹配灵活的制度安排。充分考虑中小企业的发展规律和成长阶段，引入授权发行、自办发行等灵活便捷的发行机制，降低中小企业的融资成本。

（一）规则体系

1. 中国证监会层面

（1）《再融资办法（试行）》的具体内容：一是融资品种与发行方式，其中发行方式包括向不特定合格投资者发行和向特定对象发行；二是发行条件按不同分类分别设置，向特定对象发行股票、向不特定合格投资者公开发行股票、向特定对象发行可转债；三是发行程序包括公司审议、北交所审核与中国证监会注册，定价、发售与认购、股份限售等具体要求；四是信息披露要求，强化按准则披露、重要节点披露；五是责任追究，强化各方违规责任追究。

（2）《保荐业务管理办法》。保荐机构及保荐代表人应当按照注册办法、保荐办法履行保荐职责。（发行上市和再融资保荐均适用本办法。）

（3）规范性文件。《内容与格式准则第48号》《内容与格式准则第49号》《内容与格式准则第51号》《内容与格式准则第52号》。

2. 北交所层面

（1）基本规则。北交所发布的基本规则包括《上市规则（试行）》和《再融资审核规则（试行）》。其中，《上市规则（试行）》较为概括地规定了上市公司股票的发行与上市的相关要求，明确了募集资金用途（规范使用）的要求；《再融资审核规则（试行）》则规定了北交所审核职责、具体审核程序、审核时限安排，以及平移于新三板的特色制度（自办发行、简易程序），加强自律监管方面的要求。

（2）细则。

a.《北京证券交易所证券发行与承销管理细则》，整体平移原精选层发行承销制度、再融资的配套规定、余股配售机制等，既适用于普通股发行上市，也适用于可转债和优先股。

b.《北京证券交易所上市公司向特定对象发行可转换公司债券业务细则》包括发行与挂牌、转让、转股、赎回与回售、付息及本息兑付、持续信息披露、自律管理等。

c.《北京证券交易所上市公司向特定对象发行优先股业务细则》包括发行与挂牌、转让、信息披露、自律管理等。

（3）指引。

a.《北京证券交易所股票向不特定合格投资者公开发行与承销业务实施细则》虽然名为细则，但实际为北交所与中国证券登记结算有限责任公司联合发布的操作指引，其内容包括对公开发行的程序性规定、整体平移原精选层的相关要求，再融资也同样适用。

b.《北京证券交易所上市公司证券发行与承销业务指引》为北交所相对于原精选层新发布的细则，主要包括股票发行与承销的具体实施性规则，可转债、优先股参照适用。

（二）向特定对象发行要点

（1）发行条件：满足四个要求，避免四种情形［详见本章五、再融资规则中"（四）发行条件"］。

（2）定价方式分为协商定价和竞价。

（3）底价要求不低于定价基准日前20个交易均价80%。

（4）一般限售要求。限售期6个月，除做市库存股外（做市商将另行承诺）。

（5）特殊限售要求。限售期12个月。满足董事会提前确定全部发行对象，且属于以下四类特殊情形：一是控股股东；二是自办发行；三是通过本次发行成为控股股东的；四是引入境外战略投资者。

（6）承销方式。除董事会前全部确定发行对象的外，采取代销方式。

（7）发售比例。除发行用于收购或用于购买资产两种特殊情形外，拟发行数量不得超过本次发行前股本总额的30%；配股不超过50%。

（8）发行流程。以董事会决议为起点，到竞价申购、缴款验资等。以下三种情况适用于特殊程序。

a.适用简易程序的授权发行。董事会前以竞价方式确认发行对象和价格，或收到中国证监会同意注册决定后以竞价方式确认发行对象和价格。

b.不适用简易程序的授权发行。收到中国证监会同意注册决定后以竞价方式确认发行对象和价格。

c.自办发行，无须聘请保荐机构、律师事务所。

（9）其他要求。其他要求包括股票交易均价的计算、认购合同签订及生效条件、认购邀请书等内容。

（三）向不特定合格投资者公开发行要点

（1）发行条件。除符合向特定对象发行股票的条件外，还要符合《公开发行注册办法（试行）》规定的其他条件。

（2）发行价格不低于公告招股意向书前20个交易日或前1个交易日股票均价。（与定向发行最低可以为均价的80%不同。）

（3）发行类别。可以全部或部分向原股东优先配售，优先配售后剩余部分可以向网上发行，也可以向网下发行。

（4）组织方式为"网下发行"加"网上发行"。"网上发行"通过交易系统进行，"网下发行"可由承销商自行组织。

（5）网下发行。参与网下发行的投资者，具体条件由发行人和主承销商在发行公告中确定并披露。

（6）参与方式。允许投资者同时通过多种方式参与，原股东参与优先配售后，符合条件的还可以参与网下发行和网上发行，网下投资者可以同时参与网上发行和网下发行。

（7）申购缴款。网上发行全额申购，网下发行保证金申购，保证金比例由发行人和主承销商约定，但不得超过20%。

（8）二次配售。在弃购较多或市场发生重大变化的情况下可组织二次配售。

（四）发行条件 ●

下面按照发行的对象、发行的再融资品种的不同对发行条件进行梳理和汇总。

1. 向特定对象发行股票

（1）需要满足以下四个条件。

a. 具备健全且运行良好的组织机构。

b. 具有独立、稳定的经营能力，不存在对持续经营有重大不利影响的情形。

● 根据《再融资办法（试行）》第二章、第三章规定整理。

c. 最近一年财务会计报告无虚假记载，未被出具否定意见或无法表示意见的审计报告；最近一年财务会计报告被出具保留意见的审计报告，保留意见所涉及事项对上市公司的重大不利影响已经消除。

d. 合法规范经营，依法履行信息披露义务。

（2）不得出现的四种情形。

a. 上市公司或其控股股东、实际控制人最近三年内存在重大违法行为。

b. 上市公司或其控股股东、实际控制人、现任董监高最近一年内受到中国证监会行政处罚、北交所公开谴责；或因涉嫌犯罪正被司法机关立案侦查或者涉嫌违法违规正被中国证监会立案调查，尚未有明确结论意见。

c. 擅自改变募集资金用途，未作纠正或者未经股东大会认可（相比于上市规则多了本项要求）。

d. 上市公司或其控股股东、实际控制人被列入失信被执行人名单且情形尚未消除。

（3）上市公司及其控股股东、实际控制人、主要股东（持股5%以上的股东）不得向发行对象做出保底保收益或者变相保底保收益承诺，也不得直接或者通过利益相关方向发行对象提供财务资助或者其他补偿。

（4）募集资金必要性核查意见。最近一期末存在持有金额较大的财务性投资的，保荐人应当对本次募集资金的必要性和合理性审慎发表核查意见。在再融资的审核中非常关注募集资金的相关内容，从历史募集资金使用的规范性到本次募集资金的必要性及募集资金的用途等都是审核中关注的重点。

2. 向不特定合格投资者公开发行股票

（1）应满足向特定对象发行股票的条件。

（2）应当符合《公开发行注册办法（试行）》规定的其他条件。

3. 向特定对象发行可转换债券

（1）应满足向特定对象发行股票的条件。

（2）额外的两个积极条件（应满足情形）。

a. 最近3年平均可分配利润可支付公司债券1年的利息。

b. 具有合理的资产负债结构和正常的现金流量。

（3）两个消极条件（不得存在的情形）。

a. 对已公开发行的公司债券或者其他债务有违约或者延迟支付本息的事实，仍处于继续状态。

b. 违反《证券法》规定，改变公开发行公司债券所募资金用途。

4. 向特定对象发行——授权发行

符合条件的授权发行可以适用简易程序。简易程序将会大幅度缩短北交所受理和审核的时间，2个工作日内决定是否受理，3个工作日内进行审核。

（1）授权发行的条件、额度及有效期。

a. 条件：需在公司章程中有相关规定，由上市公司年度股东大会授权董事会。

b. 额度：累计融资额低于1亿元且低于公司净资产20%的股票。

c. 授权有效期不得超过上市公司下一年度股东大会召开日。

（2）简易程序适用条件。❶

a. 应当在经年度股东大会授权的董事会审议前，以竞价方式确定发行价格、发行对象，签订认购合同，董事会应当对竞价结果等发行事项作出决议。

b. 上市公司、控股股东、实际控制人、董监高就符合发行条件、上市条件、信息披露要求及适用简易程序要求作出承诺。

c. 保荐机构就本次发行上市符合发行条件、上市条件和信息披露要求及适用简易程序要求发表明确核查意见。

（3）简易程序的消极条件（不得适用简易程序）。

a. 被实施退市风险警示或其他风险警示。

b. 相关主体最近3年受到中国证监会行政处罚，最近1年受到中国证监会行政监管措施或北交所、全国股转公司纪律处分。

c. 保荐机构或保荐代表人、证券服务机构或相关签字人员最近1年因同类业务受到中国证监会行政处罚，或者受到证券交易所、全国股转公司纪律处分。

---

❶ 根据《再融资审核规则（试行）》第三十九条、第四十条规定整理。

5. 向特定对象发行——自办发行 ❶

与授权发行可以大幅度节省发行时间相比，自办发行则会降低上市公司再融资成本。因为自办发行无须聘请证券公司出具保荐文件及律师事务所出具法律意见书，所以可节省保荐及法律意见成本。

（1）自办发行的适用条件。

发行方式：向特定对象发行。

发行对象：前十名股东、实际控制人、董监高及核心员工。

额度限制：连续 12 个月内发行的股份未超过公司总股本 10%，且融资总额不超过 2000 万元。

程序要求：董事会决议时应明确发行对象、发行价格和发行数量。

（2）自办发行的消极条件（不得开展自办发行）。

a. 授权方式发行的。

b. 非现金资产认购。

c. 本次发行股票导致公司控制权发生了变动。

d. 本次发行存在特殊投资条款安排。

e. 控股股东、实际控制人、董监高最近 1 年内被中国证监会采取行政处罚或监管措施，或受到北交所纪律处分。

六、重组规则

重大资产重组，是指上市公司及其控股或控制的公司购买、出售资产或者通过其他方式进行资产交易达到规定标准，导致上市公司的主营业务、资产、收入发生重大变化的资产交易行为。

北交所根据自身定位和中小企业特点，对重大资产重组的行业要求、确定发行股份购买资产的审核注册程序和底价确定依据、重大资产重组的认定标准进行了创新性的规定，为北交所上市企业优化资源配置、促进结构调整、推动

---

❶ 根据《再融资办法（试行）》第二十八条规定整理。

高质量发展等方面提供了指引。与之配合的审核机制也体现了北交所为上市企业高效、便捷服务的管理思路。

（一）规则体系

1. 中国证监会层面

《持续监管办法（试行）》和《内容与格式准则第 56 号》是中国证监会针对北交所制定的新规则。

《持续监管办法（试行）》的第六章规定了重组标的资产的行业要求，调整了重大资产重组认定标准，规定重组上市置入资产的要求由北交所制定，并明确发行股份购买资产底价确定依据，以及审核注册的相关要求。

《内容与格式准则第 56 号》沿用原有挂牌公司重组格式准则的章节结构，内容上参照沪深交易所上市公司相关格式准则的要求作出统一规定。在原有挂牌公司重组格式准则要求的基础上增加董事会对评估机构的独立性、评估假设和评估方法的合理性、评估定价的公允性进行讨论并发表意见。管理层讨论与分析的内容，要求提供备考财务报告。涉及重组上市的，需按照招股说明书准则补充重组报告书的相关内容。

2. 北交所层面

北交所层面的三件规则均是本次改革新制定的规则。

《北京证券交易所上市公司重大资产重组审核规则（试行）》明确了重大资产重组的审核程序与自律监管等方面的具体要求，细化规定了重大资产重组标准与条件，包括重组上市、置入资产要求等。强化重组信息披露要求，明确重组审核内容、方式与程序，压实中介机构责任。

《上市规则（试行）》主要对重大资产重组内幕信息知情人报备、停复牌、信息披露等事项进行了原则性要求。

《北京证券交易所上市公司重大资产重组业务指引》细化了重组内幕交易防控、停复牌、重组方案及审议程序、说明会、暂停终止与注册实施、持续信息披露等具体操作事宜，按照重组的时间线进行章节划分，对重组业务全链条进行一体化规定，增强了规则使用的便利性。

3. 制度特点

（1）北交所重组规则严格遵循现有法律框架，充分借鉴沪深交易所成熟的监管经验，监管标准对接，内在逻辑趋同，为提升北交所上市公司质量提供了制度保障。

（2）北交所重组规则结合中小企业特点，在标的资产行业要求、重大资产重组认定标准上有所优化，支持中小企业通过并购重组实现高质量发展。

（3）北交所重组规则强化以信息披露为中心，要求上市公司充分披露与投资者决策相关的信息，压实中介机构责任，同时繁简适中，降低中小企业的披露成本。

（二）重组规则要点

1. 重组的一般性规定 ❶

根据《持续监管办法（试行）》第二十六条规定，上市公司实施重大资产重组或者发行股份购买资产的，标的资产应当符合北交所相关行业要求，或者与上市公司处于同行业或上下游。对于置入资产构成重大资产重组的，具体条件由北交所制定。北交所负责对重大资产重组进行审核，并对信息披露、持续督导等进行自律管理。

在实施中，营业收入指标的执行标准为：购买、出售的资产在最近一个会计年度所产生的营业收入占上市公司同期经审计的合并财务会计报告营业收入的比例达到50%以上，且超过5000万元。

对于上市公司发行股份购买资产的情形，发行股份的价格不得低于市场参考价格的80%。

2. 重大资产重组认定标准

结合中小企业特点，北交所重组制度优化了重大资产重组认定标准。一是在中国证监会《上市公司重大资产重组管理办法》第十二条认定标准基础上，

---

❶ 根据《持续监管办法（试行）》第六章规定整理。

对于营业收入标准，除达 50% 比例限之外，增加超过 5000 万元的绝对值限制；二是进一步明确日常经营行为的具体内涵，对于购买土地、厂房、机械设备等行为充分说明合理性和必要性，不纳入重大资产重组管理。❶

3. 标的资产要求

为支持中小企业通过并购重组实现高质量发展，北交所重组制度明确了标的资产要求。

（1）行业要求。应符合北交所相关业务要求或者与上市公司处于同行业或上下游。具体要求可参见《北京证券交易所向不特定合格投资者公开发行股票并上市业务规则适用指引第 1 号》。由于中小企业业务相对单一，细分行业市场空间较小，存在通过并购重组成长壮大的诉求，从目前执行层面看北交所对重组标的的行业要求还是比较宽松的。

（2）财务指标要求。对于重组上市置入资产，应符合《公开发行注册办法（试行）》中规定的公开发行条件。具体而言，需满足发行上市的前两套财务指标：本章二、股票上市与交易持续监管规则中"（一）上市条件"里的市值及财务指标要求的标准一"侧重盈利能力强"或标准二"侧重成长性好"。同时，置入资产不得存在上市规则规定的负面情形。

从北交所对标的资产的要求来看，明确了只有符合净利润或营业收入标准的资产方可重组上市，有效防范置入资产的经营风险，切实保障上市公司质量稳步提升，体现了底线思维。

4. 支付手段

支付手段方面，北交所重组规则借鉴沪深交易所的实践经验，明确上市公司发行优先股、可转债购买资产或募集配套资金同样适用重组审核规则，为上市公司提供了更加丰富的支付手段，便于上市公司根据市场环境合理选择。其中，区别于原精选层的新规主要体现在以下方面。❷

---

❶ 根据《重组规则（试行）》第八条规定整理。
❷ 根据《上市公司重大资产重组管理办法》第四十三条至第四十六条、《持续监管办法（试行）》第二十八条、《重组规则（试行）》第二条整理。

（1）监管范围。对于发行股份购买资产的情形，不计资产规模，均纳入重大资产重组业务监管。

（2）资产质量。实施层面，购买的资产须为权属清晰的经营性资产，公司最近一年及一期财务会计报告被会计师事务所出具无保留意见审计报告。

（3）发行定价。发行价格方面不得低于市场参考价格的80%。市场参考价格为本次发行股份购买资产的董事会决议公告前20个、60个或120个交易日的股票交易均价之一。

（4）股票锁定期。特定对象以资产认购而取得的上市公司股份，自发行结束之日起12个月内不得转让，公司关联人等特定对象36个月内不得转让。

5. 重组审核程序 ❶

重组审核程序根据支付手段为现金购买（含出售资产）或为涉及发行股份购买，以及是否构成重组上市可以分为三种情形。

（1）现金购买资产但不构成重组上市，直接纳入日常信息披露监管。

（2）现金购买资产构成重组上市，需履行并购重组委员会审议程序。

（3）发行股份购买资产，无论是否构成重组上市，都不计资产规模，纳入重组审核，需履行并购重组委员会审议及中国证监会注册的审核程序。

其中，对于上述发行股份购买资产的情形，具体程序是先须经公司董事会、股东大会内部审议，审议通过后报北交所审核；北交所受理后，经重组审核机构问询、并购重组委员会审议并出具审核意见。其中，首轮问询在10个工作日内发出（涉重组上市的20个工作日），总审时限为两个月，审核通过后报中国证监会履行注册程序，由中国证监会出具同意注册或不予注册的决定。

值得一提的是，上述并购重组委员会是设立于北交所上市委员会内部的专业机构，从专业性、审慎性和权威性等方面提高重组审核的质量。专业的重组审核机构的设立，也反映了北交所对重组审核的审慎和重视。

---

❶ 根据《重组规则（试行）》第五章整理。

七、转板规则

为加强多层次资本市场的有机联系，更好地发挥各市场的功能，激发市场活力，为不同发展阶段的企业提供差异化、便利化服务，中国证监会于2022年1月7日发布了《关于北京证券交易所上市公司转板的指导意见》（以下简称《指导意见》）。《指导意见》对北交所上市公司向沪深交易所转板的基本原则、转入板块范围和转板条件等内容作出了基础性规定。

2022年3月4日，北交所发布《持续监管指引第7号》。同日，深圳证券交易所（以下简称"深交所"）发布《深圳证券交易所关于北京证券交易所上市公司向创业板转板办法（试行）》，上海证券交易所（以下简称"上交所"）发布《北京证券交易所上市公司向上海证券交易所科创板转板办法（试行）》。上述规范性文件是对《指导意见》的进一步细化，对北交所上市公司转板相关信息披露、股票停复牌、终止上市等行为进行了规范，也进一步明确了向创业板或科创板转板相关事宜。至此，北交所上市公司转板在规则方面已形成闭环。

（一）基本原则

1. 市场导向

顺应市场需求，尊重企业意愿，允许符合条件的北交所上市公司自主作出转板决定，自主选择转入的交易所及板块。提高转板透明度，审核过程、标准全部公开。

目前，完全尊重企业意愿的制度特点在实际操作中已有所体现。已有一家北交所上市公司成功转板至上交所科创板上市，还有两家北交所上市公司已经深交所上市委员会通过，即将登陆深交所创业板。但是，也有多家符合转板条件的公司在其公开报告或与投资者交流中明确表示，在一段时期无转板计划。

2. 试点先行

坚持稳起步，初期在上交所、深交所各选择一个板块试点，即试点期间，符合条件的北交所上市公司可以申请转板至上交所科创板或深交所创业板。试点一段时间后，评估完善转板机制。

3. 防控风险

强化底线思维，切实防范转板过程中可能出现的各种风险，做好应对极端情况和突发事件的准备，确保平稳实施。

4. 转板条件

北交所上市公司申请转板，应当已在北交所连续上市满一年，且符合转入板块的上市条件。公司在北交所上市前，曾在原精选层挂牌的，精选层挂牌时间与北交所上市时间合并计算。转板条件与首次公开发行并在上交所、深交所上市的条件基本一致。

5. 转板程序

转板属于股票上市地的变更，不涉及股票公开发行，依法无须经中国证监会核准或注册，由上交所、深交所依据上市规则进行审核并作出决定。转板程序主要包括企业履行内部决策程序后提出转板申请，上交所、深交所审核并作出是否同意上市的决定，企业在北交所终止上市后，在上交所或深交所上市交易。

6. 股份限售安排

北交所上市公司转板的，股份限售应当遵守法律法规及上交所、深交所业务规则的规定。在计算北交所上市公司转板后的股份限售期时，可以扣除在原精选层和北交所已经限售的时间。根据《指导意见》，上交所、深交所在其转板办法中进一步规定：转板公司控股股东、实际控制人、董监高所持股份限售期为12个月；控股股东、实际控制人限售期满后6个月内减持的，不得导致公司控制权发生变更；核心技术人员、未盈利企业的限售及减持安排与首发上市公司保持一致。

(二)转板实施要点 ❶

1. 保密义务

上市公司筹划转板相关事宜,应做好保密工作,控制知情人范围。上市公司控股股东、实际控制人、董监高及其他内幕信息知情人在相关信息披露前,不得买卖公司证券,不得泄露内幕信息,不得建议他人买卖公司证券。

2. 信息披露要求

申请转板的上市公司,应按照《持续监管指引第7号》及北交所有关规定,规范履行信息披露义务。

除依法依规需披露的信息外,上市公司可自愿披露与投资者作出价值判断和投资决策有关的转板相关信息,但应基于客观事实,不得与依法依规披露的信息相冲突,不得误导投资者。上市公司应在公告内容中说明已实际开展的相关工作具体情况,并向投资者充分揭示风险。保荐机构应审慎评估披露此类公告的必要性、合理性,督促上市公司规范履行信息披露义务。

从首次披露拟申请转板相关信息至提交转板申请,应当每10个交易日披露一次进展公告,相关事项取得重要进展或重大变化的,应及时披露。

应密切关注媒体传播的涉及上市公司的新闻或信息。相关信息可能或已经对上市公司股票及其他证券品种交易价格、投资者决策产生较大影响的,公司应按照北交所有关规定,及时披露澄清公告。

上市公司收到上交所、深交所受理或不予受理,中止或终止审核,同意转板申请相关文书后,应及时予以披露。

3. 董事会及股东大会决议

董事会应就公司拟申请转板事宜作出决议,并提请股东大会批准。

股东大会就公司拟申请转板相关事宜作出决议,至少应当包括以下事项。

(1) 转板板块。

(2) 转板的证券种类和数量。

---

❶ 根据《持续监管指引第7号》第三条至第十五条规定整理。

（3）以获得转板同意为生效条件的股票终止上市事项。

（4）决议有效期。

（5）对董事会办理本次转板具体事宜的授权。

4. 决议的信息披露

董事会和股东大会作出决议时，应及时披露董事会和股东大会决议公告，并在披露董事会决议公告同时披露关于董事会审议转板相关事宜的提示性公告，内容至少包括以下各项。

（1）董事会审议拟申请转板相关事宜的时间、审议结果等基本情况。

（2）对照上交所、深交所规定的拟转入板块上市条件，结合上市公司已披露信息，逐项说明是否符合拟转入板块上市条件。

（3）上市公司就转板事宜已开展的各项工作及后续主要的工作安排。

（4）上市公司就转板事宜尚待审核、是否可转板存在不确定性等事项作出充分风险揭示。

5. 内幕信息知情人报备

在审议通过拟申请转板相关事宜的董事会决议披露之日起10个交易日内，向北交所报备内幕信息知情人，报备文件如下。

（1）内幕信息知情人登记表。

（2）相关人员买卖上市公司股票的自查报告，自查期间为首次披露拟申请转板相关信息的前6个月至董事会决议披露之日。

（3）进程备忘录。

（4）上市公司全体董事对内幕信息知情人报备文件真实性、准确性和完整性的承诺书。

6. 终止转板

上市公司终止转板相关事宜的，应履行相应决策程序，并及时披露。上市公司应在披露董事会决议公告同时披露关于终止转板相关事宜的提示性公告，内容应当包括以下各项。

（1）董事会审议终止转板事宜的时间、审议结果等基本情况。

（2）上市公司就转板事宜已开展的各项工作。

（3）上市公司终止转板事宜的原因及对公司的影响。

（4）其他应当说明的事项。

上市公司终止转板事宜的，还应当及时召开投资者说明会，向投资者介绍情况、回答问题、听取建议。上市公司董事长、总经理应当出席。上市公司应当披露董事会决议公告同时披露关于召开投资者说明会的预告公告，并在会后及时披露召开情况。

7. 停复牌要求

停牌要求：申请股票于提交转板申报材料的次一交易日停牌，并披露相关公告。复牌要求：申请股票于收到上交所、深交所不予受理或终止审核相关文书的次两个交易日复牌，并披露相关公告。

8. 终止上市要求

上市公司收到上交所、深交所同意转板相关文书后，应根据北交所股票终止上市有关规定，申请股票终止上市。上市公司收到北交所同意股票终止上市相关文书后，应及时披露，说明后续转板安排。

（三）北交所转板第一股

2022年5月25日，北交所转板第一股"观典防务"完成科创板转板。

回顾观典防务技术股份有限公司（以下简称"观典防务"）近年来在资本市场的发展之路，其拥有多个"第一"，堪称深化改革的"尝鲜者"。它是第一家转板成功过会的公司，第一家申报新三板精选层的公司，精选层第一家申请直接转板的公司。

2020年7月27日，观典防务成为精选层首批32家企业之一。2021年10月20日，观典防务向上交所递交了转板至科创板上市的申请材料，成为首家向科创板申请转板的公司，转板申请于11月10日获得受理。随着2021年11月15日北交所正式开市，精选层企业全部平移至北交所，观典防务成为北交所的首批上市企业之一。2022年3月31日，上交所同意观典防务转板至科创板。4

月 26 日，观典防务正式在北交所终止上市。5 月 25 日，观典防务正式登陆科创板。

经计算，观典防务从提交转板申报停牌至最终转板成功上市用时共计 217 天，从上交所受理转板申请至交易所审核通过用时共计 79 天，远低于 2021 年科创板平均 286 天的交易所过审时间。

观典防务科创板上市前 3 个交易日日均成交金额超过 3.7 亿元，远超其在北交所 2021 年的日均 1600 万元，也超过同日北交所市场成交额前 30 名的总和。这反映出在投资者门槛一致的情况下，北交所市场整体流动性仍有待提高。转板机制有助于提升市场价值发现功能，其流动性改善意义应大于转板初期的股价表现本身。

观典防务顺利转板并正式在科创板上市交易，使我国多层次资本市场实现了真正意义上的互联互通、错位发展，发挥了良好的示范效应。中小企业由下至上的发展路径已经清晰，我国多层次资本市场体系未来将满足发展至各阶段企业不同的融资需求。

值得关注的是，目前还有翰博高新、泰祥股份两只北交所个股在排队转板。不过，与观典防务不同的是，这两只个股均拟转至创业板。翰博高新转板上市申请于 2021 年 11 月 9 日获得受理，11 月 12 日进入已问询阶段，2022 年 3 月 10 日获得上会通过。泰祥股份转板上市申请于 2021 年 11 月 10 日获得受理，11 月 19 日进入已问询阶段，2022 年 3 月 25 日成功过会。

八、退市规则

北交所的退市规则逻辑与沪深交易所基本相同，其相比于原精选层具有较大差异。北交所制定了多元组合的退市标准和科学畅通的退市流程，其退市规则具有适应其服务中小企业定位的鲜明特点。一是建立健全制度建设，畅通市场出口关，是提高上市公司质量的重要保障；二是充分包容中小企业经营活动天然存在的波动性较大、经营业绩易受外部环境影响的特点，避免市场"大进大出"；三是坚决出清重大违法、丧失持续经营能力等极端情形的公司。退市规则主要的制度依据是《上市规则（试行）》第十章的内容。

（一）主动退市 ❶

上市公司主动终止上市的情况，简称"主动退市"。申请主动退市需经过上市公司股东大会"双三分之二"（即出席会议的全体股东所持有效表决权的三分之二以上和出席会议的中小股东所持有效表决权的三分之二以上）审议通过。

1. 应申请主动退市的情形

（1）股东大会决议解散公司。

（2）因新设合并或者吸收合并，将不再具有独立主体资格并被注销。

（3）因回购或要约收购导致公众股东持股比例、股东人数等发生变化不再具备上市条件。

（4）转板申请已获同意。

2. 申请主动退市的条件

（1）终止上市决策程序、信息披露和股票停复牌安排符合北交所业务规则的规定。

（2）上市公司已在法定期限内披露最近一期年度报告或中期报告，或未在法定期限内披露最近一期年度报告或中期报告，但已在期满后 2 个月内补充披露。

（3）上市公司应制定合理的异议股东保护措施，对股东权益保护作出安排，转板申请已获同意的除外。

（二）强制退市

上市公司被强制终止上市的情况，简称"强制退市"。强制退市分为四个类型：交易类、财务类、规范类和重大违法类。

出现两项以上退市风险警示、退市情形的，其股票按照先触及先适用的原

---

❶ 根据《上市规则（试行）》第 10.2.1 条、第 10.7.1~10.7.3 条规定整理。

则实施退市风险警示和退市。满足全部退市风险警示情形的撤销条件,方可撤销退市风险警示。❶

1. 交易类强制退市

上市公司连续 60 个交易日出现下列情形之一的,终止其股票上市。

(1)股票每日收盘价均低于每股面值。

(2)股东人数均少于 200 人。

(3)按照"标准四:侧重具有研发优势"上市的公司[参见本章二、股票上市与交易持续监管规则中"(一)上市条件"里市值及财务指标的要求],股票交易市值均低于 3 亿元(按照标准一、二、三上市的公司则不受此条市值 3 亿元的限制)。

根据《上市规则(试行)》第 10.2.2 条规定,上市公司连续 30 个交易日出现上述情形的,应当在次一交易日披露公司股票可能被终止上市的风险提示公告,其后每 5 个交易日披露一次,直至相关的情形消除或者北交所作出公司股票终止上市的决定。

值得注意的是,交易类强制退市股票交易不会被实施退市风险警示,不设置退市整理期,满足连续 60 个交易日出现上述情形即直接触发终止上市。

2. 财务类强制退市

从我国证券市场的发展历史看,财务类强制退市是最常见的退市方式。北交所在借鉴沪深交易所财务类强制退市制度经验的基础上,根据中小企业特点进行精准的制度创新。根据《上市规则(试行)》第 10.3.1 条规定,北交所财务类强制退市的情形如下。

(1)最近一个会计年度经审计的净利润为负值且营业收入低于 5000 万元,或追溯重述后最近一个会计年度净利润为负值且营业收入低于 5000 万元。

(2)最近一个会计年度经审计的期末净资产为负值,或追溯重述后最近一个会计年度期末净资产为负值。

---

❶ 根据《上市规则(试行)》第 10.1.3 条规定整理。

（3）最近一个会计年度的财务会计报告被出具无法表示意见或否定意见的审计报告。

（4）最近一个会计年度经审计的年度报告存在虚假记载、误导性陈述或者重大遗漏，导致该年度相关财务指标实际已触及第（1）种、第（2）种情形的。

对于财务数据的整体考察期为两年，出现上述情形时第一年将被实施退市风险警示，第二年实施强制退市，除特殊情况外，上述指标总体不交叉适用。

不交叉适用的含义，在此举例说明。北交所某上市公司第一年仅触发上述第（1）种情形被风险警示，第二年继续触发上述第（1）种情形时，才会被强制退市。若该公司第二年仅触发上述第（2）种情形，该上市公司不会被强制退市。例外情形是第二年若被审计机构出具"财务会计报告被出具保留意见、无法表示意见或否定意见的审计报告"时，两年的情形交叉适用。例外情形的设置将会有效防止上市公司利用不可信的财务报告规避退市。

沪深交易所上市公司的财务类强制退市情形两年交叉适用。相比之下，北交所的财务退市标准更加宽松。北交所差异化的制度被认为是基于中小企业抗风险能力较差、经营波动性大的特点而精心设计的。这种设计也为北交所的稳定性提供了保障，避免上市公司"大进大出"。

3. 规范类强制退市 ❶

规范类强制退市的情形如下。

（1）未在法定期限内披露年度报告或者中期报告，且在公司股票停牌2个月内仍未披露。

（2）半数以上董事无法保证公司所披露年度报告或中期报告的真实性、准确性和完整性，且未在法定期限内改正，此后股票停牌2个月内仍未改正。

（3）财务会计报告存在重大会计差错或者虚假记载，被中国证监会及其派出机构责令改正，但公司未在要求期限内改正，且在公司股票停牌2个月内仍未改正。

---

❶ 根据《上市规则（试行）》第10.4.1条规定整理。

（4）信息披露或者规范运作等方面存在重大缺陷，被北交所限期改正但公司未在规定期限内改正，且公司在股票停牌 2 个月内仍未改正。

（5）公司股本总额或公众股东持股比例发生变化，导致连续 60 个交易日不再具备上市条件，且公司在股票停牌 1 个月内仍未解决。

（6）公司可能被依法强制解散。

（7）法院依法受理公司重整、和解或破产清算申请。

规范类强制退市相对于其他类强制退市在流程上最大的区别是设置了整改期限，且不同的情形对应的整改期限不同，整改不合格的将被风险警示，风险警示后仍有一个整改期，仍不合格的将被强制退市。

4. 重大违法类强制退市 ❶

重大违法类强制退市的情形如下。

（1）涉及国家安全、公共安全、生态安全、生产安全和公众健康安全等领域的重大违法行为被追究法律责任，导致上市公司或其主要子公司依法被吊销营业执照、责令关闭或者被撤销，依法被吊销主营业务生产经营许可证，或存在丧失继续生产经营法律资格的其他情形。

（2）上市公司公开发行并上市，申请或者披露文件存在虚假记载、误导性陈述或重大遗漏，被中国证监会及其派出机构依据《证券法》第一百八十一条作出行政处罚决定，或者被人民法院依据《刑法》第一百六十条作出有罪生效判决。

（3）上市公司发行股份购买资产并构成重组上市，申请或者披露文件存在虚假记载、误导性陈述或者重大遗漏，被中国证监会及其派出机构依据《证券法》第一百八十一条作出行政处罚决定，或者被人民法院依据《刑法》第一百六十条作出有罪生效判决。

（4）上市公司披露的年度报告存在虚假记载、误导性陈述或者重大遗漏，根据中国证监会及其派出机构行政处罚决定认定的事实，导致连续会计年度财

---

❶ 根据《上市规则（试行）》第 10.5.1 条、第 10.5.2 条规定整理。

务类指标已实际触及本章（二）强制退市中"2.财务类强制退市"规定的退市标准。

上市公司可能触及上述情形的，应当于知悉相关行政处罚事先告知书或司法裁判当日向北交所报告并披露，并被实施退市风险警示；收到行政处罚决定或生效司法裁判时，触发终止上市。

（三）退市流程

《上市规则（试行）》详细规定了强制退市的具体流程：退市风险警示→拟终止上市事先告知书→上市委员会审议、复核→退市整理期→终止上市。

1. 退市风险警示

根据《上市规则（试行）》第10.1.2条规定，上市公司出现财务状况异常情况或者其他异常情况导致其股票存在被强制退市风险，北交所对该公司股票实施风险警示，在公司股票简称前冠以"*ST"字样。北交所与沪深交易所的不同之处在于"*ST"是一种退市风险警示。未来，北交所还存在设置其他风险警示的可能性。

2. 拟终止上市事先告知书

根据《上市规则（试行）》第10.6.1条规定，如继续达到终止其股票上市的条件，北交所会向上市公司发出拟终止其股票上市事先告知书。上市公司收到该告知书后，可以根据北交所相关规定提出听证、陈述和申辩。

3. 上市委员会审议、复核

听证程序后，强制退市由上市委员会审议，北交所根据审议意见作出决定。北交所作出强制退市决定后，上市公司可以申请复核。❶ 在整个退市程序中，既设置了听证环节，又设置了复核环节。可见，北交所在终止公司上市过程中审慎与严谨，充分保证上市公司和股东的合法利益。

---

❶ 根据《上市规则（试行）》第10.6.2~10.6.5条规定整理。

4. 退市整理期

财务类、规范类和重大违法类强制退市实行退市整理期。退市整理期为 15 个交易日，退市整理期届满的次一交易日终止上市。❶

（四）退市去向

北交所对退市公司的去向制定了清晰合理的路径，做到了分类疏解和缓释退市风险。北交所退市公司符合新三板创新层或基础层相关条件的，可以退至创新层或基础层继续交易；不符合新三板挂牌条件，且股东人数超过 200 人的，转入全国股转公司代为管理的退市公司板块。❷ 北交所退市公司符合重新上市条件的，可以申请重新上市。

---

❶ 根据《上市规则（试行）》第 10.6.7~10.6.8 条规定整理。
❷ 根据《上市规则（试行）》第 10.6.9 条规定整理。

第三章　北交所与科创板、创业板对比

北交所成立至今，已经发挥了在多层次资本市场中的纽带作用，与其他板块形成了相互补充、相互促进的格局。

北交所与上交所、深交所坚持错位发展，但也存在一定的竞争关系。例如，在上市发行条件方面，北交所、上交所的科创板和深交所的创业板之间存在一定的竞合，有可能出现同一家企业同时符合北交所、科创板和创业板的上市条件。这样的竞争关系，一方面可以促进三个交易所改善服务、提高竞争力，另一方面可以为企业提供更多选择平台、选择适配路径。因此，将北交所与科创板、创业板进行比较分析，了解在上市条件、交易规则、企业创新能力及投资机会方面的异同，对投资者和企业均有积极的意义。

一、主要制度区别

北交所自诞生之日起便实施注册制，科创板、创业板已经推广注册制并取得了一定的成果。北交所、科创板、创业板作为我国证券市场推行注册制的三个重要板块制度规则总体一致，但又各具特色。在第二章对北交所制度规则的解读中，已经涉及北交所与科创板、创业板的部分差异，下面对三者的主要差异进行汇总整理。

（一）市场定位

北交所主要服务于"专精特新"中小企业。科创板强调企业的科创性，也就是具有硬核研发实力，明确重点接纳战略性新兴产业中的六大行业领域。随着注册制的深入推广,科创硬核性已成为科创板最明显的定位之一。创业板的定位是顺应发展更多依靠创新、创造、创意的大趋势,主要服务于成长型创新创业企业,支持传统产业与新技术、新产业、新业态、新模式深度融合,简称"三创四新"。三个板块在定位、行业限制等方面的差异如表 3-1 所示。

表 3-1 北交所、科创板和创业板的定位等方面的差异

对比项目	北交所	科创板	创业板
关键词	专精特新	战略性新兴	三创四新
禁止或限制行业	a.产能过剩行业; b.《产业结构调整指导目录》中规定的淘汰行业; c.金融业、房地产业、学前教育、学科类培训企业	a.金融科技、模式创新企业; b.房地产业、金融业、投资类企业	a.农林牧渔业; b.采矿业; c.酒、饮料和精制茶制造业; d.纺织业; e.黑色金属冶炼和压延加工业; f.电力、热力、燃气及水生产和供应业; g.建筑业; h.交通运输、仓储和邮政业; i.住宿和餐饮业; j.金融业; k.房地产业; l.居民服务、修理和其他服务业
支持产业或例外情况		a.新一代信息技术; b.高端装备; c.新材料; d.新能源; e.节能环保; f.生物医药	与互联网、大数据、云计算、自动化、人工智能、新能源等新技术、新产业、新业态、新模式深度融合的创新创业企业除外

从表 3-1 中可以看出,相对于科创板的科创硬核定位,创业板可接纳的上市企业范围更宽泛,目前只要符合高新技术产业企业和战略性新兴产业企业的定位,就可以申报;而北交所强调"专精特新",行业范围更广,更强调在细分领域有一技之长或是"隐形冠军"的企业。

（二）上市发行财务指标

北交所、科创板、创业板均提供了多套满足上市发行条件的财务指标标准，拟上市企业可以根据自身实际情况灵活选择。具体标准如表3-2所示。

三个板块相同的特点是，对"净利润""研发占比""营业收入"等财务指标的要求与对"市值"的要求成反比，也就是对财务指标要求越低，对市值水平的要求就越高。同时，三个板块都包括未盈利标准，北交所、科创板各有三个标准是不需要盈利的，创业板有一个标准是不需要盈利的。这体现注册制下为尚未盈利的企业登陆资本市场创造了条件。从对未盈利企业的最低市值要求标准来看，北交所为4亿元，科创板为15亿元，创业板要求最高，为50亿元。这体现了各交易所"错层"发展的制度设计理念。

表 3-2 北交所、科创板和创业板上市发行的财务指标标准比较 ❶

财务指标标准	北交所	科创板	创业板
标准一	市值不低于2亿元，最近两年净利润均不低于1500万元且加权平均净资产收益率平均不低于8%，或者最近一年净利润不低于2500万元且加权平均净资产收益率不低于8%	预计市值不低于10亿元，最近两年净利润均为正且累计净利润不低于5000万元，或者预计市值不低于10亿元，最近一年净利润为正且营业收入不低于1亿元	最近两年净利润均为正且累计净利润不低于5000万元
标准二	市值不低于4亿元，最近两年营业收入平均不低于1亿元，且最近一年营业收入增长率不低于30%，最近一年经营活动产生的现金流量净额为正	预计市值不低于15亿元，最近一年营业收入不低于2亿元，且最近三年研发投入合计占最近三年营业收入的比例不低于15%	预计市值不低于10亿元，最近一年净利润为正且营业收入不低于1亿元
标准三	市值不低于8亿元，最近一年营业收入不低于2亿元，最近两年研发投入合计占最近两年营业收入合计比例不低于8%	预计市值不低于20亿元，最近一年营业收入不低于3亿元，且最近三年经营活动产生的现金流量净额累计不低于1亿元	预计市值不低于50亿元，且最近一年营业收入不低于3亿元
标准四	市值不低于15亿元，最近两年研发投入合计不低于5000万元	预计市值不低于30亿元，且最近一年营业收入不低于3亿元	

❶ 科创板、创业板财务标准中未包括对特殊股权结构企业、红筹企业规定的特殊情况。

续表

财务指标标准	北交所	科创板	创业板
标准五		预计市值不低于40亿元，主要业务或产品需经国家有关部门批准，市场空间大，目前已取得阶段性成果。医药行业企业需至少有一项核心产品获准开展二期临床试验，其他符合科创板定位的企业需具备明显的技术优势并满足相应条件	

从上市公司实际选择的情况来看，三个板块大多数的企业采用标准一，也就是涉及"净利润"的标准进行申报。比较三个板块的标准一，限制条件却不尽相同。对两年净利润的限制中，北交所要求两年净利润"均不低于1500万元"，也就是对每年的净利润都有要求且加权平均净资产收益率平均不低于8%，而科创板、创业板则为对两年净利润的总体要求，在两年均为正的情况下，两年之和不低于5000万元。对净利润要求为一年的标准中，北交所的要求是净利润不低于2500万元且加权平均净资产收益率不低于8%，科创板和创业板的要求均是净利润为正、营业收入不低于1亿元、市值不低于10亿元。可见，北交所更关注企业的盈利能力，而科创板和创业板更关注已经具有一定规模的企业。

（三）红筹架构企业

红筹架构是指境外控股主体以股权或协议方式控制境内运营主体权益，从而能够在境外融资上市的股权架构。允许上市公司红筹架构企业上市，是注册制改革的一大亮点，在科创板、创业板上市规则中均有"红筹架构企业"章节，而目前北交所没有。科创板、创业板对红筹架构企业上市的标准基本一致（见表3-3）。

表 3-3 北交所、科创板和创业板红筹架构企业上市标准比较

北交所	科创板	创业板
	非"二次上市"企业（下述条件二选一） （1）预计市值不低于100亿元（创业板额外要求近一年盈利为正）；（2）预计市值不低于50亿元，且最近一年营业收入不低于5亿元（创业板额外要求近一年盈利为正） 已在境外上市红筹架构企业（下述条件二选一） （1）市值不低于2000亿元；（2）市值200亿元以上，且拥有自主研发、国际领先技术、科技创新能力较强，同行业竞争中处于相对优势地位	

经过实践，目前已经有中芯国际集成电路制造有限公司、百济神州股份有限公司等企业通过上述红筹规则在A股实现二次上市。北交所上市公司目前的唯一来源是新三板创新层，未来允许红筹架构企业、特殊股权架构企业甚至外资企业到北交所上市，需要进一步制度创新。

（四）投资者准入门槛

北交所成立后降低了原精选层的投资者准入门槛，目前北交所与科创板的准入门槛一致，但高于创业板（见表3-4）。

表 3-4 北交所、科创板和创业板投资者准入门槛

北交所	科创板	创业板
申请权限开通前20个交易日证券账户及资金账户内的资产日均不低于50万元，且参与证券交易24个月以上		申请权限开通前20个交易日证券账户及资金账户内的资产日均不低于10万元，且参与证券交易24个月以上

投资者准入门槛是市场流动性是否活跃的主要因素。目前，创业板的流动性最好，北交所上市企业数量和企业市值普遍远低于科创板企业，因此北交所目前的流动性低于科创板。

（五）交易制度

目前，科创板、创业板的交易制度基本趋同，但北交所在单日涨跌幅、价格申报机制、大宗交易申报数量及最低限额、引入做市商等方面相较于科创板和创业板均有所不同（见表3-5）。

表3-5 北交所、科创板和创业板的交易制度比较

交易制度	北交所	科创板	创业板
涨跌幅	新股上市首日不设涨跌幅限制，自第2个交易日起单日涨跌幅限制为30%	新股上市后的前5个交易日不设涨跌幅限制，之后单日涨跌幅限制为20%	
价格申报范围限制	连续竞价期间，对限价申报设置基准价格上下5%的申报有效价格范围	连续竞价期间，对限价申报设置基准价格上下2%的申报有效价格范围	
单笔最高申报数量上限	投资者买卖股票的单笔申报数量应不低于100股；股票交易单笔申报最大数量不得超过100万股，每笔申报可以1股为单位递增	单笔申报数量不小于200股，且不超过10万股；市价申报单笔数量不小于200股，且不超过5万股。卖出时，余额不足200股的部分应一次性卖出	单笔申报数量不超过10万股，市价申报单笔数量不超过5万股。保留现行创业板每笔最低申报数量为100股的制度安排
盘后固定价格交易	制度规定允许，但目前暂未实施	交易日15:05~15:30以当日收盘价按申报时间优先顺序进行定价撮合交易	
大宗交易	单笔申报数量不低于10万股，或成交金额不低于100万元	单笔申报数量不低于30万股，或成交金额不低于200万元	
调整交易公开信息披露指标	日收盘价涨跌幅达到20%的各前5只股票；日价格振幅达到30%的前5只股票；日换手率达到20%的前5只股票	日收盘价涨跌幅达到15%的各前5只股票；日价格振幅达到30%的前5只股票；日换手率达到30%的前5只股票	
做市制度	虽然目前仍为竞价交易，但为引入做市交易机制、实行混合交易制度预留了空间	中国证监会已发布《证券公司科创板股票做市交易业务试点规定》❶，即将实现	

---

❶ 中国证监会. 证监会发布《证券公司科创板股票做市交易业务试点规定》[EB/OL].（2022-05-13）[2022-06-10]. http：//www.csrc.gov.cn/csrc/c100028/c2569034/content.shtml.

二、北交所的优势与劣势

北交所作为我国资本市场上最新的一块拼图,在与其他板块错位发展的背景下,从开市至今已经展现其发展的优势和劣势。

(一)北交所的优势

(1)更具有包容性。无论是从行业限制角度,还是对上市企业的最低市值、净利润等财务指标的要求方面,北交所对上市企业的要求都是最低的,这使北交所可接纳的上市企业的范围更广泛。

(2)上市时间更快。从实践角度看,由于北交所为新开交易所,目前排队企业较少,审核周期大幅度低于科创板与创业板。上市企业均来自新三板创新层,已经历新三板挂牌的过程,因此运作相对更规范,降低了需要整改的可能性。

(3)企业更省钱。目前,由于北交所上市企业规模相对较小,且审核周期短、审核强度低,中介费用也比较低,一般为1500万~2000万元,而科创板、创业板等的中介费用为4000万~5000万元。目前,各地方政府已经陆续推出鼓励企业到北交所上市的奖励政策,企业在北交所成功上市所需的实际支出较少。

(二)北交所的劣势

(1)流动性较低。北交所开市至今,无论是日均成交额还是换手率相对于科创板、创业板均较低,导致股票的流动性不如上述板块,更不如沪深主板。

(2)募集资金较少。北交所目前上市企业规模较科创板、创业板普遍偏小,募资金额平均在2亿~3亿元,低于其他板块的募资水平,不适合对资金需求较大的企业。

(3)估值偏低。股票流动性低,导致没有享受合理的流动性溢价。很多企

业的日成交金额都在500万元以下，受到的关注较少，会影响企业再融资的发行和定价。

（4）步骤较多。若公司谋划在北交所上市，需要逐步从新三板的基础层到创新层再到北交所，需分别满足各个步骤的相关要求，如在进入创新层时需要满足合格投资者人员数量要求，因此拟上市企业需要在上市过程中整体布局、提前准备、合理规划。

三、创新能力比较

1. 上市标准中的研发投入要求

研发投入与企业创新能力密不可分，因此各板块在上市标准中对研发投入的关注程度在一定程度上能反映板块对创新能力的要求。

（1）北交所。北交所的4个上市标准中有2个标准与研发标准有关，分别是标准三和标准四。标准三在规定市值和营业收入的情况下，规定了研发投入的相对数值，即最近两年合计的研发投入或营业收入不低于8%；只规定了市值未规定盈亏状态的标准四规定了两年研发投入合计不低于5000万元的绝对数值。由此可见，北交所对具有一定研发实力但市值已经较高的"小巨人"企业有包容性，有望培养出未来的"独角兽"企业。

（2）创业板。创业板上市标准中没有与研发投入相关的要求。

（3）科创板。科创板定位于硬科技属性，除上市财务标准外，又专门制定了"研发标准"（见表3-6），公司必须同时满足财务和研发双标准方可上市。

2. "专精特新"企业

"专精特新"企业是北交所的核心服务对象。专，即专业化；精，即精细化；特，即特色化；新，即创新能力强。但"专精特新"企业并非北交所认定的，而是各省市根据国际和各地政策自行认定，按申报级别分为市级、省级、国家级、专精特新"小巨人"四大类，认定标准逐级提高。

表 3-6　科创板上市指标中的研发标准

标准一（以下条件须同时满足）	标准二（以下条件满足其一）
（1）研发投入满足最近三年累计研发投入占营业收入5%以上（软件行业10%以上），或最近三年累计研发投入6000万元以上。 （2）研发人员占员工总数比例10%以上。 （3）发明专利。主营业务收入发明专利5项以上（软件行业豁免）。 （4）营业收入（按照标准五申报上市的豁免）。满足最近三年营业收入符合增长率达到20%，或最近一年营业收入达到3亿元	（1）核心技术。拥有的核心技术经国家主管部门认定具有国际领先、引领作用或对国家战略具有重大意义。 （2）重大奖项。作为主要参与单位或者核心技术人员，获得国家自然科学奖、国家科技进步奖、国家技术发明奖，并将相关技术运用于主营业务。 （3）重大项目。独立或者牵头承担与主营业务和核心技术相关的国家重大科技专项项目。 （4）产品优势。依靠核心技术形成的主要产品（服务），属于国家鼓励、支持和推动的关键设备、关键产品、关键零部件、关键材料等，并实现了进口替代。 （5）发明专利。形成核心技术和主营业务收入相关的发明专利合计50项以上

截至2021年年底，工业和信息化部公示了共三批合计4922家"专精特新小巨人"企业，其中来自北交所及新三板的挂牌公司有371家。

虽然北交所和创业板没有像科创板那样明确制定研发标准作为上市门槛，但"专精特新"企业（北交所重点服务对象）和国家高新技术企业（在创业板上市的绝大多数企业均为国家高新技术企业）在申报、评审时其创新能力均是一个重要条件。其中，对研发投入、研发人员及拥有Ⅰ类知识产权（主要包括发明专利、集成电路布图设计）和Ⅱ类知识产权（主要包括实用新型专利、外观设计专利、软件著作权）的数量进行了明确的规定。

虽然对北交所和创业板上市公司创新能力的要求没有科创板高，但可以肯定的是，登陆北交所和创业板的公司也具有不错的创新能力。

四、从创新能力挖掘投资机会

企业的创新能力是保持其持续发展和竞争优势的原动力。能够清晰准确地观察、分析和跟踪企业的创新能力，是判断企业未来发展态势的一个重要因素，从而对投资具有指导意义。

从科创板的研发标准,以及"专精特新"企业和国家高新技术企业的创新能力评价标准可以发现,专利是衡量企业创新能力的定量标准之一。在国内外,不乏通过对企业的专利分析来指导投资的经验。

美国知识产权咨询公司(CHI Research, Inc.)❶通过专利评估体系选出的25家创新能力靠前的上市公司组合,长期跑赢美国标普500指数。由德高行(北京)科技有限公司开发的在我国深交所发布的专利领先指数(399427)自2015年发布以来,一直跑赢上证指数。《华尔街日报》专利记分卡、国际电气和电子工程师协会(The Institute of Electrical and Electronics Engineers, IEEE)专利实力记分卡、汤森路透全球百强创新机构排行榜等以专利数据为基础的评价榜单,每次发布后均会引起金融市场的关注。

科创板、创业板上市公司的体量已经较大,公司业务或主营产品已经向多元化发展,因此通过创新能力对其进行评估并指导投资会存在一定的局限性。而北交所重点服务的"专精特新"中小企业体量相对较小,但大多数是具有"匠人"精神和"独门绝技"的企业,因此其主营业务相对聚焦,结合主营业务的创新能力也更容易被判断和持续跟踪。如果某家企业能始终保持细分领域里的"隐形冠军",那么该企业无疑是一个非常好的投资标的。

此外,北交所上市公司因市场流动性不佳而普遍估值偏低,这恰是选择成长性公司的好时机。通过对创新能力的不断印证、评估"小巨人"的成长,在成为真正的"巨人"过程中其也会享受投资带来的超额收益,因此研究北交所公司的创新能力对挖掘投资机会有重要的借鉴意义。

以后章节将以专利数据为基础,讨论北交所上市公司的创新能力。

---

❶ 2004年改名为Intellectual Property, Intelligence Quotient Inc., 因CHI专利评价体系据原公司名称命名,故沿用原公司名称。

第四章　创新能力分析的方法

一、专利与创新能力

我国进入新发展阶段，推动高质量发展是保持经济持续健康发展的必然要求，创新是引领发展的第一动力。

关于"创新"的概念，经济合作与发展组织（Organization for Economic Cooperation and Development，OECD）制定的《奥斯陆手册》中有详细阐述。2018年《奥斯陆手册》（第四版）中对"企业创新"的定义如下：企业创新是企业创造一种全新的或改进的、与以前显著不同的产品或商业流程（或其组合），并且已将其引入市场或由企业使用。❶

创新需要知识产权的保护，而技术创新尤其需要专利的保护。专利权（Patent Right），简称"专利"，是发明创造人或其权利受让人对特定的发明创造在一定期限内依法享有的独占实施权。"专利"（Patent）一词来源于拉丁语litterae patentes，意为"公开的信件"或"公共文献"，是中世纪的君主用来颁布某种特权的证明，后来指英国国王亲自签署的独占权利证书。美国总统亚伯拉罕·林肯（Abraham Lincoln）曾说，专利就是给天才之火加上了利益之油。"天才之火"就是发明创造，"利益之油"就是专利权。有了专利权的保护，发明人就能获得更大的利益，发明创造的热情就会更高，这相当于火上浇油。对整个社会来说，专利制度促使发明人用公开换保护，后人可以站在前人的肩膀上，形成良性循环，最终促进整个社会的科技进步。《中华人民共和国专利法》

---

❶ 经济合作与发展组织. 奥斯陆手册 2018：创新数据收集、报告、使用指南 [M]. 4 版. 中国科学技术发展战略研究院，译. 北京：科学技术文献出版社，2021：62.

（以下简称《专利法》）第一条就开宗明义地阐述了立法的目的是"保护专利权人的合法权益，鼓励发明创造，推动发明创造的应用，提高创新能力，促进科学技术进步和经济社会发展"。

长期以来，人们一直探索如何对创新主体的创新能力进行评价。由于专利与创新的密切联系，所以专利文献是世界上最大的技术信息源。据统计，90%的科技信息首次记载于专利文献，70%的科技信息未以其他形式发表。因此，专利信息有很大的利用价值，包括对创新能力的评价。

（一）国家或地区的创新能力评价

世界知识产权组织（World Intellectual Property Organization，WIPO）发布的"全球创新指数"（Global Innovation Index，GII）是针对国家或地区层面的经济体作出的创新评价。GII由苏米特拉·杜塔（Soumitra Dutta）于2007年在欧洲工商管理学院任职期间发起。WIPO于2011年开始与GII合作，并于2012年开始联合出版GII。GII报告指出，经济学家和政策制定者此前关注的是基于研发的技术产品创新，这些创新主要由内部生产，主要由制造业生产。这种性质的创新是由研发密集型公司中受过高等教育的劳动力实施的，所以导致这种创新的过程被概念化为封闭的、内部的和本地化的。技术突破必然是"激进的"，发生在"全球知识前沿"这一特征暗示了领先和落后经济体的存在，低收入或中等收入经济体只是在"追赶"。如今，创新能力越来越被视为开发新技术组合的能力，包含渐进式创新和"没有研究的创新"的概念，非研发创新支出是获取技术创新回报的重要组成部分。人们越来越有兴趣了解中低收入经济体的创新如何演变，也越来越意识到渐进式创新可能会影响发展。此外，创新过程本身也发生了重大变化。在企业、经济和全球层面，对创新相关活动和无形资产的投资一直在增加，来自高收入经济体以外的新创新主体和非营利主体也在增加。知识生产活动的结构比以往任何时候都更加复杂，地理位置也更加分散。一个重要的挑战是找到能够反映当今世界实际发生的创新的指标。

GII 的总指数基于 2 个一级指标，即根据创新投入指标和创新产出指标计算得出。创新投入指标反映了推动和促进创新活动的经济要素，包含 5 个二级指标，即政策环境、人力资本和研究、基础设施、市场成熟度、商业成熟度。创新产出指标反映了经济体内创新活动的结果，包含 2 个二级指标，即知识和技术产出、创意产出。以上 7 个二级指标每一个又细分为 3 个三级指标，共计 21 个三级指标。21 个三级指标进一步细分为 81 个四级指标。

在 GII 的 81 个四级指标中，有 5 个指标是与专利有关的。5 个指标具体如下。

1. 同族专利 / 十亿购买力平价美元 GDP

该指标属于创新投入→商业成熟度→创新关联之下。同族专利是在一个或多个国家或地区提交的一组相互关联的专利申请，以保护同一发明。GII 报告中，同族专利是指包含在至少两个知识产权局提交的申请的专利族；这些数据按十亿购买力平价美元 GDP 来衡量。

2. 居民专利申请量 / 十亿购买力平价美元 GDP

该指标属于创新产出→知识和技术产出→知识的创造之下。居民专利申请是指向第一申请人的居住国或代表第一申请人的居住国的知识产权局提交的申请。例如，日本居民向日本专利局提交的申请被视为日本居民申请。同样，居住在欧洲专利局（EPO）任何成员国（如德国）的申请人向 EPO 提交的申请也被视为该成员国（德国）的居民申请。该数据按十亿购买力平价美元 GDP 来衡量。

3. PCT 专利申请量 / 十亿购买力平价美元 GDP

该指标属于创新产出→知识和技术产出→知识的创造之下。PCT 申请是指通过 WIPO 管理的《专利合作条约》（Patent Cooperation Treaty，PCT）提交的国际专利申请。PCT 系统可以通过提交一份国际专利申请，在多个国家同时为一项发明寻求专利保护。PCT 申请的来源由第一申请人的居住地确定。该数据仅适用于 PCT 缔约国的经济体，按十亿购买力平价美元 GDP 来衡量。

4. 居民实用新型申请量 / 十亿购买力平价美元 GDP

该指标属于创新产出→知识和技术产出→知识的创造之下。实用新型是专利权的一种特殊形式。授予实用新型专利权的条款和条件与发明专利的条款和条件略有不同，包括较短的保护期限和较不严格的可专利性要求。居民实用新型申请是指向第一申请人的居住国或代表第一申请人的居住国的知识产权局提交的申请。例如，德国居民向德国专利局提交的申请被视为德国居民实用新型申请。该数据按十亿购买力平价美元 GDP 来衡量。

5. 居民工业品外观设计申请量 / 十亿购买力平价美元 GDP

该指标属于创新产出→创意产出→无形资产之下。外观设计是法律授予申请人的专有权利，以保护其产品的装饰或美学方面。外观设计在限定的时间内和限定的区域内有效。居民外观设计申请是指向申请人居住国或代表申请人居住国的知识产权局提交的申请。例如，日本居民向日本专利局提交的申请被视为日本居民申请。同样，居住在任何欧盟内部市场协调局（OHIM）成员国（如意大利）的申请人向 OHIM 提交的申请也被视为该成员国（意大利）的居民申请。该指标基于外观设计申请量计数。该数据按十亿购买力平价美元 GDP 来衡量。

以上讨论的 GII 是针对国家或地区层面的经济体作出的创新评价，其目标是找到并确定能够尽可能完整地反映社会创新状况的指标和方法，侧重于一般的"创新"定义。接下来，我们要把目光聚焦于更具体的创新主体，即企业这个层面，讨论如何评价企业的创新能力。

（二）企业创新能力评价

企业创新能力是一种综合能力。对企业来说，任何一个创新产品的成功都是技术和市场两个方面成功的结合。对于其中的技术创新能力，有人主张从资源投入能力、技术研发能力、创新产出能力、技术储备能力和外部环境支持五个方面进行分析❶，主要量化指标有：①资源投入能力的量化指标包括研究人员占从业人员总数比重、先进设备资产占资产总额比重；②技术研发能力的量化

---

❶ 张雄潮. 企业技术创新能力的统计研究 [D]. 长沙：湖南大学，2015.

指标包括研发（R&D）投入占主营业务收入比重、引进改造费用占主营业务收入比重；③创新产出能力的量化指标包括新产品产值占工业总产值比重、企业出口额占主营业务收入比重；④技术储备能力的量化指标包括专利数占从业人员总数比重、职工教育费占从业人员总数比重；⑤外部环境支持的量化指标包括金融贷款在科技筹资活动中的占比、财政支持在科技筹资活动中的占比、校企合作经费占主营业务收入比重。

有人对创业板公司的技术创新能力评价进行了研究❶，主张从技术创新投入能力、技术创新生产能力、技术创新产出能力三个方面进行评价。技术创新投入能力的量化指标包括研发人员数量占比、大专人员数量占比、研发强度。技术创新生产能力的量化指标包括机器设备装备率、机器设备更新率。技术创新产出能力的量化指标包括有效专利数量、利润增长率、劳动生产率。

在我国高新技术企业认定过程中，也涉及对创新能力的评价。根据《高新技术企业认定管理工作指引》的要求，企业创新能力主要从知识产权、科技成果转化能力、研究开发组织管理水平、企业成长性等四项指标进行评价。各级指标均按整数打分，满分为100分，综合得分达到70分以上（不含70分）为符合认定要求。四项指标分值结构如表4-1所示。

表 4-1　高新技术企业认定中的企业创新能力评价指标

序号	指标	分值/分
1	知识产权	≤30
2	科技成果转化能力	≤30
3	研究开发组织管理水平	≤20
4	企业成长性	≤20

其中，知识产权评价的具体指标如表4-2所示。

---

❶ 陆薇薇. 创业板公司的技术创新能力评价研究[D]. 南京：南京大学，2019.

表 4-2 高新技术企业认定中的知识产权评价指标

序号	知识产权相关评价指标	分值/分
1	技术的先进程度	≤8
2	对主要产品（服务）在技术上发挥核心支持作用	≤8
3	知识产权数量	≤8
4	知识产权获得方式	≤6
5	企业参与编制国家标准、行业标准、检测方法、技术规范的情况（作为参考条件，最多加 2 分）	≤2

另外，我国国家级"专精特新小巨人"企业申报条件中，也有对创新能力的要求，具体内容如下。

（1）近两年企业研发经费支出占营业收入比重不低于 3%，从事研发和相关技术创新活动的科技人员占企业职工总数的比例不低于 15%。

（2）截至申报之年的上一年年底（如申报之年为 2021 年，那就是 2020 年年底），拥有与主要产品相关的有效发明专利（含集成电路布图设计专有权）2 项或实用新型、外观设计专利 5 项及以上。

（3）企业具有自主知识产权的核心技术和科技成果，具备良好的科技成果转化能力。

（4）企业自建或与高等院校、科研机构联合建立研发机构，具备完成技术创新任务所必备的技术开发仪器设备条件或环境（如设立技术研究院、企业技术中心、企业工程中心、院士专家工作站、博士后工作站等）。

（5）在研发设计、生产制造、供应链管理等环节，至少 1 项核心业务采用信息系统支撑。

以上对企业创新能力的评价指标中，专利只占全部指标的一小部分。当然，也有人探讨过专门构建专利指标体系来评价企业创新能力❶，其一级指标有 3 个，即创新方向、创新效率、创新效果。其中，创新方向之下有 2 个二级指标，

---

❶ 阮梅花，肖沪卫. 企业自主创新能力评价的专利指标体系构建初探[J]. 大学图书情报学刊，2011，29（1）：85-89.

即专利趋势、侵权；创新效率之下有5个二级指标，即专利效率、人均专利产出量、专利实施率、技术周期时间、有效专利与失效专利的比值；创新效果之下有5个二级指标，即发明专利比例（此指标仅适用于评价中国企业）、同族专利数量、科学关联性、绝对引证指数和当前影响指数。

对于专门以专利数据为基础对企业创新能力的评价，比较知名的是科睿唯安（Clarivate）公司发布的全球百强创新机构榜单，其评选包括四个维度的指标，即专利数量、专利申请成功率、全球化、影响力。其中，专利数量是第一道门槛，入选标准是申请总量超过500项，最近5年授权量超过100项。所谓专利申请成功率，就是近5年来专利授权量和专利申请公布量的比率。所谓全球化，是指专利族中拥有四方专利的数量，可用于揭示企业在世界主要市场给予的重视。四方专利是指中国国家知识产权局、欧洲专利局、日本特许厅、美国专利及商标局授权的专利。所谓影响力，就是一件发明在后续其他公司专利申请中的引用频率。

二、专利信息在上市公司分析中的应用

关于专利信息在上市公司分析中的应用，此前有一些机构对分析指标进行过研究，也推出了一些产品，如Ocean Tomo 300®专利指数、国证德高行的专利领先指数、中国专利技术开发公司的专利记分牌等。

（一）Ocean Tomo 300® 专利指数

Ocean Tomo 300® 专利指数是美国OCEAN益友有限公司（Ocean Tomo LLC.）在2006年发布的基于公司知识产权价值的股票指数。其成分股包括300只股票，主要从美国股票市场上流动性最强的1000只股票中选取。待选股票根据规模和风格被分成50个不同的子集，由专利评级（Patent Rating）系统软件计算出每家公司的专利价值或公司价值的比值，每个子集中选择排名靠前的6家公司，由此构成300只股票作为样本。专利评级系统软件对专利的评估所

用的指标如下。❶

◎ 专利数：公司拥有的有效的美国发明专利数量。

◎ 专利年龄：公司投资组合中的有效专利的平均年龄。

◎ 专利衰减率：接近被标识专利将随着时间失去价值的速率的估计的失效速率。

◎ 专利速度：公司拥有的有效专利数的季度增长或降低。

◎ 专利流：在假定估计的衰减率时，专利速度表示为要求替代老专利的新专利的总数量的百分比。换句话说，假定给定衰减率时，专利流可以是专利速度除以在一个季度中失效的专利估计数量。

◎ 专利放弃数：公司没有支付维持费的专利数量。

◎ 专利多样性：公司投资组合中的专利多样性。

◎ 总的专利前向引用（Forward Cites）：公司投资组合中的专利的前向引用累计总量。

◎ 新专利前向引用：特定季度的公司投资组合中的专利的新的前向引用累计总量。

◎ 平均知识产权商（IPQTM）分数：提供用于根据使专利在统计学上或多或少可能产生经济效益的专利累加特性，对专利质量或价值进行测量和比较的标准规格的分数，类似用于对人类智能进行分级的 IQ 分数（中值 =100）。

◎ 专利维持价值（PMV）：基于专利或专利组将被维持的统计概率的特定相对专利价值。PMV 可以包含的因素，如有关专利或专利组的美国专利及商标局的维持数据、由 IPQTM 分数提供的特定专利或专利组的相对强度或质量分数，以及有关放弃类似和相关专利的数据。

◎ 专利交易价值（PEV）：相对于所有专利及相同等级中的专利的专利相对价值，其通过对所有的专利客观地分析相同的特性或度量及标准生成。

---

❶ OCEAN 益友有限公司. 生成有价证券指数的方法和系统：200780016061.5 [P]. 2009-05-20.

（二）国证德高行专利领先指数

国证德高行专利领先指数，指数代码399427，于2015年2月17日在深交所正式公开发布。该指数的成分股根据专利领先得分确定，选取得分较高的若干只股票。所述的专利领先得分根据专利领先方程式计算得到，主要是根据具有显著性的专利领先指标来计算，每个指标被分配了不同的权重系数。所述的专利领先指标是从45个专利指标中选取的❶，具体专利指标如下。

◎ 1项专利总指标：专利总数。

◎ 13项发明公开专利指标：发明公开总数，发明公开平均专利寿命，当期的发明公开专利数，当期的发明公开IPC分类号总数，当期的发明公开IPC分类号平均数，当期的发明公开总页数，当期的发明公开平均页数，当期的发明公开权利要求总数，当期的发明公开权利要求平均数，当期的发明公开独权总数，当期的发明公开独权平均数，当期的发明公开附图张数，当期的发明公开附图平均数。

◎ 15项发明授权专利指标：发明授权总数，发明授权平均专利寿命，发明授权平均审查期，当期的发明授权专利数，当期的发明授权平均审查期，当期的发明授权IPC分类号总数，当期的发明授权IPC分类号平均数，当期的发明授权总页数，当期的发明授权平均页数，当期的发明授权权利要求总数，当期的发明授权权利要求平均数，当期的发明授权独权总数，当期的发明授权独权平均数，当期的发明授权附图张数，当期的发明授权附图平均数。

◎ 13项实用新型专利指标：实用新型总数，实用新型平均专利寿命，当期的实用新型专利数，当期的实用新型IPC分类号总数，当期的实用新型型IPC分类号平均数，当期的实用新型专利说明书总页数，当期的实用新型专利说明书平均页数，当期的实用新型权利要求总数，当期的实用新型权利要求平均数，当期的实用新型独权总数，当期的实用新型独权

---

❶ 德高行（北京）科技有限公司. 专利领先指标的建构方法及应用：201410283508.7[P].2014-10-22.

平均数,当期的实用新型附图张数,当期的实用新型附图平均数。
◎ 3项外观设计专利指标:外观设计专利总数,外观设计专利平均专利寿命,当期的外观设计专利数。

以上45项指标中,哪些专利指标具有显著性,要通过葛兰杰预测模型试算及F-误差验证选择。

(三)创业板专利记分牌

中国专利技术开发公司推出的"创业板专利记分牌"指标分为两类:一是市场验证前的指标,包括有效发明专利拥有量、有效发明专利维持年限分布、在中国主要贸易对象国或地区的专利申请及技术影响指标;二是市场验证后的指标,包括公司专利许可、无效、诉讼、质押情况。

三、本书中创新能力分析的指标选取

本书立足于专利数据对企业创新能力的分析,指标确定的思路一是借鉴前人的成果,二是适合北交所企业的实际情况。

为此,本书的第五章、第六章对专利数量、专利质量的一些基础指标进行了分析,目的在于了解北交所企业的实际情况,为构建创新能力综合评价指标体系打好基础。

本书对企业创新能力的综合分析是在第七章展开的。考虑到受让的专利不体现企业的创新能力,为了排除受让专利的干扰,本章的专利数据包括原始取得的独立专利或专利申请及合作专利或专利申请,不包括受让的专利或专利申请。在指标体系构建时,充分考虑了北交所企业的专利数据实际情况,尤其是在评价创新质量方面舍弃了一些关联性或普适性不强的指标。

本书对企业创新能力的分析从创新效率、创新数量、创新质量三个方面展开(见图4-1)。创新效率从单位研发经费专利产出率的角度进行分析。创新数量以专利申请的数量为判断依据,包括发明、实用新型、外观设计三种专利的申请数量。创新质量根据授权率、发明专利比例、授权的权利要求数量、保护范围、海外布局、转让许可进行综合评价。

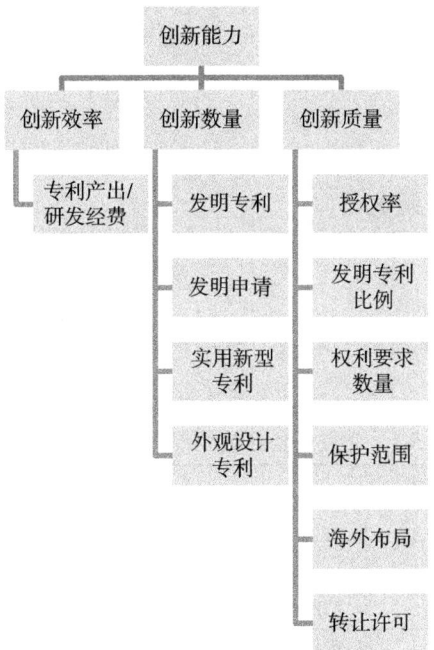

图 4-1 创新能力评价指标

四、本书中创新能力分析的范围及数据来源

本书针对在北交所上市的 84 家公司进行分析,包括截至 2021 年 12 月 31 日已经上市的 82 家公司及即将上市的 2 家公司(江苏威博液压股份有限公司、南京沪江复合材料股份有限公司)。

专利数据的来源为北京合享智慧科技有限公司的 incoPat 专利数据库,检索范围包括全球专利数据,其法律状态为截至 2021 年 12 月 31 日已经公开的数据。各家公司的专利数据包括公司本身及其全资子公司和控股子公司❶当前拥有或曾经拥有的专利或专利申请。

---

❶ 子公司的名称详见各家公司的《向不特定合格投资者公开发行股票说明书》或者《招股说明书》。

第五章 北交所上市公司专利数量分析

一、专利申请量分析

截至 2021 年 12 月 31 日，84 家公司的专利或专利申请共计 9386 件，其中包括当前拥有或曾经拥有的专利或专利申请。具体情况如表 5-1 所示。

表 5-1 北交所各家公司专利或专利申请数量

公司简称	专利或专利申请数量/件	公司简称	专利或专利申请数量/件	公司简称	专利或专利申请数量/件
艾融软件	65	广道高新	12	吉林碳谷	14
安徽凤凰	298	广脉科技	45	佳先股份	128
贝特瑞	755	广咨国际	6	建邦科技	69
秉扬科技	28	国义招标	14	锦好医疗	124
常辅股份	102	国源科技	7	晶赛科技	65
创远仪器	298	海希通讯	105	凯腾精工	276
大地电气	182	汉鑫科技	24	凯添燃气	74
大唐药业	50	翰博高新	197	科达自控	160
德瑞锂电	62	浩淼科技	174	利通科技	55
德源药业	30	禾昌聚合	145	连城数控	242
德众汽车	0	恒合股份	12	流金岁月	39
方大股份	32	恒拓开源	21	龙竹科技	228
丰光精密	160	沪江材料	89	鹿得医疗	142
富士达	429	华维设计	56	美之高	83
盖世食品	44	华阳变速	42	诺思兰德	48
观典防务	88	吉冈精密	115	齐鲁华信	94

续表

公司简称	专利或专利申请数量/件	公司简称	专利或专利申请数量/件	公司简称	专利或专利申请数量/件
球冠电缆	83	同辉信息	95	殷图网联	8
驱动力	36	同惠电子	93	颖泰生物	470
润农节水	114	同力股份	238	永顺生物	42
三友科技	106	同享科技	84	云创数据	57
三元基因	75	同心传动	47	长虹能源	153
森萱医药	126	万通液压	60	志晟信息	19
生物谷	74	威博液压	97	智新电子	60
拾比佰	140	微创光电	84	中航泰达	176
数字人	35	五新隧装	602	中寰股份	35
苏轴股份	68	新安洁	89	中设咨询	119
泰祥股份	50	星辰科技	96	朱老六	15
通易航天	73	旭杰科技	88	梓橦宫	51

表 5-1 中所列的专利或专利申请数量既包括中国的，也包括其他国家或地区的。众所周知，专利是有地域性的，在哪个国家授权的专利，只在该国家产生效力。北交所上市的 84 家公司的专利或专利申请中，绝大多数是中国的，少量海外的专利或专利申请会在后文展开介绍。

二、专利保有量分析

前面已经提到，专利保护是有期限的。发明专利的届满保护期限为 20 年，实用新型专利的届满保护期限为 10 年，外观设计专利的届满保护期限为 15 年（申请日为 2021 年 5 月 31 日之前的外观设计专利权的保护期限为 10 年）。保护期限届满后，专利权就失效了。除届满失效之外，专利权还有可能提前终止。比如，当专利权人基于技术发展情况或者市场运用前景判断某项专利不再具有保护价值时，就不再为该专利续缴年费，由此导致该专利权因欠缴年费终止。

除了已经授权的专利会届满失效或提前终止,还有些专利申请没有得到授权,即在审查过程中就失效了。比如,有的专利申请因不符合授权条件被驳回,有的专利申请因没有按时答复审查意见被视为撤回,还有的专利申请因各种原因被申请人主动撤回。

对各家公司来说,已经失效的专利或专利申请已经没有价值,目前处于有效状态的授权专利体现的是其当前的专利保有量,尚未审结的专利申请体现的是其专利潜力。

截至 2021 年 12 月 31 日,84 家公司处于有效状态的授权专利及尚未审结的专利申请共计 7167 件,其中处于有效状态的授权专利 5719 件,尚未审结的专利申请 1448 件,平均保有量 68 件。具体专利数量如表 5-2 所示。

表 5-2 北交所各家公司有效专利及未审结专利申请数量

公司简称	未审结申请数量/件	有效专利数量/件	公司简称	未审结申请数量/件	有效专利数量/件
艾融软件	38	13	观典防务	6	81
安徽凤凰	15	149	广道高新	5	5
贝特瑞	221	401	广脉科技	12	30
秉扬科技	2	23	广咨国际	4	2
常辅股份	8	51	国义招标	3	9
创远仪器	122	149	国源科技	1	1
大地电气	11	121	海希通讯	3	87
大唐药业	10	19	汉鑫科技	5	19
德瑞锂电	12	26	翰博高新	31	114
德源药业	3	19	浩森科技	12	124
德众汽车	0	0	禾昌聚合	17	66
方大股份	6	25	恒合股份	6	6
丰光精密	11	137	恒拓开源	4	13
富士达	31	128	沪江材料	15	48
盖世食品	4	28	华维设计	1	54

续表

公司简称	未审结申请数量/件	有效专利数量/件	公司简称	未审结申请数量/件	有效专利数量/件
华阳变速	2	20	苏轴股份	8	38
吉冈精密	4	106	泰祥股份	3	32
吉林碳谷	3	11	通易航天	18	49
佳先股份	18	91	同辉信息	12	52
建邦科技	12	54	同惠电子	30	49
锦好医疗	7	115	同力股份	19	124
晶赛科技	9	42	同享科技	8	74
凯腾精工	6	166	同心传动	6	41
凯添燃气	9	51	万通液压	7	38
科达自控	16	112	威博液压	4	55
利通科技	2	27	微创光电	12	46
连城数控	74	124	五新隧装	117	339
流金岁月	7	24	新安洁	20	59
龙竹科技	31	186	星辰科技	9	55
鹿得医疗	17	74	旭杰科技	2	83
美之高	3	54	殷图网联	0	5
诺思兰德	11	23	颖泰生物	85	297
齐鲁华信	26	43	永顺生物	5	21
球冠电缆	5	45	云创数据	14	36
驱动力	18	14	长虹能源	24	111
润农节水	3	96	志晟信息	13	2
三友科技	25	52	智新电子	0	56
三元基因	5	53	中航泰达	57	113
森萱医药	12	100	中寰股份	3	23
生物谷	4	50	中设咨询	6	89
拾比佰	7	86	朱老六	2	13
数字人	7	15	梓橦宫	2	37

从表 5-2 中可以看出，有些公司的专利保有量和专利潜力都很大（如贝特瑞、五新隧装、颖泰生物、创远仪器）；有些公司专利保有量不多，但专利潜力较大（如艾融软件）。当然，专利保有量与公司的发展历史有关，成立时间比较长的公司经过多年的积累，专利保有量通常较多；成立时间比较短的公司或许专利保有量不多，但是发展潜力是有的。

三、专利类型分析

84 家公司拥有的 9386 件专利或专利申请中，包括发明专利或申请 3753 件、实用新型专利 5043 件、外观设计专利 590 件。具体专利数量如表 5-3 所示。

表 5-3　北交所各家公司不同类型的专利或专利申请数量

公司简称	发明数量 / 件	实用新型数量 / 件	外观设计数量 / 件	总计 / 件
艾融软件	65	0	0	65
安徽凤凰	202	61	35	298
贝特瑞	572	183	0	755
秉扬科技	8	20	0	28
常辅股份	31	61	10	102
创远仪器	204	66	28	298
大地电气	33	142	7	182
大唐药业	13	13	24	50
德瑞锂电	35	26	1	62
德源药业	24	1	5	30
德众汽车	0	0	0	0
方大股份	17	14	1	32
丰光精密	26	134	0	160
富士达	109	228	92	429
盖世食品	15	29	0	44
观典防务	20	68	0	88

续表

公司简称	发明数量/件	实用新型数量/件	外观设计数量/件	总计/件
广道高新	12	0	0	12
广脉科技	17	26	2	45
广咨国际	6	0	0	6
国义招标	7	7	0	14
国源科技	6	1	0	7
海希通讯	9	84	12	105
汉鑫科技	13	11	0	24
翰博高新	61	136	0	197
浩淼科技	44	114	16	174
禾昌聚合	74	71	0	145
恒合股份	6	6	0	12
恒拓开源	13	5	3	21
沪江材料	32	57	0	89
华维设计	3	49	4	56
华阳变速	17	25	0	42
吉冈精密	7	108	0	115
吉林碳谷	6	8	0	14
佳先股份	38	90	0	128
建邦科技	19	47	3	69
锦好医疗	13	39	72	124
晶赛科技	25	39	1	65
凯腾精工	54	210	12	276
凯添燃气	19	53	2	74
科达自控	42	115	3	160
利通科技	30	22	3	55
连城数控	91	150	1	242
流金岁月	13	22	4	39
龙竹科技	62	122	44	228
鹿得医疗	40	87	15	142

续表

公司简称	发明数量/件	实用新型数量/件	外观设计数量/件	总计/件
美之高	11	61	11	83
诺思兰德	43	4	1	48
齐鲁华信	60	34	0	94
球冠电缆	22	61	0	83
驱动力	26	8	2	36
润农节水	13	99	2	114
三友科技	53	52	1	106
三元基因	72	0	3	75
森萱医药	40	86	0	126
生物谷	53	0	21	74
拾比佰	29	102	9	140
数字人	27	6	2	35
苏轴股份	24	44	0	68
泰祥股份	7	43	0	50
通易航天	25	48	0	73
同辉信息	34	53	8	95
同惠电子	52	39	2	93
同力股份	43	171	24	238
同享科技	11	72	1	84
同心传动	9	38	0	47
万通液压	20	39	1	60
威博液压	10	87	0	97
微创光电	56	23	5	84
五新隧装	215	361	26	602
新安洁	34	54	1	89
星辰科技	40	37	19	96
旭杰科技	10	78	0	88
殷图网联	8	0	0	8
颖泰生物	305	162	3	470

续表

公司简称	发明数量/件	实用新型数量/件	外观设计数量/件	总计/件
永顺生物	33	9	0	42
云创数据	33	17	7	57
长虹能源	37	98	18	153
志晟信息	19	0	0	19
智新电子	3	52	5	60
中航泰达	70	106	0	176
中寰股份	7	28	0	35
中设咨询	17	98	4	119
朱老六	4	9	2	15
梓橦宫	25	14	12	51
总计	3753	5043	590	9386

在不同的国家，专利制度也会存在差别，如专利的类型，我国有三种专利类型（发明、实用新型、外观设计），而有的国家（如美国）则没有实用新型。在我国，三种专利类型保护的客体是有差异的。根据《专利法》第二条的规定，发明保护的是"对产品、方法或者其改进所提出的新的技术方案"，实用新型保护的是"对产品的形状、构造或者其结合所提出的适于实用的新的技术方案"，外观设计保护的是"对产品的整体或者局部的形状、图案或者其结合以及色彩与形状、图案的结合所作出的富有美感并适于工业应用的新设计"。简单归纳一下就是，发明和实用新型保护的都是技术方面的创新，而外观设计保护的则与技术无关，它强调的是美感方面的创新。虽然发明和实用新型保护的都是技术方案，但二者还是有差别的，最明显的差别是实用新型不保护方法，对产品的保护仅限于形状、构造或者其结合方面的创新（不保护产品材料组分的创新）。由于发明和实用新型的保护客体有部分重叠，所以二者在申请人选择专利类型时存在竞合关系。当一项发明创造同时符合发明和实用新型的保护客体要求时，可以选择其中一种申请，也可以选择两种同时申请，后期在审查过程中再进行选择。选择时通常从以下方面考虑。

（1）创造性高度。对于创造性而言，发明和实用新型的授权标准是不一样的。根据《专利法》的规定，发明专利需要具备"突出的实质性特点和显著的进步"，而实用新型专利只需具备"实质性特点和进步"。也就是说，发明的创造性要求高，而实用新型的创造性要求低，因此社会上往往通俗地把实用新型称为"小发明"。对申请人来说，可以事先对自己发明创造的创造性高度进行评估，判断授权前景，然后选择保护类型。

（2）审查的周期。我国对实用新型只进行初步审查，而对发明专利除了初步审查之外，还需要进行实质审查。通常，实用新型从申请日起几个月就可以审结（符合要求的可以得到授权），而发明从申请日起往往要2~3年才可以审结。

（3）保护的期限。实用新型专利的届满保护期限为10年，发明专利的届满保护期限为20年，都是从申请日起算。

从表5-3中可以看出，各家公司对专利类型的选择各有不同，有的偏重发明（如艾融软件、志晟信息、殷图网联、广咨国际）；有的偏重实用新型（如吉冈精密、丰光精密、海希通讯、华维设计、润农节水、泰祥股份、同享科技、威博液压、旭杰科技、智新电子、中设咨询）；有的偏重外观设计（如锦好医疗）。

表5-4中所列的专利或专利申请包括发明、实用新型、外观设计三种类型，其中又把发明细分为发明申请和发明授权。这是因为发明与实用新型和外观设计的审查制度不同，发明实行的是早期公开、延迟审查制度。通常来说，一件发明专利申请提交到国家知识产权局专利局以后，经过18个月申请文件就向社会公开，但此时该申请还没有得到授权，在数据库中检索到的只是该发明的申请文本；之后，再经过实质审查程序，国家知识产权局专利局认为符合授权条件的，才会授予该发明申请专利权，并进行授权公告，此时就可以在数据库中检索到该发明的授权文本。

前面提到，截至2021年12月31日，84家公司处于有效状态的授权专利及尚未审结的专利申请共计7167件，其中处于有效状态的授权专利5719件，尚未审结的专利申请1448件。其中，5719件处于有效状态的授权专利包括三种类型,对应表 5-4 中的发明授权、实用新型、外观设计;1448 件尚未审结的专利申请对应表 5-4 中的发明申请。

表 5-4　北交所各家公司三种类型的有效授权专利及未审结专利申请数量

公司简称	发明申请数量/件	发明授权数量/件	实用新型数量/件	外观设计数量/件	总计/件
艾融软件	38	13	0	0	51
安徽凤凰	15	66	48	35	164
贝特瑞	221	239	162	0	622
秉扬科技	2	6	17	0	25
常辅股份	8	5	44	2	59
创远仪器	122	62	59	28	271
大地电气	11	10	104	7	132
大唐药业	10	3	9	7	29
德瑞锂电	12	4	22	0	38
德源药业	3	14	1	4	22
方大股份	6	10	14	1	31
丰光精密	11	5	132	0	148
富士达	31	11	116	1	159
盖世食品	4	3	25	0	32
观典防务	6	14	67	0	87
广道高新	5	5	0	0	10
广脉科技	12	2	26	2	42
广咨国际	4	2	0	0	6
国义招标	3	2	7	0	12
国源科技	1	0	1	0	2
海希通讯	3	3	72	12	90
汉鑫科技	5	8	11	0	24
翰博高新	31	10	104	0	145
浩淼科技	12	14	95	15	136
禾昌聚合	17	9	57	0	83
恒合股份	6	0	6	0	12

续表

公司简称	发明申请数量/件	发明授权数量/件	实用新型数量/件	外观设计数量/件	总计/件
恒拓开源	4	7	3	3	17
沪江材料	15	12	36	0	63
华维设计	1	1	49	4	55
华阳变速	2	1	19	0	22
吉冈精密	4	2	104	0	110
吉林碳谷	3	3	8	0	14
佳先股份	18	9	82	0	109
建邦科技	12	4	47	3	66
锦好医疗	7	4	39	72	122
晶赛科技	9	10	32	0	51
凯腾精工	6	10	144	12	172
凯添燃气	9	3	47	1	60
科达自控	16	17	92	3	128
利通科技	2	17	8	2	29
连城数控	74	10	113	1	198
流金岁月	7	0	22	2	31
龙竹科技	31	20	122	44	217
鹿得医疗	17	7	59	8	91
美之高	3	1	42	11	57
诺思兰德	11	18	4	1	34
齐鲁华信	26	19	24	0	69
球冠电缆	5	12	33	0	50
驱动力	18	4	8	2	32
润农节水	3	8	86	2	99
三友科技	25	18	33	1	77
三元基因	5	50	0	3	58
森萱医药	12	14	86	0	112
生物谷	4	45	0	5	54
拾比佰	7	8	74	4	93

续表

公司简称	发明申请数量/件	发明授权数量/件	实用新型数量/件	外观设计数量/件	总计/件
数字人	7	13	2	0	22
苏轴股份	8	7	31	0	46
泰祥股份	3	2	30	0	35
通易航天	18	3	46	0	67
同辉信息	12	13	32	7	64
同惠电子	30	19	28	2	79
同力股份	19	15	99	10	143
同享科技	8	2	71	1	82
同心传动	6	3	38	0	47
万通液压	7	7	30	1	45
威博液压	4	3	52	0	59
微创光电	12	22	19	5	58
五新隧装	117	65	253	21	456
新安洁	20	7	51	1	79
星辰科技	9	27	16	12	64
旭杰科技	2	5	78	0	85
殷图网联	0	5	0	0	5
颖泰生物	85	145	150	2	382
永顺生物	5	13	8	0	26
云创数据	14	12	17	7	50
长虹能源	24	10	97	4	135
志晟信息	13	2	0	0	15
智新电子	0	2	50	4	56
中航泰达	57	8	105	0	170
中寰股份	3	4	19	0	26
中设咨询	6	9	76	4	95
朱老六	2	2	9	2	15
梓橦宫	2	22	13	2	39
总计	1448	1301	4035	383	7167

四、行业分析

表 5-5　北交所上市公司所属行业专利或专利申请数量

行业一级分类	公司数量/家	专利或专利申请数量/件	
		总计/件	平均值/件
机械设备	14	2036	145
电力设备	6	1379	230
基础化工	7	934	133
通信	3	772	257
交运设备	8	756	95
医药生物	10	755	76
电子	4	598	150
轻工制造	4	432	108
计算机	9	384	43
环保	3	277	92
建筑装饰	4	269	67
农林牧渔	3	192	64
国防军工	2	161	81
家用电器	1	140	140
有色金属	1	115	115
公用事业	1	74	74
食品饮料	2	59	30
传媒	1	39	39
社会服务	1	14	14
总计	84	9386	112

表 5-5 中所用的分类为同花顺行业分类体系的一级分类。对北交所上市的 84 家公司来说，专利平均申请量较大的行业是通信、电力设备、电子、机械设备、家用电器、基础化工、有色金属、轻工制造。

按专利类型分别统计，结果如表 5-6 所示。

表 5-6 北交所上市公司所属行业三种类型专利或专利申请数量

行业一级分类	公司数量/家	发明数量/件		实用新型数量/件		外观设计数量/件	
		总计/件	平均值/件	总计/件	平均值/件	总计/件	平均值/件
机械设备	14	600	43	1322	94	114	8
电力设备	6	768	128	590	98	21	4
基础化工	7	521	74	407	58	6	1
通信	3	330	110	320	107	122	41
交运设备	8	311	39	400	50	45	6
医药生物	10	350	35	250	25	155	16
电子	4	143	36	437	109	18	5
轻工制造	4	122	31	254	64	56	14
计算机	9	251	28	110	12	23	3
环保	3	110	37	166	55	1	0
建筑装饰	4	36	9	225	56	8	2
农林牧渔	3	72	24	116	39	4	1
国防军工	2	45	23	116	58	0	0
家用电器	1	29	29	102	102	9	9
有色金属	1	7	7	108	108	0	0
公用事业	1	19	19	53	53	2	2
食品饮料	2	19	10	38	19	2	1
传媒	1	13	13	22	22	4	4
社会服务	1	7	7	7	7	0	0
总计	84	3753	45	5043	60	590	7

表 5-6 中的分解结果表明，发明专利平均申请量较大的行业是电力设备、通信、基础化工；实用新型专利平均申请量较大的行业是电子、有色金属、通信、家用电器、电力设备、机械设备、轻工制造；外观设计专利平均申请量较大的行业是通信、医药生物、轻工制造、家用电器、机械设备。

在国家统计局制定的《知识产权（专利）密集型产业统计分类（2019）》中，知识产权（专利）密集型产业的范围包括信息通信技术制造业、信息通信技术服务业、新装备制造业、新材料制造业、医药医疗产业、环保产业，研发、设计和技术服务业等七大类。其认定知识产权（专利）密集型产业的标准为至少应当具备下列条件之一。

（1）行业发明专利规模和密集度均高于全国平均水平。

（2）行业发明专利规模和研发（R&D）投入强度高于全国平均水平，且属于战略性新兴产业、高技术制造业、高技术服务业。

（3）行业发明专利密集度和研发（R&D）投入强度高于全国平均水平，且属于战略性新兴产业、高技术制造业、高技术服务业。

可见，该认定标准只考虑发明专利，未纳入实用新型专利和外观设计专利。根据《专利密集型产业目录（2016）》（试行），所谓"发明专利规模"，指的是5年期间发明专利授权量之和；所谓"发明专利密集度"，指的是5年期间平均每万名就业人员的发明专利授权数量。

如果仿照上述评价方法，对北交所上市的84家公司最近5年（2017—2021年）发明专利授权量之和进行统计，结果如表5-7所示。

表5-7 北交所上市公司所属行业最近5年发明专利授权数量

行业一级分类	2017—2021年发明专利授权总量/件	公司数量/家	平均值/件
电力设备	139	6	23
电子	27	4	7
公用事业	1	1	1
国防军工	16	2	8
环保	7	3	2
机械设备	114	14	8
基础化工	91	7	13
计算机	59	9	7
家用电器	4	1	4
建筑装饰	13	4	3
交运设备	14	8	2
农林牧渔	12	3	4

续表

行业一级分类	2017—2021年发明专利授权总量/件	公司数量/家	平均值/件
轻工制造	31	4	8
社会服务	2	1	2
食品饮料	1	2	1
通信	53	3	18
医药生物	60	10	6
传媒	0	1	0
有色金属	0	1	0
总计	644	84	8

由表5-7可知，最近5年（2017—2021年）发明专利授权数量之和在平均值以上（含平均值）的行业是电力设备、通信、基础化工、国防军工、机械设备、轻工制造。

五、申请态势分析

84家公司历年专利或专利申请的总体趋势如图5-1所示。❶

由于北交所上市的大部分公司成立的时间不长，所以专利申请在2007年以后才有明显的上升趋势。2007年以前，只有少量的公司存在，专利申请量相应很少。

20世纪90年代开始申请专利的企业有苏州轴承厂股份有限公司（以下简称"苏轴股份"，前身苏州轴承厂有限公司），常州电站辅机股份有限公司（以下简称"常辅股份"，前身常州电站辅机总厂有限公司），珠海拾比佰彩图板股份有限公司（以下简称"拾比佰"）。这些企业专利申请的数量都在个位数。

---

❶ 2020—2021年的数据可能不完整，原因是专利申请文件的公开存在一定的滞后性，尤其是发明专利申请，通常从申请日起18个月公开。

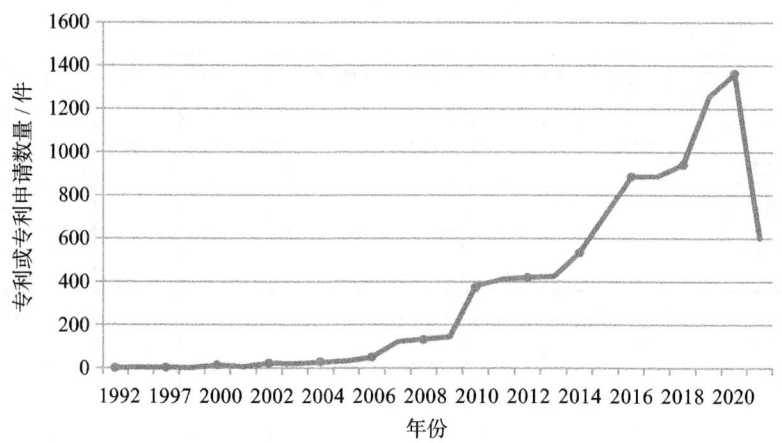

图 5-1　北交所上市公司专利或专利申请数量的总体趋势

2000—2006 年开始申请专利包括内蒙古大唐药业股份有限公司（以下简称"大唐药业"）、深圳市美之高科技股份有限公司（以下简称"美之高"）、北京三元基因药业股份有限公司（以下简称"三元基因"）、中航富士达科技股份有限公司（以下简称"富士达"）、云南生物谷药业股份有限公司（以下简称"生物谷"）、贝特瑞新材料集团股份有限公司（以下简称"贝特瑞"）、北京诺思兰德生物技术股份有限公司（以下简称"诺思兰德"）、山东数字人科技股份有限公司（以下简称"数字人"）、惠州市惠德瑞锂电科技股份有限公司（以下简称"德瑞锂电"）、江苏德源药业股份有限公司（以下简称"德源药业"）、深圳市广道高新技术股份有限公司（以下简称"广道高新"）、桂林星辰科技股份有限公司（以下简称"星辰科技"）、北京颖泰嘉和生物科技股份有限公司（以下简称"颖泰生物"）、南京沪江复合材料股份有限公司（以下简称"沪江材料"）、安徽晶赛科技股份有限公司（以下简称"晶赛科技"）、青岛丰光精密机械股份有限公司（以下简称"丰光精密"）等。在此期间，上述公司的年均申请量基本为个位数，只有少数公司，如大唐药业、生物谷在个别年份超过了 10 件。

2007 年以后，更多公司开始申请专利，专利申请量明显增加。2007 年有 24 家公司提交专利申请 121 件，其中富士达 43 件、星辰科技 19 件。2008 年有 26 家公司提交专利申请 133 件，其中陕西同力重工股份有限公司（以下简称"同力股份"）18 件、星辰科技 13 件。2009 年有 36 家公司提交专利申请 144 件，其中富士达 37 件、颖泰生物 22 件。2010 年有 42 家公司提交专利申请 381 件，其中富士达 66 件、颖泰生物 45 件、同力股份 34 件。2011 年有 52 家公司提交专利申请 411 件，其中富士达 63 件、贝特瑞 35 件、湖南五新隧道智能装备股份有限公司（以下简称"五新隧装"）30 件。2012 年有 45 家公司提交专利申请 421 件，其中安徽凤凰滤清器股份有限公司（以下简称"安徽凤凰"）66 件、贝特瑞 28 件、五新隧装 28 件。2013 年有 61 家公司提交专利申请 424 件，其中贝特瑞 39 件、安徽凤凰 37 件、颖泰生物 29 件、连城数控 26 件。2014 年有 56 家公司提交专利申请 534 件，其中贝特瑞 73 件、明光浩淼安防科技股份公司（以下简称"浩淼科技"）37 件、五新隧装 36 件。2015 年有 67 家公司提交专利申请 710 件，其中五新隧装 73 件、安徽凤凰 60 件、北京凯腾精工制版股份有限公司（以下简称"凯腾精工"）52 件。2016 年有 70 家公司提交专利申请 887 件，其中五新隧装 86 件、龙竹科技集团股份有限公司（以下简称"龙竹科技"）82 件、贝特瑞 57 件、颖泰生物 55 件。2017 年有 68 家公司提交专利申请 888 件，其中五新隧装 87 件、贝特瑞 51 件、上海创远仪器技术股份有限公司（以下简称"创远仪器"）49 件、翰博高新材料（合肥）股份有限公司（以下简称"翰博高新"）40 件。2018 年有 70 家公司提交专利申请 943 件，其中贝特瑞 98 件、五新隧装 79 件、颖泰生物 72 件。2019 年有 74 家公司提交专利申请 1258 件，其中贝特瑞 108 件、五新隧装 104 件、颖泰生物 73 件、创远仪器 67 件。2020 年有 78 家公司提交专利申请 1361 件❶，其中北京中航泰达环保科技股份有限公司（以下简称"中航泰达"）89 件、贝特瑞 83 件、连城数控 76 件。

下面我们对 2007—2020 年专利申请的同比增长率进行分析，结果如图 5-2 所示。

---

❶ 截至 2021 年 12 月 31 日，可能有部分 2020 年的专利申请尚未公开，因此该年数据未必准确。

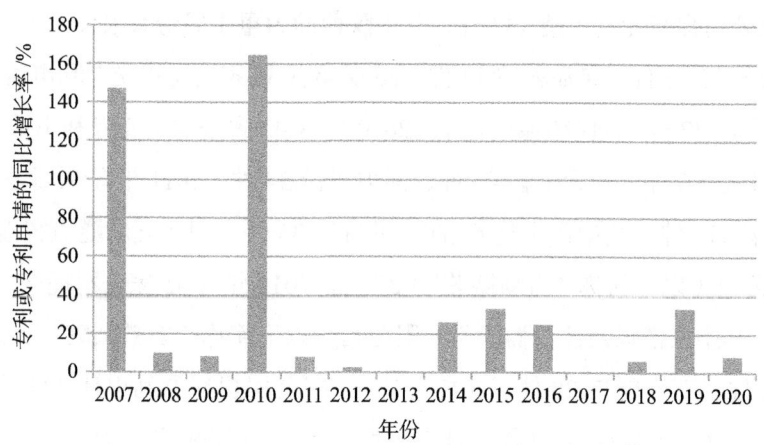

图 5-2 北交所上市公司专利或专利申请的同比增长率

由图 5-2 可知，同比增长较快的年份分别是 2007 年和 2010 年。2007 年同比增长率高是因为 2006 年的基数是 49 件，而 2007 年富士达和星辰科技的申请量（分别为 43 件和 19 件）出现跳跃式增长，再加上公司数量也由 2006 年的 11 家增加到 23 家，由此造成 2007 年的申请量出现跳跃式增长。2010 年同比增长率高是因为几家公司在这一年同时发力。富士达 2010 年之前的总申请量是 97 件，而 2010 年的申请量达 66 件；颖泰生物 2010 年之前的总申请量是 36 件，而 2010 年的申请量达 45 件；同力股份 2010 年之前的总申请量是 21 件，而 2010 年的申请量达 34 件；拾比佰 2010 年之前的总申请量是 2 件，而 2010 年的申请量达 22 件；南通大地电气股份有限公司（以下简称"大地电气"）2010 年之前的总申请量是 2 件，而 2010 年的申请量达 22 件。另外，中设工程咨询（重庆）股份有限公司（以下简称"中设咨询"）、常州同惠电子股份有限公司（以下简称"同惠电子"）、成都中寰流体控制设备股份有限公司（以下简称"中寰股份"）、新安洁智能环境技术服务股份有限公司（以下简称"新安洁"）、潍坊智新电子股份有限公司（以下简称"智新电子"）、山东汉鑫科技股份有限公司（以下简称"汉鑫科技"）、山东万通液压股份有限公司（以下简称"万通液压"）等公司也在 2010 年加入专利申请的行列。

第六章　北交所上市公司专利质量分析

一、创新高度

（一）授权率

一件专利申请被提交到专利局以后，需要经过审查，符合授权条件的才能得到授权。在我国，实用新型和外观设计专利申请经过初步审查合格后即可得到授权，而发明专利申请除了初步审查外，还要经过实质审查合格后才能得到授权。

所谓授权条件，就是没有发现驳回理由。驳回理由很多，包括撰写质量问题，也包括创新高度问题，其中最核心也是最常见的理由是新颖性和创造性问题。这两个问题直接关系发明创造与现有技术的差别有多大，是直接反映创新高度的。因此，通过统计授权率，既可以反映专利申请的创新高度，也可以反映撰写质量。

统计显示，北交所84家上市公司累计授权的专利为6961件，其中发明专利1328件、实用新型专利5043件、外观设计专利590件。由于实用新型和外观设计的申请只有在授权后才公告，所以无法统计授权率。

发明专利申请的授权率＝授权数量/审结数量。84家公司累计授权的发明专利为1328件，已经审结的发明专利申请2239件，平均授权率59.3%。各家公司的情况如表6-1所示。

表 6-1 北交所各家公司发明专利申请的授权率

公司简称	发明专利申请数量/件	发明专利申请审结数量/件	发明专利授权数量/件	发明授权率/%
艾融软件	65	27	13	48.1
安徽凤凰	202	187	66	35.3
贝特瑞	572	323	241	74.6
秉扬科技	8	6	6	100.0
常辅股份	31	23	5	21.7
创远仪器	204	81	63	77.8
大地电气	33	22	10	45.5
大唐药业	13	3	3	100.0
德瑞锂电	35	19	8	42.1
德源药业	24	21	14	66.7
德众汽车	0	0	0	—
方大股份	17	11	10	90.9
丰光精密	26	15	5	33.3
富士达	109	77	15	19.5
盖世食品	15	11	3	27.3
观典防务	20	14	14	100.0
广道高新	12	7	7	100.0
广脉科技	17	5	2	40.0
广咨国际	6	2	2	100.0
国义招标	7	4	2	50.0
国源科技	6	5	0	—
海希通讯	9	6	3	50.0
汉鑫科技	13	8	8	100.0
翰博高新	61	30	11	36.7
浩淼科技	44	28	14	50.0
禾昌聚合	74	57	12	21.1
恒合股份	6	0	0	—
恒拓开源	13	9	8	88.9
沪江材料	32	17	12	70.6

续表

公司简称	发明专利申请数量/件	发明专利申请审结数量/件	发明专利授权数量/件	发明授权率/%
华维设计	3	2	1	50.0
华阳变速	17	15	1	6.7
吉冈精密	7	3	2	66.7
吉林碳谷	6	3	3	100.0
佳先股份	38	20	9	45.0
建邦科技	19	7	4	57.1
锦好医疗	13	6	4	66.7
晶赛科技	25	16	10	62.5
凯腾精工	54	46	10	21.7
凯添燃气	19	10	3	30.0
科达自控	42	26	18	69.2
利通科技	30	28	17	60.7
连城数控	91	17	11	64.7
流金岁月	13	6	0	0.0
龙竹科技	62	31	20	64.5
鹿得医疗	40	17	7	41.2
美之高	11	2	1	50.0
诺思兰德	43	29	19	65.5
齐鲁华信	60	33	19	57.6
球冠电缆	22	17	12	70.6
驱动力	26	8	4	50.0
润农节水	13	10	8	80.0
三友科技	53	25	18	72.0
三元基因	72	66	51	77.3
森萱医药	40	28	14	50.0
生物谷	53	49	45	91.8
拾比佰	29	22	8	36.4
数字人	27	20	13	65.0

续表

公司简称	发明专利申请数量/件	发明专利申请审结数量/件	发明专利授权数量/件	发明授权率/%
苏轴股份	24	16	7	43.8
泰祥股份	7	4	2	50.0
通易航天	25	7	3	42.9
同辉信息	34	22	13	59.1
同惠电子	52	22	19	86.4
同力股份	43	24	15	62.5
同享科技	11	3	2	66.7
同心传动	9	3	3	100.0
万通液压	20	13	9	69.2
威博液压	10	6	3	50.0
微创光电	56	44	22	50.0
五新隧装	215	98	65	66.3
新安洁	34	14	8	57.1
星辰科技	40	31	27	87.1
旭杰科技	10	8	5	62.5
殷图网联	8	8	5	62.5
颖泰生物	305	214	146	68.2
永顺生物	33	28	14	50.0
云创数据	33	19	12	63.2
长虹能源	37	13	10	76.9
志晟信息	19	6	2	33.3
智新电子	3	3	2	66.7
中航泰达	70	13	8	61.5
中寰股份	7	4	4	100.0
中设咨询	17	11	9	81.8
朱老六	4	2	2	100.0
梓橦宫	25	23	22	95.7
总计	3753	2239	1328	59.3

注：表中"—"表示无相关数据。

(二)发明专利占比

北交所 84 家上市公司累计授权的专利为 6961 件,其中发明专利 1328 件,占比 19%。各家公司具体的发明专利占比情况如表 6-2 所示。

表 6-2 北交所各家公司的发明专利占比情况

公司简称	发明专利授权数量/件	专利授权总计/件	发明专利占比/%
艾融软件	13	13	100
安徽凤凰	66	162	41
贝特瑞	241	424	57
秉扬科技	6	26	23
常辅股份	5	76	7
创远仪器	63	157	40
大地电气	10	159	6
大唐药业	3	40	8
德瑞锂电	8	35	23
德源药业	14	20	70
方大股份	10	25	40
丰光精密	5	139	4
富士达	15	335	4
盖世食品	3	32	9
观典防务	14	82	17
广道高新	7	7	100
广脉科技	2	30	7
广咨国际	2	2	100
国义招标	2	9	22
国源科技	0	1	0
海希通讯	3	99	3
汉鑫科技	8	19	42
翰博高新	11	147	7
浩淼科技	14	144	10
禾昌聚合	12	83	14

续表

公司简称	发明专利授权数量/件	专利授权总计/件	发明专利占比/%
恒合股份	0	6	0
恒拓开源	8	16	50
沪江材料	12	69	17
华维设计	1	54	2
华阳变速	1	26	4
吉冈精密	2	110	2
吉林碳谷	3	11	27
佳先股份	9	99	9
建邦科技	4	54	7
锦好医疗	4	115	3
晶赛科技	10	50	20
凯腾精工	10	232	4
凯添燃气	3	58	5
科达自控	18	136	13
利通科技	17	42	40
连城数控	11	162	7
流金岁月	0	26	0
龙竹科技	20	186	11
鹿得医疗	7	109	6
美之高	1	73	1
诺思兰德	19	24	79
齐鲁华信	19	53	36
球冠电缆	12	73	16
驱动力	4	14	29
润农节水	8	109	7
三友科技	18	71	25
三元基因	51	54	94
森萱医药	14	100	14
生物谷	45	66	68
拾比佰	8	119	7

续表

公司简称	发明专利授权数量/件	专利授权总计/件	发明专利占比/%
数字人	13	21	62
苏轴股份	7	51	14
泰祥股份	2	45	4
通易航天	3	51	6
同辉信息	13	74	18
同惠电子	19	60	32
同力股份	15	210	7
同享科技	2	75	3
同心传动	3	41	7
万通液压	9	49	18
威博液压	3	90	3
微创光电	22	50	44
五新隧装	65	452	14
新安洁	8	63	13
星辰科技	27	83	33
旭杰科技	5	83	6
殷图网联	5	5	100
颖泰生物	146	311	47
永顺生物	14	23	61
云创数据	12	36	33
长虹能源	10	126	8
志晟信息	2	2	100
智新电子	2	59	3
中航泰达	8	114	7
中寰股份	4	32	13
中设咨询	9	111	8
朱老六	2	13	15
梓橦宫	22	48	46
总计	1328	6961	19

二、专利寿命

我国发明专利的届满保护期限为 20 年,实用新型专利的届满保护期限为 10 年,外观设计专利的届满保护期限为 15 年(申请日为 2021 年 5 月 31 日之前的外观设计专利权的保护期限为 10 年)。在此期间,要维持专利权有效,必须每年缴纳年费,而年费是阶梯式增长的,维持的时间越长,费用越高,所以 1 件专利维持的时间越长,说明它越具有保护价值,否则专利权人不会花越来越高的年费来维持它。因此,专利维持时间的长短可以在一定程度上反映专利的质量。

我们把 1 件授权专利从其申请日至失效日的时间定义为该专利的寿命。下面分别对三种类型的失效专利进行统计。

(一)发明专利的寿命

由于北交所上市公司的成立时间不长,大多数公司的发明专利还没有出现失效的情况。截至 2021 年 12 月 31 日,只有 16 家公司存在失效的发明专利,而且每家公司失效的专利数量基本是一两件,统计意义不显著。虽然这个数据不能显著反映各家公司发明专利的整体质量,但是可以肯定的是,表 6-3 中那些寿命较长的专利,尤其是贝特瑞和诺思兰德维持至届满失效的两件专利(寿命 240 个月)应该是高价值专利。

表 6-3 北交所各家公司发明专利的寿命

公司简称	失效发明专利寿命/月	失效发明专利数量/件	平均寿命/(月/件)
贝特瑞	240	1	240
创远仪器	72	1	72
德瑞锂电	456	4	114
富士达	384	4	96
广道高新	122	2	61

续表

公司简称	失效发明专利寿命/月	失效发明专利数量/件	平均寿命/（月/件）
翰博高新	36	1	36
禾昌聚合	240	3	80
恒拓开源	60	1	60
科达自控	180	1	180
连城数控	36	1	36
诺思兰德	240	1	240
三元基因	180	1	180
万通液压	72	2	36
新安洁	36	1	36
颖泰生物	72	1	72
永顺生物	36	1	36
总计	2462	26	95

（二）实用新型专利的寿命

我国实用新型专利的届满保护期限是10年，而北交所上市公司实用新型专利的平均寿命是70个月，大约6年。

从表6-4可以看出，以上各家公司实用新型专利的平均寿命超过6年的，可以认为是专利价值较高的。对于其中失效专利较多并且平均寿命较长的，可以认为其整体专利价值较高，如安徽凤凰、贝特瑞、禾昌聚合、沪江材料、科达自控、鹿得医疗、美之高、球冠电缆、拾比佰、苏轴股份、泰祥股份、同辉信息、同力股份、星辰科技、中设咨询等。对于其中失效专利较少但平均寿命很长的，可以认为其相应的专利价值较高，如秉扬科技的3件专利、凯添燃气的6件专利、微创光电的4件专利、新安洁的3件专利、永顺生物的1件专利、长虹能源的1件专利、智新电子的2件专利、中航泰达的1件专利等。

表 6-4　北交所各家公司实用新型专利的寿命

公司简称	失效实用新型专利寿命／月	失效实用新型专利数量／件	平均寿命／（月／件）
安徽凤凰	1344	13	103
贝特瑞	1680	21	80
秉扬科技	360	3	120
常辅股份	1216	17	72
创远仪器	756	7	108
大地电气	2508	38	66
大唐药业	398	4	100
德瑞锂电	228	4	57
丰光精密	50	2	25
富士达	6941	112	62
盖世食品	72	4	18
观典防务	48	1	48
海希通讯	768	12	64
翰博高新	1352	32	42
浩淼科技	1239	19	65
禾昌聚合	1172	14	84
恒拓开源	48	2	24
沪江材料	2235	21	106
华阳变速	600	6	100
吉冈精密	91	4	23
佳先股份	540	8	68
晶赛科技	633	7	90
凯腾精工	3931	66	60
凯添燃气	720	6	120
科达自控	2365	23	103
利通科技	723	14	52
连城数控	1699	37	46
鹿得医疗	2630	28	94
美之高	1920	19	101

续表

公司简称	失效实用新型专利寿命/月	失效实用新型专利数量/件	平均寿命/（月/件）
齐鲁华信	552	10	55
球冠电缆	2727	28	97
润农节水	744	13	57
三友科技	968	19	51
拾比佰	2665	28	95
数字人	401	4	100
苏轴股份	972	13	75
泰祥股份	960	13	74
通易航天	46	2	23
同辉信息	2100	21	100
同惠电子	732	11	67
同力股份	5653	72	79
同享科技	24	1	24
万通液压	254	9	28
威博液压	996	35	28
微创光电	480	4	120
五新隧装	5692	108	53
新安洁	360	3	120
星辰科技	2053	21	98
颖泰生物	648	12	54
永顺生物	120	1	120
长虹能源	120	1	120
智新电子	240	2	120
中航泰达	120	1	120
中寰股份	813	9	90
中设咨询	2054	22	93
梓橦宫	120	1	120
总计	70 881	1008	70

（三）外观设计专利的寿命

我国外观设计专利的届满保护期限是 15 年，申请日为 2021 年 5 月 31 日之前的外观设计专利权的届满保护期限为 10 年。而北交所上市公司实用新型专利的平均寿命是 57 个月，大约 5 年。

从表 6-5 中可以看出，以上各家公司的外观设计专利绝大多数是 2021 年 5 月 31 日之前申请的，平均寿命超过 5 年的，可以认为是专利价值较高的。对于其中失效专利较多并且平均寿命较长的，可以认为其整体专利价值较高，如大唐药业、生物谷、同力股份、梓橦宫等。对于其中失效专利较少但平均寿命很长的，可以认为其相应的专利价值较高，如浩淼科技的 1 件专利、晶赛科技的 1 件专利等。

表 6-5　北交所各家公司外观设计专利的寿命

公司简称	失效外观设计专利寿命/月	失效外观设计专利数量/件	平均寿命/（月/件）
常辅股份	576	8	72
大唐药业	1274	17	75
德瑞锂电	0	1	0
德源药业	84	1	84
富士达	1786	91	20
浩淼科技	120	1	120
晶赛科技	120	1	120
凯添燃气	108	1	108
利通科技	60	1	60
流金岁月	24	2	12
鹿得医疗	276	7	39
生物谷	1850	16	116
拾比佰	540	5	108
数字人	170	2	85
同辉信息	108	1	108

续表

公司简称	失效外观设计专利寿命/月	失效外观设计专利数量/件	平均寿命/（月/件）
同力股份	1680	14	120
五新隧装	336	5	67
星辰科技	780	7	111
颖泰生物	12	1	12
长虹能源	636	14	45
智新电子	36	1	36
梓橦宫	1200	10	120
总计	11 776	207	57

三、法律价值

专利申请文件是为了申请专利向国家专利行政部门提交的文件，申请发明或者实用新型专利的，应当提交请求书、说明书及其摘要和权利要求书等文件；申请外观设计专利的，应当提交请求书、该外观设计的图片或者照片及对该外观设计的简要说明等文件。

对发明或者实用新型来说，说明书和权利要求书是记载发明创造技术方案内容的有法律效力的文件，对专利的质量至关重要。其中，说明书应当对发明或者实用新型作出清楚、完整的说明，以所属技术领域的技术人员能够实现为准；权利要求书应当以说明书为依据，清楚、简要地限定要求专利保护的范围。

权利要求包括独立权利要求和从属权利要求，独立权利要求的保护范围最大，从属权利要求的保护范围是独立权利要求的子集。通常，申请人通过独立权利要求与多项从属权利要求的组合构建丰富的保护层次，为日后可能发生的独立权利要求无效做好预备。因此，评价权利要求的撰写质量，一方面是看独立权利要求的保护范围是否够宽，另一方面是看从属权利要求的保护层次是否丰富。

（一）授权专利权利要求的保护范围

权利要求的保护范围按 incoPat 专利数据库给出的分数进行统计，84 家公司发明或实用新型累计授权 6371 件，权利要求保护范围平均得分 6.31 分（满分为 10 分）。各家公司授权专利权利要求的保护范围得分情况如表 6-6 所示。

表 6-6　北交所各家公司授权专利权利要求的保护范围得分情况

公司简称	保护范围得分累计/分	发明及实用新型专利数量/件	保护范围平均得分/分
艾融软件	88	13	6.77
安徽凤凰	759	127	5.98
贝特瑞	3210	424	7.57
秉扬科技	175	26	6.73
常辅股份	397	66	6.02
创远仪器	844	129	6.54
大地电气	821	152	5.40
大唐药业	103	16	6.44
德瑞锂电	213	34	6.26
德源药业	118	15	7.87
德众汽车	—	0	—
方大股份	155	24	6.46
丰光精密	821	139	5.91
富士达	1402	243	5.77
盖世食品	181	32	5.66
观典防务	513	82	6.26
广道高新	52	7	7.43
广脉科技	173	28	6.18
广咨国际	12	2	6.00
国义招标	55	9	6.11
国源科技	5	1	5.00
海希通讯	547	87	6.29
汉鑫科技	121	19	6.37

续表

公司简称	保护范围得分累计/分	发明及实用新型专利数量/件	保护范围平均得分/分
翰博高新	759	147	5.16
浩森科技	763	128	5.96
禾昌聚合	512	83	6.17
恒合股份	38	6	6.33
恒拓开源	74	13	5.69
沪江材料	470	69	6.81
华维设计	302	50	6.04
华阳变速	150	26	5.77
吉冈精密	657	110	5.97
吉林碳谷	80	11	7.27
佳先股份	603	99	6.09
建邦科技	327	51	6.41
锦好医疗	274	43	6.37
晶赛科技	319	49	6.51
凯腾精工	1233	220	5.60
凯添燃气	343	56	6.13
科达自控	860	133	6.47
利通科技	232	39	5.95
连城数控	896	161	5.57
流金岁月	128	22	5.82
龙竹科技	887	142	6.25
鹿得医疗	621	94	6.61
美之高	412	62	6.65
诺思兰德	181	23	7.87
齐鲁华信	306	53	5.77
球冠电缆	488	73	6.68
驱动力	82	12	6.83
润农节水	610	107	5.70
三友科技	418	70	5.97

续表

公司简称	保护范围得分累计/分	发明及实用新型专利数量/件	保护范围平均得分/分
三元基因	390	51	7.65
森萱医药	611	100	6.11
生物谷	412	45	9.16
拾比佰	722	110	6.56
数字人	137	19	7.21
苏轴股份	334	51	6.55
泰祥股份	279	45	6.20
通易航天	305	51	5.98
同辉信息	508	66	7.70
同惠电子	340	58	5.86
同力股份	1127	186	6.06
同享科技	433	74	5.85
同心传动	254	41	6.20
万通液压	269	48	5.60
威博液压	398	90	4.42
微创光电	316	45	7.02
五新隧装	2574	426	6.04
新安洁	414	62	6.68
星辰科技	502	64	7.84
旭杰科技	526	83	6.34
殷图网联	32	5	6.40
颖泰生物	2163	308	7.02
永顺生物	178	23	7.74
云创数据	182	29	6.28
长虹能源	667	108	6.18
志晟信息	14	2	7.00
智新电子	342	54	6.33
中航泰达	797	114	6.99
中寰股份	202	32	6.31

续表

公司简称	保护范围得分累计/分	发明及实用新型专利数量/件	保护范围平均得分/分
中设咨询	669	107	6.25
朱老六	69	11	6.27
梓橦宫	249	36	6.92
总计	40 205	6371	6.31

注：表中"—"表示无相关数据。

（二）授权专利权利要求的数量

84家公司发明或实用新型授权专利累计6371件，权利要求41 410项，平均每件授权专利有6项权利要求。各家公司授权专利权利要求的数量如表6-7所示。

表6-7 北交所各家公司授权专利权利要求的数量

公司简称	权利要求累计数量/项	发明及实用新型专利数量/件	权利要求平均数量/项
艾融软件	92	13	7
安徽凤凰	447	127	4
贝特瑞	6794	424	16
秉扬科技	153	26	6
常辅股份	293	66	4
创远仪器	743	129	6
大地电气	450	152	3
大唐药业	83	16	5
德瑞锂电	234	34	7
德源药业	92	15	6
德众汽车	0	0	—
方大股份	108	24	5
丰光精密	634	139	5
富士达	1305	243	5
盖世食品	160	32	5

续表

公司简称	权利要求累计数量/项	发明及实用新型专利数量/件	权利要求平均数量/项
观典防务	529	82	6
广道高新	52	7	7
广脉科技	166	28	6
广咨国际	5	2	3
国义招标	56	9	6
国源科技	2	1	2
海希通讯	602	87	7
汉鑫科技	91	19	5
翰博高新	704	147	5
浩淼科技	685	128	5
禾昌聚合	433	83	5
恒合股份	48	6	8
恒拓开源	68	13	5
沪江材料	351	69	5
华维设计	280	50	6
华阳变速	89	26	3
吉冈精密	668	110	6
吉林碳谷	91	11	8
佳先股份	527	99	5
建邦科技	327	51	6
锦好医疗	283	43	7
晶赛科技	273	49	6
凯腾精工	1156	220	5
凯添燃气	242	56	4
科达自控	740	133	6
利通科技	191	39	5
连城数控	839	161	5
流金岁月	96	22	4
龙竹科技	799	142	6

续表

公司简称	权利要求累计数量/项	发明及实用新型专利数量/件	权利要求平均数量/项
鹿得医疗	549	94	6
美之高	419	62	7
诺思兰德	247	23	11
齐鲁华信	226	53	4
球冠电缆	269	73	4
驱动力	85	12	7
润农节水	536	107	5
三友科技	362	70	5
三元基因	338	51	7
森萱医药	504	100	5
生物谷	319	45	7
拾比佰	650	110	6
数字人	125	19	7
苏轴股份	313	51	6
泰祥股份	291	45	6
通易航天	306	51	6
同辉信息	488	66	7
同惠电子	259	58	4
同力股份	1038	186	6
同享科技	363	74	5
同心传动	260	41	6
万通液压	311	48	6
威博液压	454	90	5
微创光电	289	45	6
五新隧装	3397	426	8
新安洁	444	62	7
星辰科技	420	64	7
旭杰科技	544	83	7
殷图网联	17	5	3

续表

公司简称	权利要求累计数量/项	发明及实用新型专利数量/件	权利要求平均数量/项
颖泰生物	2182	308	7
永顺生物	154	23	7
云创数据	157	29	5
长虹能源	565	108	5
志晟信息	17	2	9
智新电子	331	54	6
中航泰达	1093	114	10
中寰股份	197	32	6
中设咨询	628	107	6
朱老六	65	11	6
梓橦宫	217	36	6
总计	41 410	6371	6

注：表中"—"表示无相关数据。

四、运营情况

（一）专利实施许可或被许可

专利实施许可是专利运用的一种典型情形。众所周知，专利权具有排他性。《专利法》第十一条规定："发明和实用新型专利权被授予后，除本法另有规定的以外，任何单位或者个人未经专利权人许可，都不得实施其专利，即不得为生产经营目的制造、使用、许诺销售、销售、进口其专利产品，或者使用其专利方法以及使用、许诺销售、销售、进口依照该专利方法直接获得的产品。外观设计专利权被授予后，任何单位或者个人未经专利权人许可，都不得实施其专利，即不得为生产经营目的制造、许诺销售、销售、进口其外观设计专利产品。"因此，如果一家企业的生产经营活动是在他人专利权的保护范围之内的，则需得到该专利权人的许可，否则就是侵权行为。

根据《最高人民法院关于审理技术合同纠纷案件适用法律若干问题的解释（2020修正）》，专利实施许可包括以下方式：

（一）独占实施许可，是指许可人在约定许可实施专利的范围内，将该专利仅许可一个被许可人实施，许可人依约定不得实施该专利；

（二）排他实施许可，是指许可人在约定许可实施专利的范围内，将该专利仅许可一个被许可人实施，但许可人依约定可以自行实施该专利；

（三）普通实施许可，是指许可人在约定许可实施专利的范围内许可他人实施该专利，并且可以自行实施该专利。

当事人对专利实施许可方式没有约定或者约定不明确的，认定为普通实施许可。专利实施许可合同约定被许可人可以再许可他人实施专利的，认定该再许可为普通实施许可，但当事人另有约定的除外。

专利实施许可的收费方式灵活多样，交易双方可以根据实际情况选择，通常包括一次总付方式、分期付款方式、入门费加按件付费方式、入门费加销售额提成方式、入门费加利润提成。其中，一次总付和分期付款这两种方式是需要确定合同总价的，而入门费加按件付费、入门费加销售额提成、入门费加利润提成这三种方式不需要确定合同总价。一般来说，由于市场因素有很多不确定性，专利实施带来的收益也不确定，所以更多的人愿意采取后面三种方式。

不同的专利权人进行专利实施许可的目的可能不同。对大学、科研机构、个人来说，专利实施许可是获取收益的途径；对企业来说，专利实施许可是扩大市场占有及联盟运营的战略工具。企业是否对外进行专利许可，是由其经营状况和发展战略决定的。有的公司为了用最低的成本在最短的时间内占领市场，赢取最大的市场利益，专利的对外许可就成为其扩大市场占有的战略工具。

北交所上市的84家公司中,有15家公司与他人❶发生过专利许可或被许可,

---

❶ 这里的"他人"不包括分析对象的子公司，但包括其母公司。

涉及专利或专利申请 35 件。上述专利许可行为全部发生在中国，并且大多数是他人许可给这些公司，具体情况如表 6-8 所示。

表 6-8　北交所各家公司与他人之间的专利许可或被许可情况

公司简称	公司在国内的专利实施许可情况			总计/件
	流出专利数量/件	流入专利数量/件	汇总专利数量/件	
安徽凤凰	1	0	1	1
贝特瑞	2	0	2	2
德瑞锂电	0	2	2	2
德源药业	0	1	1	1
方大股份	0	1	1	1
富士达	1	0	1	1
沪江材料	0	4	4	4
美之高	0	4	4	4
诺思兰德	2	1	3	3
球冠电缆	0	7	7	7
驱动力	0	1	1	1
三友科技	0	1	1	1
万通液压	0	2	2	2
星辰科技	1	3	4	4
颖泰生物	1	0	1	1
总计/件	8	27	35	35

从表 6-8 中可以看出，作为专利权人对外许可的公司的具体情况如下。

安徽凤凰作为专利权人对外许可的是一件名称为"一种含有纳米二氧化硅的滤清器用粘合剂胶片"的发明专利，被许可人是枣庄市宏顺滤清材料有限公司，许可种类为独占许可，许可期限从 2008 年 11 月 26 日至 2014 年 11 月 25 日。

贝特瑞作为专利权人对外许可的是两件发明专利：一件名称是"锂离子电池复合碳负极材料及其制备方法"，另一件名称是"锂离子电池负极材料及其制备方法"。被许可人都是天津市铁诚电池材料有限公司（2010 年名称变更为

"天津市贝特瑞新能源材料有限责任公司"），许可种类为独占许可，许可期限从 2007 年 12 月 12 日至 2012 年 12 月 11 日。

富士达作为专利权人对外许可的是一件名称为"小型推入自锁精密稳相连接器"的发明专利，被许可人是宁波兴瑞电子科技股份有限公司，许可种类为独占许可，许可期限从 2008 年 11 月 26 日至 2014 年 11 月 25 日。

诺思兰德作为专利权人对外许可的是两件发明专利：一件名称是"一种能特异杀死肿瘤细胞的基因工程重组蛋白"，先是独占许可给天津托普泰克生物科技有限公司，合同解除后又独占许可给北京汇恩兰德制药有限公司；另一件名称是"一种白细胞介素 11 类似物"，被许可人是韩国百疗医株式会社（VIROMED，现名 HELIXMITH）。

星辰科技作为专利权人对外许可的是一件名称为"交流电机三相电流平滑控制装置"的发明专利，被许可人是桂林吉星电子等平衡动力有限公司，许可种类为排他许可，许可期限从 2008 年 6 月 24 日至 2024 年 1 月 18 日。

颖泰生物作为专利权人对外许可的是一件名称为"一种高光学含量精喹禾灵的制备方法"的发明专利，被许可人是江苏丰山集团有限公司（后变更为"江苏丰山集团股份有限公司"），许可种类为独占许可。

（二）专利转让或受让

转让或受让也是专利运用的一种重要形式，专利申请权和专利权都可以转让或受让。与专利实施许可不同，专利申请权和专利权的转让是要发生所有权转移的。《专利法》中第十条规定："转让专利申请权或者专利权的，当事人应当订立书面合同，并向国务院专利行政部门登记，由国务院专利行政部门予以公告。专利申请权或者专利权的转让自登记之日起生效。"

北交所上市的 84 家公司中，有 58 家公司与他人❶发生过专利转让或受让，涉及专利或专利申请 423 件。专利转让或受让行为主要发生在中国，并且大多数是受让行为，各家公司的专利转让或受让具体情况如表 6-9 所示。

---

❶ 这里的"他人"不包括分析对象的子公司，但包括其母公司。

表 6-9 北交所各家公司与他人之间的专利转让或受让情况

公司简称	在中国的专利转让或受让情况					在美国的专利转让或受让情况			总计专利数量/件
	流出专利数量/件	流入专利数量/件	先出后入专利数量/件	先入后出专利数量/件	汇总专利数量/件	流出专利数量/件	流入专利数量/件	汇总专利数量/件	
艾融软件	4	0	0	0	4	0	0	0	4
安徽凤凰	0	1	4	0	5	0	0	0	5
贝特瑞	6	12	0	0	18	1	0	1	19
秉扬科技	0	7	0	0	7	0	0	0	7
创远仪器	2	3	0	0	5	0	0	0	5
大地电气	0	5	0	0	5	0	0	0	5
大唐药业	0	6	0	0	6	0	0	0	6
德瑞锂电	2	2	0	5	9	0	2	2	11
德源药业	0	8	0	0	8	0	0	0	8
方大股份	0	6	0	0	6	0	0	0	6
盖世食品	0	3	0	0	3	0	0	0	3
观典防务	0	7	0	0	7	0	0	0	7
广脉科技	0	1	0	0	1	0	0	0	1
广咨国际	0	2	0	0	2	0	0	0	2
国义招标	0	2	0	0	2	0	0	0	2

续表

公司简称	在中国的专利转让或受让情况					在美国的专利转让或受让情况			总计专利数量/件
	流出专利数量/件	流入专利数量/件	先出后入专利数量/件	先入后出专利数量/件	汇总专利数量/件	流出专利数量/件	流入专利数量/件	汇总专利数量/件	
海希通讯	0	3	0	0	3	0	0	0	3
汉鑫科技	0	7	0	0	7	0	0	0	7
翰博高新	0	1	0	0	1	0	0	0	1
浩淼科技	0	8	0	0	8	0	0	0	8
禾昌聚合	0	9	0	0	9	0	0	0	9
恒拓开源	0	1	0	0	1	0	0	0	1
沪江材料	0	4	0	0	4	0	0	0	4
华维设计	0	1	0	0	1	0	0	0	1
吉林碳谷	0	2	0	0	2	0	0	0	2
佳先股份	0	2	0	0	2	0	0	0	2
建邦科技	0	9	0	0	9	0	0	0	9
锦好医疗	0	9	0	0	9	0	0	0	9
晶赛科技	0	6	0	0	6	0	0	0	6
科达自控	6	0	0	0	6	0	0	0	6
连城数控	0	12	0	0	12	0	0	0	12

续表

公司简称	在中国的专利转让或受让情况					在美国的专利转让或受让情况			总计专利数量/件
	流出专利数量/件	流入专利数量/件	先出后入专利数量/件	先入后出专利数量/件	汇总专利数量/件	流出专利数量/件	流入专利数量/件	汇总专利数量/件	
龙竹科技	0	33	0	0	33	0	0	0	33
鹿得医疗	0	3	0	0	3	0	0	0	3
美之高	0	6	0	0	6	0	0	0	6
诺思兰德	1	3	0	0	4	0	0	0	4
齐鲁华信	0	1	0	0	1	0	0	0	1
球冠电缆	0	4	0	0	4	0	0	0	4
驱动力	0	3	0	0	3	0	0	0	3
润农节水	0	6	0	0	6	0	0	0	6
三友科技	0	1	0	0	1	0	0	0	1
三元基因	0	1	0	0	1	0	0	0	1
森萱医药	0	7	0	0	7	0	0	0	7
生物谷	0	49	0	0	49	0	0	0	49
通易航天	0	2	0	0	2	0	0	0	2
同辉信息	0	5	0	0	5	0	0	0	5
万通液压	0	9	0	0	9	0	0	0	9

续表

公司简称	在中国的专利转让或受让情况					在美国的专利转让或受让情况			总计专利数量/件
	流出专利数量/件	流入专利数量/件	先出后入专利数量/件	先入后出专利数量/件	汇总专利数量/件	流出专利数量/件	流入专利数量/件	汇总专利数量/件	
威博液压	0	1	0	0	1	0	0	0	1
五新隧装	2	3	0	0	5	0	0	0	5
新安洁	0	11	0	0	11	0	0	0	11
星辰科技	1	35	0	0	36	0	0	0	36
旭杰科技	0	4	0	0	4	0	0	0	4
颖泰生物	0	9	0	0	9	0	0	0	9
永顺生物	2	1	0	0	3	0	0	0	3
云创数据	0	4	0	0	4	0	0	0	4
长虹能源	0	4	0	0	4	0	0	0	4
智新电子	0	12	0	0	12	0	0	0	12
中航泰达	0	10	0	0	10	0	0	0	10
中寰股份	2	0	0	0	2	0	0	0	2
梓橦宫	0	16	0	0	16	0	1	1	17
总计	28	382	4	5	419	1	3	4	423

1. 转让给他人的情况

（1）上海艾融软件股份有限公司（以下简称"艾融软件"）转让给张岩（公司控股股东）4件发明专利申请，分别为"一种跨机构网上支付的方法、系统和装置"（CN200910177433.3）、"一种网上交易信息整合的方法、系统和设备"（CN200910177432.9）、"一种信息加密方法和装置"（CN200910177039.X）、"一种应用安全策略调整的方法、系统和装置"（CN200910177434.8）。上述申请均因被驳回失效。

（2）贝特瑞有7件专利或专利申请转让给他人，其中转让给宣城研一新能源科技有限公司6件，常州锂源新能源科技有限公司1件。

转让给宣城研一新能源科技有限公司的6件专利或专利申请包括中国发明专利"一种锂离子电池用水性粘结剂及其制备方法和锂离子电池极片"（CN201710138795.6）、中国发明专利"用于锂离子电池电极材料的聚丙烯酸酯类水性粘结剂、制备方法及锂离子电池极片"（CN201410587080.5）、中国发明专利"一种锂离子电池用水性粘合剂、制备方法及其用途"（CN201510530760.8）、中国发明专利申请"一种锂电池用水性粘结剂及其制备方法、锂电池极片"（CN201510609533.4）、中国发明专利"一种锂离子电池用水性粘合剂及其制备方法和用途"（CN201610631551.7）、美国发明专利"一种锂离子电池用水性粘合剂、制备方法及其用途（Aqueous binder for lithium ion battery, preparation method therefor and use thereof）"（US15755237）。

转让给常州锂源新能源科技有限公司的1件是中国发明专利"一种利用含铁萃余液制备锂离子电池用正磷酸铁的方法"（CN201510454831.0）。

（3）创远仪器转让给小唐科技（上海）有限公司2件发明专利，包括"基于串行总线的多子卡高速交互式通信模块及系统"（CN201610003687.3）、"一种宽带信号的触发捕获方法及装置"（CN201110249378.1）。

（4）德瑞锂电转让给惠州市德赛锂电科技有限公司2件发明专利，包括"高能电池及其制备方法"（CN200880123700.2）、"一种非水性电化学电池及其制备方法"（CN201110258117.6）。

（5）山西科达自控股份有限公司（以下简称"科达自控"）转让给山西中科矿山智能控制技术研究院有限公司6件实用新型专利，包括"刮板机水平方向运动夹角测量系统"（CN201520946123.4）、"掘进机掘进方向偏离视频图像监测装置"（CN201420838876.9）、"矿用设备激光造影视频监控系统"（CN201320697623.X）、"煤矿连采机远程控制系统"（CN201320543824.4）、"视频导航靶"（CN201320543784.3）、"圆管带式输送机输送带跑偏监控装置"（CN201420639406.X）。

（6）诺思兰德转让给赫利世弥斯株式会社1件发明专利"高效表达两种不同类型肝细胞生长因子的杂合肝细胞生长因子基因"（CN03806534.7）。

（7）五新隧装将2件专利的共同专利权转让给中国水利水电第七工程局有限公司，包括实用新型专利"一种变断面过洞隧道衬砌台车"（CN201621426978.5）、发明专利"一种适用于并列隧道中主洞和支洞施工的衬砌台车"（CN201611207647.7）。

（8）星辰科技转让给任丘市中生潜能石油科技有限公司1件实用新型专利"直驱式螺杆泵抽油机的永磁同步电机"（CN201120483955.9）。

（9）广东永顺生物制药股份有限公司（以下简称"永顺生物"）将2件专利的共同申请权转让给中国兽医药品监察所，其中一件已授权的发明专利"一种利用生物反应器生产猪瘟细胞活疫苗的方法及其制品"（CN200910193314.7），另一件发明专利申请"猪瘟、伪狂犬病二联活疫苗的制备方法及其制品"（CN200910193067.0）已被驳回。

（10）中寰股份将2件发明专利的共同专利权转让给中国石油集团西部管道有限责任公司，分别是"一种紧凑型阀门驱动机构"（CN201510099086.2）、"一种静态锥面密封结构"（CN201610532738.1）。

2. 转让或受让次数较多的公司

下面是发生转让或受让次数较多的公司的具体情况。

（1）生物谷有49件专利受让自他人，包括受让自林艳和（生物谷股东，实际控制人）2件、北京天力正元医药技术开发有限公司3件、深圳市金沙江投资有限公司（生物谷股东）28 件、薛中社（生物谷股东，曾任深圳市生物谷医药研究院有限公司法人代表）16 件。

可见，生物谷受让自他人的专利中，绝大多数来自公司股东，无明显关联的只有北京天力正元医药技术开发有限公司。该公司成立于 2004 年 7 月，属于小微企业，转让给生物谷的 3 件专利都是 2005 年 4 月 25 日申请的发明专利，分别为"一种治疗心脑血管病、缺血性中风的中药制剂及其制备方法"（CN200510066419.8）、"一种治疗心脑血管病的中药制剂及其制备方法"（CN200510066420.0）、"一种治疗心脑血管疾病的中药制剂及其制备方法"（CN200510066418.3）。

（2）星辰科技有 35 件专利受让自他人，包括受让自桂林星辰电力电子有限公司（星辰科技股东）29 件、桂林吉星电子等平衡动力有限公司 5 件、桂林星辰混合动力有限公司 1 件。桂林吉星电子等平衡动力有限公司成立于 2007 年 4 月 28 日，主要经营范围为汽车零部件、电子等平衡的技术开发（涉及许可证项目除外）等。桂林星辰混合动力有限公司成立于 2013 年 9 月 10 日，是桂林星辰电力电子有限公司的全资子公司，与星辰科技存在关联，主要经营范围为混合动力总成、车用电机、车用伺服驱动器的生产、销售等。该公司已于 2019 年 7 月 17 日被注销。

可见，星辰科技受让自他人的专利中，绝大多数来自公司股东，无明显关联的只有桂林吉星电子等平衡动力有限公司。该公司转让给星辰科技的 5 件专利都是 2007 年申请的发明专利，分别为"燃油发动机伺服加载装置及其最佳效率运行控制方法"（CN200710048570.8）、"发动机伺服加载装置及其动态寻优运行控制方法"（CN200780020029.4）、"电磁式连续变速装置及其控制方法"（CN200780100712.9）、"燃油发动机伺服加载装置及其动态寻优运行控制方法"（CN200710048605.8）、"嵌套式永磁同步电机"（CN200710048869.3）。

星辰科技转让给他人的 1 件专利是实用新型专利"直驱式螺杆泵抽油机的永磁同步电机"（CN201120483955.9），受让人是任丘市中生潜能石油科技有限公司。

（3）龙竹科技有 33 件专利或专利申请受让自他人，包括受让自龙泉市大展竹科技有限责任公司 31 件、中国林业科学研究院木材工业研究所 2 件。受让自龙泉市大展竹科技有限责任公司的 31 件专利或专利申请都是关于竹子加工工艺和设备的，具体情况如表 6-10 所示。

表 6-10　龙竹科技受让自龙泉市大展竹科技有限责任公司的专利情况

序号	专利标题	专利申请号	专利或专利申请类型
1	一种竹子展开机	CN201811550370.7	发明
2	一种竹子展开装置	CN201811550360.3	发明
3	一种竹展机	CN201811554040.5	发明
4	竹展开机	CN201711098836.X	发明
5	竹子去内节去黄机	CN201711099777.8	发明
6	用于加工竹展平板的双面刨床	CN201710140348.4	发明
7	一种毛竹筒去青机	CN201710140194.9	发明
8	一种竹展开工艺	CN201811549365.4	发明
9	一种竹子去青机	CN201610994064.7	发明
10	竹子去内节机	CN201510394741.7	发明
11	一种去内节机	CN201510402339.9	发明
12	一种去内节刮刀组件	CN201510402174.5	发明
13	竹竿去黄机	CN201510873425.8	发明
14	一种竹展机	CN201822125375.7	实用新型
15	一种竹子展开机	CN201822126314.2	实用新型
16	一种竹子切割装置	CN201822126325.0	实用新型
17	一种竹展开装置	CN201822132778.4	实用新型
18	一种竹子弧面整形装置	CN201822132986.4	实用新型
19	一种竹子刨削装置	CN201822132856.0	实用新型
20	一种竹去青机送料机构	CN201721488669.5	实用新型
21	一种竹子去内节去黄机	CN201721489281.7	实用新型
22	一种竹展开双面刨光组件	CN201721487647.7	实用新型
23	一种竹展开机	CN201721488522.6	实用新型
24	一种竹展开机送料机构	CN201721488980.X	实用新型

续表

序号	专利标题	专利申请号	专利或专利申请类型
25	一种用于加工竹展平板的双面刨床	CN201720235309.8	实用新型
26	一种毛竹筒去青机	CN201720229544.4	实用新型
27	一种毛竹去外节机	CN201720234584.8	实用新型
28	一种竹筒去外节刀架	CN201720229659.3	实用新型
29	一种竹竿去黄机	CN201520984819.6	实用新型
30	一种竹竿去黄刀头	CN201520988715.2	实用新型
31	一种用于整竹展开加工的压平机构	CN201520485112.0	实用新型

受让自中国林业科学研究院木材工业研究所的2件都是发明专利，分别为"一种结构用指接规格材及其制造方法"（CN200910085639.3）、"一种竹木复合楼梯踏板的制作方法"（CN200910089275.6）。

（4）贝特瑞有12件专利或专利申请受让自他人，其中受让自潘泽忠的有5件，受让自上海上大瑞沪微系统集成技术有限公司的3件，受让自天津大学和内蒙古蒙西高新材料股份有限公司的2件，受让自格拉费公司的1件，受让自广州有色金属研究院的1件。

潘泽忠转让给贝特瑞的包括3件实用新型专利和2件发明申请，3件实用新型专利分别是"一种包装机"（CN201420105083.6）、"一种无磨损全密封阀门"（CN201420642971.1）、"一种高精度投料器"（CN201520226704.0），2件发明申请分别是"一种高精度投料器"（CN201510177677.7）、"一种无磨损全密封阀门"（CN201410602417.5）。上海上大瑞沪微系统集成技术有限公司转让给贝特瑞的包括2件发明专利和1件发明申请，分别是"一种高导热性导热胶及其制备方法"（CN201510204929.0）、"高导热石墨烯薄膜的制备方法及基于该薄膜的散热方法"（CN201610191785.4）、"石墨烯填充的热固性高分子复合物及其制备方法"（CN201610295957.2）。天津大学和内蒙古蒙西高新材料股份有限公司转让给贝特瑞的包括1件发明专利和1件实用新型专利，发明专利为"中间相炭微球的共缩聚制备方法"（CN00133301.1）、实用新型专利为"中间相炭微球制备中过滤与洗涤一体化的装置"（CN00260502.3）。格拉费公司转让给贝特瑞的是1件发明专利"涂覆碳纳米材料的方法"（CN201480021818.X）。广州有色金属研究院转让给贝特瑞的是1件发明专利"一种碳包覆掺杂改性钛酸锂及其制备方法"（CN201210511716.9）。

贝特瑞有7件专利或专利申请转让给他人，其中转让给宣城研一新能源科技有限公司6件，常州锂源新能源科技有限公司1件。具体情况已在前面介绍，这里不再赘述。

（5）梓橦宫有17件专利或专利申请受让自他人，其中受让自四川省中医药科学院14件、云南中医学院1件、四川华尔孚制药有限公司1件、周小明1件。

其中，受让自四川省中医药科学院的14件都是发明专利，包括13件中国专利和1件美国专利，具体情况如表6-11所示。

表6-11 梓橦宫受让自四川省中医药科学院的专利情况

序号	专利标题	专利申请号	专利类型
1	一种具有抗肿瘤活性的马甲子提取物的用途及制备方法	CN201310528511.6	发明
2	一种具有抗肿瘤活性的中药提取物及其制备方法和用途	CN201410019123.X	发明
3	一种具有双向免疫调节作用的中药提取物和用途	CN201410030860.X	发明
4	一种具有抗纤维化作用的中药提取物及其制备方法和用途	CN201410018576.0	发明
5	一种具有抗真菌活性的马甲子提取物及其各类制剂与应用	CN201410023850.3	发明
6	一种治疗口腔及消化道炎症或/和溃疡的马甲子提取物及制剂和应用	CN201410032900.4	发明
7	马甲子或其提取物在制备治疗感染性溃疡的药物中的用途	CN201610343650.5	发明
8	马甲子或其提取物在制备治疗烧烫伤的药物中的用途	CN201610345538.5	发明
9	2位和/或27位取代的桦木酸衍生物及其制备方法和用途	CN201510024341.7	发明
10	马甲子或其提取物在制备治疗痤疮的药物中的用途	CN201610343646.9	发明
11	马甲子或其提取物在制备治疗过敏性皮炎的药物中的用途	CN201610346002.5	发明
12	白桦脂酸衍生物	CN201610545783.0	发明
13	白桦脂酸衍生物及其应用	CN201610546028.4	发明
14	马甲子提取物及其制备方法和用途［Paliurus ramosissimus（Lour.）Poir. extract and preparation methods and uses thereof］	US16220229	发明

受让自云南中医学院的1件是中国发明专利"一种从厚朴叶中制备厚朴酚及和厚朴酚的方法"（CN201410386682.4）。受让自四川华尔孚制药有限公司的1件是中国发明专利"一种治疗胃痛的药物组合物、制备方法及其用途"（CN200410097023.5）。受让自周小明的1件是中国发明专利"一种用于偏头痛的中药组合物及其制备方法"（CN200510105966.2）。

（三）专利权质押

专利权质押也是专利运用的一种方式。对中小企业来说，利用专利权质押解决资金问题是一种可选途径。在我国，专利权质押是有明确法律依据的。《中华人民共和国民法典》第四百四十条列出的可以出质的权利中，明确包括"可以转让的注册商标专用权、专利权、著作权等知识产权中的财产权"。

2010年，财政部、工业和信息化部、中国银行业监督管理委员会、国家知识产权局、国家工商行政管理总局、国家版权局联合发布了《关于加强知识产权质押融资与评估管理支持中小企业发展的通知》，要求各级财政、银监、知识产权、工商行政、版权、中小企业管理部门充分发挥各自的职能作用，加强协调配合和信息沟通，积极探索促进本地区知识产权质押融资工作的新模式、新方法，完善知识产权质押融资的扶持政策和管理机制，加强知识产权质押评估管理，支持中小企业开展知识产权质押融资，加快建立知识产权质押融资协同工作机制，有效推进知识产权质押融资工作。

国家知识产权局2021年发布的《专利权质押登记办法》第三条规定："以专利权出质的，出质人与质权人应当订立书面合同。质押合同可以是单独订立的合同，也可以是主合同中的担保条款。出质人和质权人应共同向国家知识产权局办理专利权质押登记，专利权质权自国家知识产权局登记时设立。"

北交所上市的84家公司中，有24家公司进行过专利质押，具体情况如表6-12所示。

表 6-12 北交所上市公司的专利质押情况

公司简称	质押1次的专利件数/件	质押2次的专利件数/件	质押3次的专利件数/件	质押4次的专利件数/件	质押5次的专利件数/件	质押6次的专利件数/件	质押8次的专利件数/件
贝特瑞	2	0	0	0	0	0	0
创远仪器	1	0	0	0	0	0	0
大唐药业	6	0	0	0	0	0	0
德源药业	0	0	3	0	0	0	0
富士达	0	1	0	0	0	0	0
广道高新	1	1	0	0	0	0	0
广脉科技	2	0	0	0	0	0	0
海希通讯	1	0	0	0	0	0	0
汉鑫科技	6	0	3	0	0	0	0
翰博高新	15	0	0	0	0	0	0
恒合股份	4	0	0	0	0	0	0
吉冈精密	2	0	0	0	0	0	0
吉林碳谷	2	0	0	0	0	0	0
佳先股份	2	0	0	0	0	0	0
科达自控	0	2	1	2	2	1	0
利通科技	11	0	0	2	0	0	0
诺思兰德	4	1	0	0	0	0	0
三友科技	9	0	0	0	0	0	0
生物谷	0	0	0	2	0	0	1
数字人	0	2	0	0	0	0	0
同辉信息	17	14	6	9	0	0	0
同享科技	1	0	0	0	0	0	0
颖泰生物	3	0	0	0	0	0	0
梓橦宫	1	0	0	0	0	0	0

下面我们对质押次数较多的若干专利展开分析。

生物谷有1件专利被质押8次,专利名称为"一种灯盏细辛复方药剂"。该专利 2002 年申请，2005 年授权公告（专利公告号 CN1194741C）。该专利 2007 年 6 月 5 日质押，2008 年 7 月 21 日解除；2008 年 7 月 21 日质押，2009 年 6 月 22 日解除；2009 年 6 月 22 日质押给中国农业银行股份有限公司深圳中心区支行，2010 年 7 月 13 日解除；2010 年 7 月 13 日质押给中国农业银行股份有限公司深圳中心区支行，2011 年 7 月 29 日解除；2011 年 7 月 29 日质押给中国农业银行股份有限公司深圳中心区支行，2012 年 7 月 4 日解除；2012 年 7 月 4 日质押给中国农业银行股份有限公司深圳中心区支行，2013 年 8 月 6 日解除；2013 年 8 月 6 日质押给中国农业银行股份有限公司深圳中心区支行，2014 年 8 月 21 日解除；2014 年 8 月 22 日质押给中国农业银行股份有限公司深圳中心区支行，2015 年 7 月 8 日解除。由上可见，该专利的多次质押是在同一家银行的连续质押，直到 2015 年 7 月 8 日彻底解除。

科达自控有 1 件专利被质押 6 次，专利名称为"摄像机镜头气体清洁设备"。该专利 2010 年申请，2012 年授权公告（专利公告号 CN102081232B）。该专利 2013 年 5 月 30 日质押给上海浦东发展银行股份有限公司太原分行，2014 年 5 月 22 日解除；2014 年 5 月 23 日质押给上海浦东发展银行股份有限公司太原分行，2015 年 6 月 10 日解除；2015 年 8 月 4 日质押给晋商银行股份有限公司太原晋阳街支行，2016 年 7 月 22 日解除；2016 年 7 月 26 日质押给晋商银行股份有限公司太原高新区科技支行，2017 年 8 月 15 日解除；2019 年 9 月 12 日质押给晋商银行股份有限公司太原高新区科技支行，2020 年 9 月 22 日解除；2021 年 9 月 24 日质押给晋商银行股份有限公司太原高新区科技支行。

科达自控有 2 件专利被质押 5 次，其中一件专利名称为"矿用电源安全二级保护电路"，该专利 2011 年申请，2014 年授权公告（专利公告号 CN102510043B）。另一件被质押 5 次的专利名称为"一种远程水压监控方法及系统"，该专利 2012 年申请，2014 年授权公告（专利公告号 CN102930703B）。这两件专利 2015 年 5 月 26 日质押给太原高新区中小企业融资担保有限公司，2016 年 5 月 11 日解除；2016 年 5 月 19 日质押给太原高新区中小企业融资担保有限公司，2017 年 5 月 18 日解除；2017 年 9 月 13 日质押给太原高新区中小企业融资担保有限公司，2018年9月6日解除；2018年10月22日质押给太原高新区中小企业融资担保有限公司，2020年12月8日解除；2020年12月21日质押给山西转型综改示范区融资担保有限公司，2022年2月18日解除。

如果从质押专利的数量来看，同辉佳视（北京）信息技术股份有限公司（以下简称"同辉信息"）质押过的专利数量是最多的，达46件，具体情况如表6-13所示。

表6-13 同辉信息专利质押情况

专利标题	专利公开（公告）号	专利类型	质押次数
一种基于网络进行文件传输的方法和装置	CN101997916B	发明	4
一种多终端Flash同步播放的方法和系统	CN102006319B	发明	4
一种多屏拼接管理系统及管理方法	CN101984401B	发明	4
一种多屏幕视频同步播放的方法和系统	CN101969460B	发明	4
一种室外显示器的温度控制系统	CN101930243B	发明	4
数据打包方法及装置	CN102033941B	发明	4
点对点超大屏幕编辑和点对点天时间编辑的方法和装置	CN102034255B	发明	4
一种室外显示器的散热设备和室外显示机柜	CN101965120B	发明	4
一种播放终端基于网络进行视频同步播放的方法和装置	CN101977278B	发明	4
一种快速寻路定位方法及导购机	CN104359474B	发明	3
一种快速显示视频的方法及设备	CN104363402B	发明	3
一种拼接屏故障检测方法及系统	CN104347022B	发明	3
一种多媒体会议讲台	CN206102029U	实用新型	3
一种壁挂式拼接架	CN205655069U	实用新型	3
一种壁挂式前维护拼接架	CN205655070U	实用新型	3
一种前维护架体用拉簧伸缩结构	CN207161999U	实用新型	2
一种前维护架体用螺钉限位结构	CN207162000U	实用新型	2
一种前维护架体的轴承助力结构	CN207162014U	实用新型	2
一种前维护架体角度调节结构	CN207162016U	实用新型	2
一种前维护架体的锁定结构	CN207162035U	实用新型	2

续表

专利标题	专利公开（公告）号	专利类型	质押次数
一种前维护架体的左右微调结构	CN207162071U	实用新型	2
一种前维护架体的前后调节结构	CN207162072U	实用新型	2
一种具有通风防水功能的安防设备壳体	CN204244594U	实用新型	2
一种安防设备	CN204244595U	实用新型	2
一种安防设备	CN204244596U	实用新型	2
一种拼接视频墙控制系统	CN203759475U	实用新型	2
一种LCD无缝拼接显示屏	CN203760020U	实用新型	2
一种壁挂式显示屏调节装置	CN203703521U	实用新型	2
一种用于显示器的调节挂钩组件	CN203703523U	实用新型	2
一种广告播放的系统及其方法	CN104347017B	发明	1
一种移动终端联控系统	CN203054563U	实用新型	1
一种多平台信息发布系统	CN203054837U	实用新型	1
多屏联动触控显示系统	CN203025673U	实用新型	1
一种前维护挂架	CN202612997U	实用新型	1
室外环境报警系统	CN202615555U	实用新型	1
一种多路风冷循环机箱	CN202435773U	实用新型	1
数据采集装置	CN202362626U	实用新型	1
温度控制装置	CN202306361U	实用新型	1
任意角度拼接架	CN202274248U	实用新型	1
显示器拼接架	CN202274262U	实用新型	1
电源控制装置	CN202275313U	实用新型	1
快速拼接架	CN202275564U	实用新型	1
室外机	CN202275585U	实用新型	1
室外机降温装置	CN202276594U	实用新型	1
室外机	CN202276595U	实用新型	1
一种高亮度液晶室外显示装置	CN201397640Y	实用新型	1

可见，同辉信息是比较善于利用专利质押来融资的。据其公开发行说明书

披露，2020年6月19日至2021年6月19日，该公司曾向北京银行股份有限公司金运支行借款500万元，该笔借款以其22件专利提供质押担保，同时部分股东提供连带保证担保。

五、市场潜力

专利权是有地域性的，一项发明创造要想在不同的国家得到保护，必须分别得到不同国家的授权。在不同的国家申请专利，不仅要缴纳官费，还要花费代理费和翻译费，对企业来说也是一笔不低的费用。因此，企业选择在哪些国家申请专利，不是盲目的随意行为，而是根据产品预期的生产和销售地域来确定。对一家企业来说，其专利申请的国家越多，说明其产品销售的范围越广，或者其预期的市场潜力越大。

对北交所上市的84家企业来说，其发明创造基本都会首先在中国申请专利，因此各家公司在中国的专利申请数量不再单独统计。下面对各家公司在海外的专利申请进行统计，具体情况如表6-14所示。

表6-14 北交所上市公司海外专利申请

公司简称	国家或地区（组织）													专利申请总计/件
	澳大利亚	巴西	德国	欧洲	欧盟	英国	格鲁吉亚	印度	日本	韩国	新西兰	波兰	美国	世界知识产权组织	
贝特瑞	0	0	0	17	0	1	0	0	35	43	0	0	23	41	160
创远仪器	0	0	2	0	0	0	0	0	0	0	0	0	1	2	5
德瑞锂电	0	0	0	0	0	0	0	0	0	0	0	0	4	4	8
富士达	0	0	0	1	0	0	0	0	0	0	0	0	1	1	3
海希通讯	0	0	0	0	0	0	1	0	0	0	0	0	0	0	1
浩淼科技	0	0	0	0	0	0	0	0	0	0	0	0	0	4	4
沪江材料	0	0	0	1	0	0	0	0	0	0	0	0	0	1	2
凯腾精工	0	0	0	0	0	0	0	0	0	0	0	0	0	2	2
科达自控	0	0	0	0	0	0	0	0	0	0	0	0	0	1	1

续表

公司简称	国家或地区（组织）														专利申请总计/件
	澳大利亚	巴西	德国	欧洲	欧盟	英国	格鲁吉亚	印度	日本	韩国	新西兰	波兰	美国	世界知识产权组织	
龙竹科技	0	0	0	0	2	2	0	0	0	0	1	0	0	0	5
鹿得医疗	0	0	0	0	0	0	0	0	0	0	0	0	0	6	6
美之高	0	0	0	0	0	0	0	3	0	0	0	0	0	6	9
诺思兰德	0	0	0	2	0	0	0	0	2	2	0	1	1	3	11
齐鲁华信	0	0	0	0	0	0	0	0	0	0	0	0	0	1	1
三友科技	0	0	0	0	0	0	0	0	0	0	0	0	0	3	3
三元基因	0	0	0	0	0	0	0	1	1	0	0	0	2	1	5
颖泰生物	3	3	0	3	0	0	0	0	7	0	0	0	5	7	28
云创数据	0	0	0	0	0	0	0	0	0	0	0	0	0	4	4
梓橦宫	0	0	0	0	0	0	0	0	0	0	0	0	1	0	1
专利申请总计/件	3	3	2	24	2	3	1	7	41	46	1	1	38	87	259

84家公司中，只有19家在海外进行了专利布局，涉及11个国家、2个区域的知识产权组织和1个WIPO。

这里有必要对在WIPO提交的专利申请做一下说明。WIPO是联合国下属机构，根据《成立世界知识产权组织公约》而设立。该公约于1967年7月14日在瑞典首都斯德哥尔摩签订，于1970年4月26日生效。中国于1980年6月3日加入了该组织。表6-14中所列的在世界知识产权组织提交的专利申请称为"国际专利申请"，该类申请的程序是在PCT基础上运行的。PCT是于1970年签订的在专利领域进行合作的国际性条约，于1978年生效。中国于1994年1月1日加入该条约。该条约提供了关于在缔约国申请专利的统一程序，申请人只要提交一件国际专利申请，即可在众多的缔约国家中选择需要的国家寻求对发明创造进行专利保护。在PCT生效之前，创新主体要想到其他国家申请专利，只能基于1883年诞生的《保护工业产权巴黎公约》的程序进行。需要注意的是，对专利来说，WIPO不是授权机构，PCT程序只是一个申请程序，授予专利的任务和责任仍然只能由寻求专利保护的各个国家的专利局或行使其职权的机构掌握（指定局）。表 6-14 中列出的 87 件 PCT 申请，有的已经进入指定国家获得授权，有的尚未获得授权。不管怎样，至少在申请人看来这些发明创造在海外市场是有潜力的，因此他们才通过 PCT 途径寻求相应国家的保护。

表 6-14 中"欧洲"指的是欧洲专利局（EPO）。EPO 是根据《欧洲专利公约》，于 1977 年 10 月 7 日成立的一个区域性政府间组织，负责审查并授权可以在缔约国家生效的欧洲专利。"欧盟"指的是欧盟知识产权局（EUIPO），其在 2016 年 3 月 23 日之前被称为欧盟内部市场协调局（OHIM），负责管理欧盟商标和外观设计的注册。表 6-14 中有 2 件在 EUIPO 申请的专利是龙竹科技的外观设计专利。

上述 19 家公司中有 8 家公司在美国申请专利、5 家公司在欧洲申请专利、4 家公司在日本申请专利、3 家公司在韩国申请专利。这说明这些国家或地区是重要的市场。上述 19 家公司在海外申请专利数量最多的是贝特瑞，申请了 100 多件，其次是颖泰生物和诺思兰德。贝特瑞的海外申请集中在韩国、日本、美国、欧洲；颖泰生物的海外申请相对分散，涉及印度、美国、澳大利亚、巴西、欧洲；诺思兰德涉及欧洲、日本、韩国、波兰、美国。其他公司的海外申请虽然数量不多，但相应的专利应该是很重要的，并且与其产品的市场预期是契合的。

六、技术影响力

科学技术的发展具有传承性，在先的科技成果成为在后科技成果的基础。在记载科技创新成果的论文、专利文献中，通常会对在先的文献进行引证。一篇文献如果被后续的文献引证，说明它得到了关注、产生了影响力。因此，在情报学中，往往通过统计一篇文献被引证的次数来判断它的影响力大小。

发明和实用新型专利也是对在先技术的替代或改进，其专利说明书中既要对发明本身的技术方案进行描述，也要对背景技术进行描述，其中往往会对之前的专利文献进行引用。一篇专利文献被后续的专利说明书引证，说明它对后续的发明创造是有影响的。专利说明书的撰写有固定的格式，包括技术领域、背景技术、发明内容、附图说明、具体实施方式等组成部分。后续专利说明书对在先专利的引证大致有两种情况：一是在背景技术部分引证，二是在具体实施方式部分引证。在背景技术部分引证在先专利文献是为了说明现有技术的发展情况，同时也会指出现有技术存在的缺陷和不足。在具体实施方式部分引证在先专利文献是该在先专利的技术方案构成了本发明技术方案的一部分。以上两种情况都体现了在先专利对后续发明创造的影响，尽管背景技术中的引证是具有批判性质的。一篇专利文献被后续的专利说明书引证的次数越多，在某种程度上说明该专利的技术影响力越大。

在专利数据库中，对于被引证数据的标引，除了包含被在后专利说明书的引证，有时候还包括被在后专利检索报告的引证。专利检索报告是专利局在审查专利过程中针对现有技术作出的检索报告，其中会标注现有技术文献与被审查专利的相关程度，如是否可以影响被审查专利的新颖性和创造性。如果一篇专利文献被检索报告引证的次数很多，说明有很多在后申请的专利与该专利文献的内容相似度很高，也就是说有很多公司或科研机构在开展相似度很高的研发工作，相应的研发方向是热点方向。对于在研发热点方向比较占先的专利，在某种意义上也可以认为其技术影响力是较大的。

对北交所上市的84家公司的9386件专利或专利申请进行统计，结果显示：有7105件没有被引证过，而2281件有过被引证记录的专利或专利申请中，大部分被引证次数不超过5次，具体情况如表6-15所示。

表6-15　北交所上市公司的专利被引证情况

被引证次数/次	件数/件	被引证次数/次	件数/件	被引证次数/次	件数/件
1	889	4	178	7	37
2	539	5	116	8	37
3	302	6	50	9	20

续表

被引证次数/次	件数/件	被引证次数/次	件数/件	被引证次数/次	件数/件
10	19	19	3	28	1
11	21	20	2	29	3
12	10	21	3	33	1
13	12	22	1	34	1
14	7	23	2	35	1
15	3	24	1	38	1
16	5	25	1	47	1
17	7	26	1	58	1
18	4	27	1		

下面我们对被引证次数较多的若干件专利进行分析,看看它们对后续专利技术的影响。

被引证58次的专利是颖泰生物的发明专利申请"一种含有磺酰脲、吡啶类、五氟磺草胺的除草剂组合物及其应用"(专利申请号CN200910082498.X)。该发明专利申请于2009年提交,没有获得授权,而是于2013年被驳回。引证该专利申请的后续专利或专利申请如表6-16所示。

表6-16 CN200910082498.X号专利申请被引证情况

序号	专利标题	专利公开（公告）号
1	一种含醚磺隆和五氟磺草胺的除草剂组合物	CN101897339A
2	一种除草剂组合物及其应用	CN101946783A
3	一种含玉嘧磺隆与二氯吡啶酸的增效除草组合物及其应用	CN102027985A
4	一种五氟磺草胺和乙氧磺隆复配的除草剂悬浮剂及其制备方法	CN102217627A
5	包含氟草烟和五氟磺草胺、氯吡嘧磺隆、甲氧咪草烟或咪唑乙烟酸的协同除草剂组合物	CN102686109A
6	含有五氟磺草胺和乙氧嘧磺隆的除草剂组合物	CN102792955A
7	含有五氟磺草胺和四唑嘧磺隆的除草剂组合物	CN102792956A

续表

序号	专利标题	专利公开（公告）号
8	包含氟草烟和五氟磺草胺、氯吡嘧磺隆、甲氧咪草烟或咪唑乙烟酸的协同除草剂组合物（フルロキシピルおよびペノキススラム、ハロスルフロンーメチル、イマザモックスまたはイマゼタピルを含有する相乗の除草組成物）	JP2013509418A
9	含有五氟磺草胺和嘧啶磺隆的协同除草组合物	CN103037695A
10	五氟磺草胺和酰嘧磺隆除草组合物	CN103098810A
11	五氟磺草胺和氟吡磺隆除草组合物	CN103098811A
12	五氟磺草胺和氟胺磺隆除草组合物	CN103098812A
13	五氟磺草胺和环丙嘧磺隆除草组合物	CN103109837A
14	一种防除水稻田杂草的药肥颗粒剂及其制备方法	CN103113154A
15	含有五氟磺草胺和嘧啶磺隆的协同除草组合物（ペノキススラム及びフラザスルフロンを含有する相乗除草組成物）	JP2013518885A
16	一种含玉嘧磺隆与氟草烟的增效除草组合物及其应用	CN102027975B
17	含有五氟磺草胺和呋草黄的协同除草组合物	CN103269594A
18	一种含醚磺隆和五氟磺草胺的除草剂组合物	CN101897339B
19	一种除草剂组合物及其应用	CN101946783B
20	一种含环丙嘧磺隆的除草组合物	CN103371161A
21	一种包含五氟磺草胺和苄嘧磺隆的除草组合物	CN101601404B
22	含有五氟磺草胺、绿草定和咪草烟或咪草啶酸的协同性除草组合物	CN103442560A
23	含有氟草烟和戊氧磺草胺、卤代磺隆、咪唑甲氧基或咪唑乙烟酸协同除草组合物（Synergistic herbicidal composition containing fluroxypyr and penoxsulam,halosulfuron-methyl,imazamox or imazethapyr）	US8614167B2
24	一种含玉嘧磺隆与二氯吡啶酸的增效除草组合物及其应用	CN102027985B
25	五氟磺草胺和酰嘧磺隆除草组合物	CN103098810B
26	五氟磺草胺和氟胺磺隆除草组合物	CN103098812B
27	含有氟草烟和戊氧磺草胺、卤代磺隆、咪唑甲氧基或咪唑乙烟酸协同除草组合物（Synergistic herbicidal composition containing fluroxypyr and penoxsulam,halosulfuron-methyl, imazamox or imazethapyr）	US8940661B2
28	含有五氟磺草胺和嘧啶磺隆的协同除草组合物	CN103037695B

续表

序号	专利标题	专利公开（公告）号
29	包含氟草烟和五氟磺草胺、氯吡嘧磺隆、甲氧咪草烟或咪唑乙烟酸的协同除草剂组合物（СИНЕРГИЧЕСКАЯ ГЕРБИЦИДНАЯ КОМПОЗИЦИЯ, СОДЕРЖАЩАЯ ФЛУРОКСИПИР И ПЕНОКСУЛАМ, ГАЛОСУЛЬФУРОН-МЕТИЛ, ИМАЗАМОКС ИЛИ ИМАЗЕТАПИР）	RU2547718C2
30	一种含氯氨吡啶酸与五氟磺草胺的混合除草剂	CN104642342A
31	一种膜下滴灌水稻专用复混除草剂	CN104719316A
32	包含氟草烟和五氟磺草胺、氯吡嘧磺隆、甲氧咪草烟或咪唑乙烟酸的协同除草剂组合物	CN104757008A
33	包含氟草烟和五氟磺草胺、氯吡嘧磺隆、甲氧咪草烟或咪唑乙烟酸的协同除草剂组合物（Synergistic herbicidal composition containing fluroxypyr and penoxsulam, halosulfuron-methyl, imazamox or imazethapyr）	AU2010315495B2
34	含有五氟磺草胺和嘧啶磺隆的协同除草组合物（ペノキススラム及びフラザスルフロンを含有する相乗除草組成物）	JP5806683B2
35	含有五氟磺草胺和嘧啶磺隆的协同除草组合物（Synergistic herbicidal composition containing penoxsulam and flazasulfuron）	US9179679B2
36	五氟磺草胺和噁嗪草酮及磺酰脲类除草剂的农药组合物	CN105028449A
37	专用于去除猫爪刺的除草剂复配物	CN105052953A
38	专用于去除水花生的除草剂复配物及除草微乳剂	CN105052992A
39	含有五氟磺草胺、绿草定和咪草烟或咪草啶酸的协同性除草组合物	CN103442560B
40	一种用于蓝莓种植的除草微乳剂	CN105076176A
41	氯氟吡氧乙酸和ALS抑制剂的组合的除草杂草防治（Herbicidal weed control from combinations of fluroxypyr and als inhibitors）	WO2015191573A1
42	专用于白术的除草剂混合物及除草微乳剂	CN105165862A
43	一种防除水稻田杂草的药肥颗粒剂及其制备方法	CN103113154B
44	一种除草组合物和控制植物生长的方法（A herbicidal composition and method of controlling plant growth）	GB2534230A
45	一种含环丙嘧磺隆的除草组合物	CN103371161B
46	一种环境友好型氨氯吡啶酸盐的制备方法	CN105820115A
47	一种除草组合物和控制植物生长的方法（Herbicidal composition and method of controlling plant growth）	EP3087836A1
48	一种凹凸棒基土壤调理剂及其制备方法	CN106118679A

续表

序号	专利标题	专利公开（公告）号
49	增效除草组合物，包含氟草烟和五氟磺草胺、氯吡嘧磺隆、甲氧咪草烟或咪草烟（Synergistic herbicidal composition containing fluroxypyr and penoxsulam,halosulfuron-methyl,imazamox or imazethapyr）	AU2015249187B2
50	含有五氟磺草胺和呋草黄的协同除草组合物	CN103269594B
51	包含氟草烟和五氟磺草胺、氯吡嘧磺隆、甲氧咪草烟或咪唑乙烟酸的协同除草剂组合物（フルロキシピルおよびペノキススラム、ハロスルフロン-メチル、イマザモックスまたはイマゼタピルを含有する相乗的除草組成物）	JP6151024B2
52	氯氟吡氧乙酸和 ALS 抑制剂的组合的除草杂草防治（Herbicidal weed control from combinations of fluroxypyr and ALS inhibitors）	US9737073B2
53	包含氟草烟和五氟磺草胺、氯吡嘧磺隆、甲氧咪草烟或咪草烟的增效除草组合物（Synergistic herbicidal composition containing fluroxypyr and penoxsulam,halosulfuron-methyl,imazamox or imazethapyr）	AU2017201737B2
54	一种除草组合物和控制植物生长的方法（Herbicidal composition and method of controlling plant growth）	EP3087836B1
55	一种除草组合物和控制植物生长的方法（A herbicidal composition and method of controlling plant growth）	GB2534230B
56	氯氟吡氧乙酸和 ALS 抑制剂的组合的除草杂草防治（Herbicidal weed control from combinations of fluroxypyr and ALS inhibitors）	EP3508062A1
57	除草组合物（Гербицидная композиция）	RU2714736C1
58	氯氟吡氧乙酸和 ALS 抑制剂的组合的除草杂草防治（Herbicidal weed control from combinations of fluroxypyr and ALS inhibitors）	EP3151668B1

被引证47次的是贝特瑞的发明专利申请"锂离子电池导电添加剂及其制备方法"（专利申请号CN201010503321.5）。该发明专利申请于2010年提交，没有获得授权，而是于2011年被视为撤回，原因是贝特瑞在要求该申请为优先权的基础上，重新提交了一件申请（CN201110157325.7），该在后重新提交的申请于2014年获得了授权，但是被引证次数为0。引证CN201010503321.5号专利申请的后续专利或专利申请如表6-17所示。

表 6-17　CN201010503321.5号专利申请被引证情况

序号	专利标题	专利公开（公告）号
1	一种具有高碳氧比的单层石墨烯的制备方法	CN102153077A
2	锂离子电池导电添加剂及其制备方法	CN102263265A
3	负载锐钛矿型纳米二氧化钛的石墨烯制备方法及其应用	CN102324505A
4	超级电容器	CN102509639A
5	包含真空膨化石墨烯的超级电池极板、其制备方法以及由其组装的铅酸超级电池	CN102760868A
6	石墨烯涂层改性的锂二次电池的电极极片及其制作方法（Electrode pole piece of graphene coating modified lithium secondary battery and method for manufacturing same）	WO2012151880A1
7	一种用于锂离子电池的导电剂的制备方法	CN102786048A
8	石墨烯电极活性物质及其制法和电极材料及电极片和应用	CN102891014A
9	一种氧化石墨烯衍生物锂盐及其制备方法和用途	CN103117390A
10	检测H7亚型禽流感病毒的电化学免疫传感器及其制备方法	CN103353529A
11	石墨烯电极活性物质及其制备方法和应用以及电极材料、电极片和电化学电容器	CN103426564A
12	一种$Li_2C_6O_6$复合材料及其制备方法	CN103456962A
13	负载锐钛矿型纳米二氧化钛的石墨烯制备方法及其应用	CN102324505B
14	一种用氢气还原制备石墨烯的方法	CN103613093A
15	超级电容器	CN102509639B
16	蓄电池用电极的制造方法	CN104078651A
17	锂离子电池导电添加剂及其制备方法	CN102263265B
18	一种用于锂离子电池的导电剂的制备方法	CN102786048B
19	一种锂基润滑脂及其制备方法	CN104560289A
20	一种复合钡基润滑脂组合物及其制备方法	CN104560290A
21	一种复合铝基润滑脂及其制备方法	CN104560314A
22	检测H7亚型禽流感病毒的电化学免疫传感器及其制备方法	CN103353529B
23	一种用氢气还原制备石墨烯的方法	CN103613093B
24	一种锂离子低温电池	CN104953169A
25	石墨烯浆料的制备方法和应用	CN105060283A

续表

序号	专利标题	专利公开（公告）号
26	一种石墨烯改性的耐磨橡胶	CN105111531A
27	石墨烯电极活性物质及其制备方法和应用以及电极材料、电极片和电化学电容器	CN103426564B
28	石墨烯作为导电剂锂离子电池负极浆料及其制备方法	CN105552377A
29	石墨烯电极活性物质及其制法和电极材料及电极片和应用	CN102891014B
30	一种石墨烯的生产方法	CN105936504A
31	一种各向同性石墨/石墨烯复合微球负极材料及其制备方法	CN105977473A
32	氧化石墨烯、使用氧化石墨烯的非水二次电池用正极、非水二次电池用正极的制造方法、非水二次电池以及电子装置	TWI596060B
33	一种碳材料及其制备方法、用于制备碳材料的装置	CN107215861A
34	一种锂基润滑脂及其制备方法	CN104560289B
35	一种复合钡基润滑脂组合物及其制备方法	CN104560290B
36	蓄电池用电极的制造方法	CN104078651B
37	一种各向同性石墨/石墨烯复合微球负极材料的制备方法	CN105977473B
38	氧化石墨烯、使用氧化石墨烯的非水二次电池用正极、非水二次电池用正极的制造方法、非水二次电池以及电子装置	TWI622555B
39	具有碳同素异形体的无籽颗粒（Seedless particles with carbon allotropes）	US9997334B1
40	锂二次电池石墨烯包覆改性电极板及其制造方法（Graphene coating modified electrode plate for lithium secondary battery and method for producing the same）	US10038182B2
41	蓄电池用电极的制造方法（Method for manufacturing electrode for storage battery）	US10347905B2
42	具有碳同素异形体的无籽颗粒（Seedless particles with carbon allotropes）	US10373808B2
43	碳和弹性体整合（Carbon and elastomer integration）	US10428197B2
44	谐振式气体传感器（Resonant gas sensor）	US10502705B2
45	结构化复合材料（Structured composite materials）	US10756334B2
46	使用石墨烯调整轮胎中的变形滞后（Tuning deformation hysteresis in tires using graphene）	US10920035B2
47	碳和弹性体整合（Carbon and elastomer integration）	US11008436B2

被引证 38 次的是贝特瑞的发明专利申请"一种高容量硅碳复合负极材料及其制备方法和其应用"（专利申请号 CN201210009648.6）。该发明专利申请于 2012 年提交，没有获得授权，而是于 2014 年被视为撤回。引证该专利申请的后续专利或专利申请如表 6-18 所示。

表 6-18　CN201210009648.6 号专利申请被引证情况

序号	专利标题	专利公开（公告）号
1	一种锂离子电池硅碳复合材料的制备方法	CN102969509A
2	一种锂离子电池硅碳负极材料及其制备方法	CN103367727A
3	一种锂离子电池用硅碳复合负极材料及其制备方法	CN103474667A
4	一种硅碳复合负极材料的制备方法	CN103618073A
5	一种锂离子电池的含硅负极及其制备方法	CN103779536A
6	一种锂离子电池用硅/石墨/碳复合材料的制备方法	CN104466141A
7	一种锂离子电池用硅碳复合材料及其制备方法和应用	CN104716312A
8	一种锂离子电池硅碳负极材料及其制备方法	CN103367727B
9	一种锂离子电池用硅碳复合负极材料及其制备方法	CN103474667B
10	一种纯碳复合负极材料及其制备方法	CN105226251A
11	一种锂离子电池硅碳复合材料的制备方法	CN102969509B
12	一种微纳结构的硅碳电极材料的制备方法	CN105977477A
13	一种硅碳复合负极材料的制备方法及锂离子电池	CN106257716A
14	一种锂离子电池的含硅负极及其制备方法	CN103779536B
15	一种锂离子电池硅碳复合负极材料及其制备方法	CN106299277A
16	一种锂离子电池负极活性材料及其制备方法、包含该负极活性材料的负极和电池	CN107204431A
17	悬浮态乳液聚合法制备硅碳负极材料的方法	CN107863507A
18	锂离子电池用负极复合材料及锂离子电池	CN108075110A
19	一种 SiO/碳/石墨复合材料的制备方法	CN108123117A
20	一种碳/硅/碳复合材料及其制备方法和应用	CN108172785A
21	硅碳复合材料及其制备方法	CN108598420A
22	一种利用碳纳米球制备锂离子负极材料的工艺	CN108666556A
23	一种制备导电聚合物包覆硅碳复合负极材料的制备方法	CN108807871A

续表

序号	专利标题	专利公开（公告）号
24	C@硅/活性炭核壳结构复合负极材料及其制备方法	CN108963226A
25	一种硅碳复合负极材料的制备方法及锂离子电池	CN106257716B
26	改性硅粒子电极和方法	CN109196706A
27	用于锂离子电池的矿物/碳/热解碳负极材料的制备方法	CN109638249A
28	一种锂离子电池硅碳复合负极材料及其制备方法	CN106299277B
29	碳硅复合材料、负极、二次电池、碳硅复合材料制造方法	CN109923707A
30	一种聚合物电解质包覆的硅碳复合负极材料及其制备方法	CN109950481A
31	一种硅碳复合负极材料及其制备方法和应用	CN110061198A
32	一种锂离子电池负极活性材料及其制备方法、包含该负极活性材料的负极和电池	CN107204431B
33	锂离子电池用高容量复合负极材料、其制备方法及包含该复合材料的锂离子电池	CN110838574A
34	一种核壳结构硅/中间相炭微球复合负极材料及制备方法	CN110931747A
35	植物纤维素改性硅/碳复合负极材料及其制备方法	CN111211313A
36	一种利用碳纳米球制备锂离子负极材料的工艺	CN108666556B
37	硅碳复合颗粒材料（Silicon-carbon composite particulate material）	US11056691B2
38	改性硅颗粒电极和方法（Modified silicon particle electrodes and methods）	US11152608B2

被引证35次的是贝特瑞的发明专利申请"碳包覆纳米硅 – 石墨烯 – 裂解碳层复合材料、制备方法及包含该复合材料的锂离子电池"（专利申请号CN201610652363.2）。该发明专利申请于2016年提交，没有获得授权，而是于2020年被驳回。引证该专利申请的后续专利或专利申请如表6-19所示。

表6-19　CN201610652363.2号专利申请被引证情况

序号	专利标题	专利公开（公告）号
1	一种具有分层次结构的石墨烯/硅多孔微球电极的制备方法	CN106784661A
2	一种碳包覆纳米硅复合材料及其制备方法和应用	CN106784732A
3	一种有序排列的硅填充碳纳米管材料及制备方法和用途	CN107799751A

续表

序号	专利标题	专利公开（公告）号
4	一种包覆石墨烯-硅锂离子电池负极材料的制备方法	CN107959007A
5	一种焦磷酸锰钠/碳的复合正极材料及其制备和应用	CN107978738A
6	一种硅碳复合负极材料及其制备方法、锂离子电池	CN108063232A
7	一种石墨化碳包覆电极材料及其制备方法和作为储能器件电极材料的应用	CN108155353A
8	一种石墨烯复合材料及其制备方法	CN108232139A
9	一种锂离子电池用纳米硅复合负极材料	CN108598391A
10	硅@碳-石墨烯基柔性复合材料及其制备方法、锂电池	CN108807842A
11	一种锂电池用复合修饰锂电池负极材料的制备方法	CN108807903A
12	一种无定形碳复合材料及其制备方法及其应用	CN109037601A
13	一种双碳结构修饰的硅碳复合负极材料及其制备方法	CN109148851A
14	一种高压实密度多孔硅片/碳复合负极材料及制备方法	CN109378457A
15	一种均匀碳膜和垂直石墨烯双重包覆的硅-碳复合材料及其制备方法与锂离子电池应用	CN109616630A
16	一种电池极片黏弹性原料、原料制备方法及极片制备方法	CN109616635A
17	一种具有分层次结构的石墨烯/硅多孔微球电极的制备方法	CN106784661B
18	一种锂离子电池用石墨烯-硅基复合负极材料及其制备方法	CN109873152A
19	低界面阻抗硅/石墨复合负极材料及其制备方法	CN109962220A
20	一种硅碳复合负极材料及其制备方法、锂离子电池	CN108063232B
21	负极材料、负极极片及其制备方法	CN111200123A
22	锂离子电池用硅碳复合负极材料及其制备方法	CN111326723A
23	一种石墨烯复合材料及其制备方法	CN108232139B
24	一种钼掺杂多孔硅碳复合材料及其制备方法和锂离子电池	CN111628156A
25	一种锂离子电池用多孔硅负极材料及其制备方法	CN111628162A
26	一种焦磷酸锰钠/碳的复合正极材料及其制备和应用	CN107978738B
27	一种锂离子电池用硅碳负极材料及其制备方法	CN111755678A
28	一种有序排列的硅填充碳纳米管材料及制备方法和用途	CN107799751B
29	一种石墨化碳包覆电极材料及其制备方法和作为储能器件电极材料的应用	CN108155353B
30	硅@碳-石墨烯基柔性复合材料及其制备方法、锂电池	CN108807842B

续表

序号	专利标题	专利公开（公告）号
31	类石榴结构硅碳复合材料、制备方法及其应用	CN112786855A
32	一种双碳结构修饰的硅碳复合负极材料及其制备方法	CN109148851B
33	一种钼掺杂多孔硅碳复合材料及其制备方法和锂离子电池	CN111628156B
34	用于锂离子电池的碳涂覆的硅颗粒	CN109923703A
35	一种锂离子电池用负极复合材料及其制备方法	CN110635128A

被引证34次的是南京云创大数据科技股份有限公司（以下简称"云创数据"）的发明专利申请"一种基于容器云技术快速搭建Hadoop集群的方法"（专利申请号CN201710066614.3）。该发明专利申请于2017年提交，没有获得授权，而是于2021年被驳回。引证该专利申请的后续专利或专利申请如表6-20所示。

表6-20 CN201710066614.3号专利申请被引证情况

序号	专利标题	专利公开（公告）号
1	一种基于Docker容器的分布式深度学习系统及其搭建方法、工作方法	CN107450961A
2	一种基于Docker的集群管理方法及装置	CN107733977A
3	虚拟计算机资源的管理方法、设备、计算机介质及系统	CN108037977A
4	一种电力调度集控系统标准化自动化部署方法及架构	CN108052333A
5	一种多模板组合发布应用集群的方法	CN108062225A
6	基于Kubernetes的容器管理平台	CN108108223A
7	大数据平台搭建系统、方法、设备及计算机可读介质	CN108173919A
8	一种大数据并行文件系统的设计方法	CN108255968A
9	自动化部署运维Hadoop生态圈组件的方法及系统	CN108549717A
10	基于多租户环境的Kubernetes与Neutron对接方法、存储介质、设备	CN108900651A
11	一种分布式系统自动化部署方法	CN108924217A
12	基于Kubernetes网络的租户网络隔离方法、存储介质、电子设备	CN108989091A
13	一种创建数据库的方法、装置及计算机存储介质	CN109033334A
14	分布式作业协调控制方法、装置、计算机设备及存储介质	CN109101342A
15	一种基于docker的深度学习管理方法	CN109144661A

续表

序号	专利标题	专利公开（公告）号
16	CDN 系统的容器化部署方法及装置	CN109246224A
17	基于 Kubernetes 组建 Hadoop 集群的实现方法	CN109271233A
18	一种基于容器技术的程序大规模并发评测方法	CN109542791A
19	一种基于容器的大规模异构数据管理方法	CN109542970A
20	一种云平台部署方法、装置、电子设备及可读存储介质（Cloud platform deployment method,device,electronic device,and readable storage medium）	WO2019076369A1
21	大数据平台的安装方法及装置	CN109710281A
22	用于部署数据库集群的方法和装置	CN109814881A
23	自动搭建 Kubernetes 主节点的方法及终端设备（Method and device for automatically building kubernetes main node,terminal device and computer-readable storage medium）	WO2019184116A1
24	自动部署 Kubernetes 从节点的方法及终端设备（Method for automatically deploying kubernetes worker node,device,terminal apparatus,and readable storage medium）	WO2019184164A1
25	一种任务调度方法、装置及系统	CN110602253A
26	一种基于区块链技术的容器云管理系统（Container cloud management system based on blockchain technology）	WO2020062131A1
27	分布式作业协调控制方法、装置、计算机设备及存储介质	CN109101342B
28	一种大数据集群免密搭建方法的实现	CN111585786A
29	一种基于 Docker 的集群管理方法及装置	CN107733977B
30	一种服务器集群的容器混合运行处理方法	CN112698925A
31	一种服务器集群的容器混合运行处理方法	CN112698925B
32	一种多模板组合发布应用集群的方法	CN108062225B
33	虚拟计算机资源的管理方法、设备、计算机介质及系统	CN108037977B
34	容器管理（Container management）	US11169856B2

被引证 33 次的是浩淼科技的实用新型专利"三相射流喷射灭火装置"（专利申请号 CN200820161871.1）。该实用新型专利于 2008 年提交申请，2009 年授权公告，2018 年有效期届满。引证该专利的后续专利或专利申请如表 6-21 所示。

表 6-21 CN200820161871.1号专利被引证情况

序号	专利标题	专利公开（公告）号
1	一种灭火方法及消防车	CN101869748A
2	压缩空气泡沫灭火剂喷射枪及其方法	CN103007472A
3	一种便携式森林灭火机	CN103480100A
4	瓶组式气体驱动混合灭火装置	CN103550888A
5	多功能三相射流消防车	CN103599614A
6	一种城市涡喷消防车	CN103623528A
7	车载高喷多剂联用喷射灭火装置	CN103751937A
8	一种输电线路山火长距离高扬程移动式灭火平台	CN104043213A
9	一种自带水箱的水-泡沫两用型消防装置	CN104338269A
10	一种微胞囊高效灭火剂	CN104707286A
11	压缩空气泡沫灭火剂喷射枪及其方法	CN103007472B
12	高空消防机器人	CN105056435A
13	多功能智能消防车及灭火方法	CN105080015A
14	一种城市涡喷消防车	CN103623528B
15	一种输电线路山火长距离高扬程移动式灭火平台（Long-distance high-lift movable fire-extinguishing platform for power transmission line mountain fires）	WO2016004801A1
16	利用液态合成灭火剂和水进行灭火的方法和设备	CN106061560A
17	车载高喷多剂联用喷射灭火装置	CN103751937B
18	一种城市主战消防车三相射流系统及方法	CN106994215A
19	数字定比大流量混合装置及其测试系统和调试方法	CN107050700A
20	一种高效新型消防车	CN107412984A
21	一种气粉分离的三相射流消防炮系统	CN107441663A
22	一种三相射流消防灭火技术移动式实验平台及其应用方法	CN107485817A
23	一种可实现定点灭火的自动式消防车	CN108201670A
24	泵组式泡沫干粉混合灭火装置	CN103550889B
25	一种气粉分离的三相射流消防炮系统（Gas-powder separated three-phase jet fire monitor system）	WO2019028942A1
26	消防车	CN105107112B
27	一种负压移动式三相泡沫发生装置和方法	CN110354422A

续表

序号	专利标题	专利公开（公告）号
28	利用液态合成灭火剂和水进行灭火的方法和设备	CN106061560B
29	基于全氟己酮的消防剂制备方法	CN111481870A
30	一种气粉分离的三相射流消防炮系统（Gas-powder separated three-phase jet fire monitor system）	AU2017427128B2
31	一种气粉分离的三相射流消防炮系统（Gas-powder separation three-phase jet flow fire monitor system）	US10814260B2
32	一种基于区块链的能源快速调动装置及其使用方法	CN112007306A
33	一种可实现定点灭火的自动式消防车	CN108201670B

我们通过阅读这些后续专利或专利申请的说明书发现，大多数情况下被引证的专利文献没有出现在说明书中，由此可以判断上述被引证次数较多的文献大多是在后续专利或专利申请的检索报告中被专利局审查员引证的。同时，我们注意到，上述被引证30次以上的几篇专利文献中包括5件发明专利申请和1件实用新型专利，而5件发明专利申请都没有获得授权。这一点是值得关注和思考的。被引证次数多却没有获得授权，说明该专利申请产生了技术影响力，但对申请人来说没有产生法律价值。要判断一件专利或专利申请的质量，仅靠单一指标是不行的。

第七章 创新能力综合分析

对于如何评价企业的创新能力,前面章节已进行过讨论。下面基于专利数据,对企业创新能力的分析从创新效率、创新数量、创新质量三个方面展开,然后进行综合评价。

一、创新效率

创新效率从单位研发经费专利产出率的角度进行分析。各公司的年度研发费用来源于公司年报,鉴于各家公司年报公开的年度次数不尽相同,只统计各家公司都有的 2019 年、2020 年两个年度,创新效率见表 7-1。

表 7-1 北交所上市公司的创新效率

公司简称	2020年专利产出率/ (件/百万元)	2019年专利产出率/ (件/百万元)	平均专利产出率/ (件/百万元)	创新效率 得分/分
艾融软件	0.37	0.59	0.48	46.03
安徽凤凰	0.75	2.37	1.56	65.11
贝特瑞	0.33	0.45	0.39	37.63
秉扬科技	0.00	0.10	0.05	4.60
常辅股份	0.36	0.73	0.55	52.43
创远仪器	0.86	1.30	1.08	62.47
大地电气	1.01	0.73	0.87	61.35
大唐药业	1.72	0.49	1.11	62.63
德瑞锂电	1.05	1.13	1.09	62.56
德源药业	0.08	0.00	0.04	3.60

续表

公司简称	2020年专利产出率/（件/百万元）	2019年专利产出率/（件/百万元）	平均专利产出率/（件/百万元）	创新效率得分/分
德众汽车	0.00	0.00	0.00	0.00
方大股份	0.54	0.58	0.56	54.06
丰光精密	4.15	1.64	2.89	72.43
富士达	1.12	1.40	1.26	63.48
盖世食品	4.10	3.13	3.62	76.40
观典防务	2.48	1.64	2.06	67.87
广道高新	0.29	0.00	0.15	14.09
广脉科技	0.41	1.16	0.78	60.87
广咨国际	0.00	0.06	0.03	2.67
国义招标	0.13	1.02	0.57	55.07
国源科技	0.03	0.00	0.01	1.40
海希通讯	2.52	1.31	1.92	67.07
汉鑫科技	0.36	0.09	0.22	21.57
翰博高新	0.23	0.23	0.23	22.29
浩淼科技	1.35	1.16	1.26	63.47
禾昌聚合	0.91	0.90	0.90	61.52
恒合股份	0.29	0.14	0.22	20.79
恒拓开源	0.00	0.86	0.43	41.41
沪江材料	0.87	1.36	1.12	62.69
华维设计	0.00	0.76	0.38	36.67
华阳变速	0.59	0.22	0.40	38.81
吉冈精密	4.30	0.10	2.20	68.63
吉林碳谷	14.35	1.09	7.72	98.91
佳先股份	4.34	2.57	3.45	75.50
建邦科技	2.89	6.64	4.76	82.67
锦好医疗	1.22	4.65	2.94	72.67
晶赛科技	0.67	0.27	0.47	45.17
凯腾精工	0.66	2.85	1.75	66.19

续表

公司简称	2020年专利产出率/（件/百万元）	2019年专利产出率/（件/百万元）	平均专利产出率/（件/百万元）	创新效率得分/分
凯添燃气	5.74	10.10	7.92	100.00
科达自控	1.89	0.70	1.29	63.66
利通科技	0.54	0.37	0.45	43.59
连城数控	0.81	0.45	0.63	60.02
流金岁月	1.20	0.51	0.85	61.25
龙竹科技	3.79	0.00	1.90	66.97
鹿得医疗	0.24	0.58	0.41	39.57
美之高	0.06	0.62	0.34	32.81
诺思兰德	0.25	0.09	0.17	16.27
齐鲁华信	0.65	0.63	0.64	60.10
球冠电缆	0.11	0.09	0.10	9.51
驱动力	1.49	1.75	1.62	65.45
润农节水	1.36	2.28	1.82	66.53
三友科技	1.28	0.79	1.04	62.25
三元基因	0.04	0.00	0.02	2.11
森萱医药	1.31	0.51	0.91	61.54
生物谷	0.48	0.09	0.28	27.31
拾比佰	0.02	0.37	0.19	18.54
数字人	0.00	0.23	0.11	10.97
苏轴股份	0.22	0.23	0.23	21.64
泰祥股份	0.84	0.87	0.85	61.26
通易航天	0.41	2.81	1.61	65.38
同辉信息	0.35	0.44	0.39	37.77
同惠电子	0.87	0.41	0.64	60.08
同力股份	0.50	0.27	0.38	36.83
同享科技	2.11	0.59	1.35	63.99
同心传动	1.05	1.95	1.50	64.78
万通液压	0.57	0.31	0.44	42.24

续表

公司简称	2020年专利产出率/（件/百万元）	2019年专利产出率/（件/百万元）	平均专利产出率/（件/百万元）	创新效率得分/分
威博液压	0.40	2.49	1.45	64.50
微创光电	0.48	0.42	0.45	43.55
五新隧装	2.78	6.61	4.70	82.31
新安洁	1.12	0.97	1.04	62.28
星辰科技	0.79	0.38	0.59	56.18
旭杰科技	0.87	1.95	1.41	64.29
殷图网联	0.00	0.00	0.00	0.00
颖泰生物	0.21	0.40	0.31	29.66
永顺生物	0.41	0.00	0.21	19.87
云创数据	0.21	0.14	0.18	16.96
长虹能源	0.23	0.52	0.37	35.83
志晟信息	0.28	0.00	0.14	13.62
智新电子	0.68	0.57	0.62	59.68
中航泰达	5.56	2.91	4.24	79.80
中寰股份	0.22	0.00	0.11	10.77
中设咨询	0.71	1.59	1.15	62.88
朱老六	1.01	0.47	0.74	60.61
梓橦宫	0.11	0.79	0.45	43.28

表 7-1 中专利产出件数指该公司当年的专利申请件数，包括原始取得的独立申请及合作申请，不包括受让的申请。以艾融软件为例，其 2019 年研发费用约 2362.38 万元，申请专利 14 件，专利产出率为 0.59 件/百万元；2020 年研发费用约 3812.85 万元，申请专利 14 件，专利产出率为 0.37 件/百万元。

创新效率得分的算法为：设定平均专利产出率的中值对应得分为 60 分，最大值对应得分为 100 分，最小值对应得分为 0 分，然后按比例对各公司的得分进行计算。

二、创新数量

创新数量的统计包括所有原始取得的独立申请及合作申请，不包括受让的申请。这些原始取得的独立申请及合作申请无论是否得到授权，都被纳入统计范围，因为是否得到授权是创新质量问题，将在后面的创新质量指标中有所体现，创新数量见表7-2。

表7-2 北交所上市公司的创新数量

公司简称	发明申请数量/件	发明授权数量/件	实用新型数量/件	外观设计数量/件	数量总计/件	创新数量得分/分
艾融软件	52	13	0	0	65	52.70
安徽凤凰	136	65	61	35	297	73.33
贝特瑞	328	236	179	0	743	100.00
秉扬科技	2	2	17	0	21	17.03
常辅股份	26	5	61	10	102	61.67
创远仪器	141	60	66	28	295	73.21
大地电气	23	5	142	7	177	66.16
大唐药业	10	3	10	21	44	35.68
德瑞锂电	23	6	23	1	53	42.97
德源药业	8	8	1	5	22	17.84
德众汽车	0	0	0	0	0	0.00
方大股份	7	5	13	1	26	21.08
丰光精密	21	5	134	0	160	65.14
富士达	94	15	228	92	429	81.23
盖世食品	12	3	26	0	41	33.24
观典防务	6	7	68	0	81	60.42
广道高新	5	7	0	0	12	9.73
广脉科技	15	1	26	2	44	35.68
广咨国际	4	0	0	0	4	3.24
国义招标	5	0	7	0	12	9.73
国源科技	6	0	1	0	7	5.68

续表

公司简称	发明申请数量/件	发明授权数量/件	实用新型数量/件	外观设计数量/件	数量总计/件	创新数量得分/分
海希通讯	5	2	84	11	102	61.67
汉鑫科技	5	1	11	0	17	13.78
翰博高新	50	11	135	0	196	67.29
浩淼科技	30	13	106	16	165	65.44
禾昌聚合	62	10	64	0	136	63.71
恒合股份	6	0	6	0	12	9.73
恒拓开源	5	7	5	3	20	16.22
沪江材料	20	12	53	0	85	60.66
华维设计	2	1	48	4	55	44.59
华阳变速	16	1	25	0	42	34.05
吉冈精密	5	2	108	0	115	62.45
吉林碳谷	3	1	8	0	12	9.73
佳先股份	29	7	90	0	126	63.11
建邦科技	15	2	41	2	60	48.65
锦好医疗	9	4	39	63	115	62.45
晶赛科技	15	7	36	1	59	47.84
凯腾精工	44	10	210	12	276	72.08
凯添燃气	16	3	53	2	74	60.00
科达自控	24	18	115	3	160	65.14
利通科技	13	17	22	3	55	44.59
连城数控	80	10	139	1	230	69.33
流金岁月	13	0	22	4	39	31.62
龙竹科技	35	12	104	44	195	67.23
鹿得医疗	33	7	84	15	139	63.89
美之高	10	0	56	11	77	60.18
诺思兰德	23	17	4	1	45	36.49
齐鲁华信	41	18	34	0	93	61.14
球冠电缆	10	11	58	0	79	60.30

续表

公司简称	发明申请数量/件	发明授权数量/件	实用新型数量/件	外观设计数量/件	数量总计/件	创新数量得分/分
驱动力	22	2	8	1	33	26.76
润农节水	5	2	99	2	108	62.03
三友科技	35	17	52	1	105	61.85
三元基因	21	50	0	3	74	60.00
森萱医药	26	7	86	0	119	62.69
生物谷	8	12	0	5	25	20.27
拾比佰	21	8	102	9	140	63.95
数字人	14	13	6	2	35	28.38
苏轴股份	17	7	44	0	68	55.14
泰祥股份	5	2	43	0	50	40.54
通易航天	20	3	48	0	71	57.57
同辉信息	21	13	48	8	90	60.96
同惠电子	33	19	39	2	93	61.14
同力股份	28	15	171	24	238	69.81
同享科技	9	2	72	1	84	60.60
同心传动	6	3	38	0	47	38.11
万通液压	11	3	36	1	51	41.35
威博液压	7	2	87	0	96	61.32
微创光电	34	22	23	5	84	60.60
五新隧装	149	65	359	26	599	91.39
新安洁	26	4	47	1	78	60.24
星辰科技	12	8	27	14	61	49.46
旭杰科技	5	3	76	0	84	60.60
殷图网联	3	5	0	0	8	6.49
颖泰生物	158	138	162	3	461	83.14
永顺生物	19	14	8	0	41	33.24
云创数据	21	12	14	6	53	42.97
长虹能源	27	6	98	18	149	64.48

续表

公司简称	发明申请数量/件	发明授权数量/件	实用新型数量/件	外观设计数量/件	数量总计/件	创新数量得分/分
志晟信息	17	2	0	0	19	15.41
智新电子	1	2	42	3	48	38.92
中航泰达	62	4	100	0	166	65.50
中寰股份	3	4	28	0	35	28.38
中设咨询	8	9	98	4	119	62.69
朱老六	2	2	9	2	15	12.16
梓橦宫	3	5	14	12	34	27.57

创新数量得分的算法为：设定专利总计数量的中值对应得分为60分，最大值对应得分为100分，最小值对应得分为0分，然后按比例对各公司的得分进行计算。

三、创新质量

在前面的章节中，我们对北交所上市公司的专利质量从授权率、发明专利占比、专利寿命、法律价值、运营情况、市场潜力、技术影响力等方面进行了分析。下面对创新质量进行综合分析，本应将这些指标都纳入分析范围，但从分析结果来看，有些指标对北交所上市公司的创新质量分析不太适用，理由如下。

（1）以专利寿命反映专利质量具有滞后性。专利寿命的分析受限于专利失效情况，对于已经失效的专利，如果其寿命较长，确实可以在一定程度上反映其专利质量较高，但是对于那些尚未失效的专利，可能专利质量也很高，却无法通过专利寿命的分析被发现。由于北交所的很多上市公司成立的时间不长，大多数公司的发明专利还没有出现失效的情况，因此发明专利的寿命只针对16家公司进行了统计；对于实用新型和外观设计，能够纳入统计的也分别只有

55家和22家。在这种情况下，无法对84家公司的专利寿命进行全面的比较。即使我们修改分析指标，将"专利寿命"改为"专利已存活时间"，虽然可以将尚未失效的专利纳入分析范围，但是也无法发现那些新生的高质量专利。在这一指标面前，年代靠后的新生专利与年代靠前的老专利无法进行公平对比。

（2）技术影响力与专利质量的关联性不强。本书以被引证情况反映专利的技术影响力。从前面章节的统计结果来看，北交所上市公司的专利或专利申请大部分没有被引证过。在有被引证记录的专利中，大多数是在后续专利或专利申请的检索报告中被专利局审查员引证的。更重要的是，在我们列举的被引证30次以上的几篇专利文献中，包括5件发明专利申请和1件实用新型专利，而5件发明专利申请都没有获得授权。被引证次数多但没有获得授权，说明该专利申请虽然产生了技术影响力，但并非一件高质量专利。

（3）运营情况中的专利质押普适性不强。首先，我们承认，专利质押与专利质量存在关联性。以专利权进行质押融资的时候，银行方面确实会对专利权进行评估审核，如要求专利剩余有效期不得少于规定年限，与专利相应的项目正处于实质性的实施阶段，并形成产业化、经营规模等，由此可以说明能够进行质押融资的专利是质量较高的。但是，企业进行专利质押是因为资金缺乏，对于没有资金缺口的企业就没有必要进行专利质押。北交所上市的84家公司中，有24家公司进行过专利质押，对于其他公司，没有专利质押行为不代表专利质量不高，可能只是因为没有需求，所以以专利质押评价创新质量普适性不强。

鉴于以上原因，下面选择授权率、发明专利比例、授权的权利要求数量、保护范围、海外布局、转让许可，对北交所上市公司的创新质量进行综合评价。评价范围包括原始独立取得或者合作取得的专利，不包括受让的专利。对于各项指标权重的设置，主要是考虑对北交所上市企业的适用性，授权率、发明专利比例、授权的权利要求数量、保护范围四项指标的权重设为20%，海外布局、转让许可两项指标的权重设为10%，创新质量评价结果见表7-3。

表 7-3 北交所上市公司的创新质量

公司简称	授权率得分（权重20%）/分	发明专利比例得分（权重20%）/分	权利要求数量得分（权重20%）/分	保护范围得分（权重20%）/分	海外布局得分（权重10%）/分	转让许可得分（权重10%）/分	创新质量得分/分
艾融软件	10.51	20.00	13.48	15.21	0.00	7.14	66.34
安徽凤凰	7.62	14.76	6.57	11.94	0.00	7.71	48.61
贝特瑞	14.38	16.21	20.00	18.64	10.00	10.00	89.23
秉扬科技	20.00	12.13	12.71	15.73	0.00	0.00	60.58
常辅股份	4.74	8.77	9.25	12.06	0.00	0.00	34.83
创远仪器	15.72	14.63	11.35	14.29	6.03	6.00	68.02
大地电气	6.42	4.33	6.78	10.78	0.00	0.00	28.30
大唐药业	20.00	11.76	4.94	11.85	0.00	0.00	48.55
德瑞锂电	7.70	12.97	13.14	13.44	6.05	6.00	59.29
德源药业	13.16	16.23	10.11	15.71	0.00	0.00	55.22
德众汽车	—	—	—	—	0.00	0.00	0.00
方大股份	17.04	13.52	11.12	12.46	0.00	0.00	54.14
丰光精密	7.27	4.80	10.95	11.81	0.00	0.00	34.83
富士达	4.20	5.97	9.35	11.54	6.00	3.00	40.05
盖世食品	5.95	12.12	12.07	12.43	0.00	0.00	42.57
观典防务	20.00	12.03	13.12	13.06	0.00	0.00	58.21

续表

公司简称	授权率得分（权重20%）/分	发明专利比例得分（权重20%）/分	权利要求数量得分（权重20%）/分	保护范围得分（权重20%）/分	海外布局得分（权重10%）/分	转让许可得分（权重10%）/分	创新质量得分/分
广道高新	20.00	20.00	13.73	17.96	0.00	0.00	71.69
广脉科技	5.45	4.60	12.32	12.62	0.00	0.00	34.99
广咨国际	—	—	—	—	0.00	0.00	0.00
国义招标	0.00	0.00	12.71	12.00	0.00	0.00	24.71
国源科技	0.00	0.00	4.80	10.00	0.00	0.00	14.80
海希通讯	10.91	2.75	12.79	13.02	0.35	0.00	39.82
汉鑫科技	20.00	11.11	7.60	11.00	0.00	0.00	49.71
翰博高新	8.00	10.05	11.52	10.32	0.00	0.00	39.88
浩淼科技	9.15	12.06	11.27	11.80	1.76	0.00	46.04
禾昌聚合	3.97	12.40	12.33	12.11	0.00	0.00	40.80
恒合股份	—	0.00	14.14	13.39	0.00	0.00	27.53
恒拓开源	17.78	15.31	10.40	11.83	0.00	0.00	55.32
沪江材料	14.77	12.83	12.13	14.83	2.12	0.00	56.68
华维设计	10.91	2.52	12.15	12.17	0.00	0.00	37.74
华阳变速	1.45	5.13	8.22	11.54	0.00	0.00	26.34
吉冈精密	14.07	2.42	12.76	11.95	0.00	0.00	41.21

续表

公司简称	授权率得分（权重20%）/分	发明专利比例得分（权重20%）/分	权利要求数量得分（权重20%）/分	保护范围得分（权重20%）/分	海外布局得分（权重10%）/分	转让许可得分（权重10%）/分	创新质量得分/分
吉林碳谷	20.00	12.19	15.40	16.17	0.00	0.00	63.76
佳先股份	8.48	9.62	12.21	12.17	0.00	0.00	42.48
建邦科技	8.73	5.93	13.03	14.04	0.00	0.00	41.72
锦好医疗	14.07	5.03	6.41	13.55	0.00	0.00	39.07
晶赛科技	11.75	12.61	12.53	12.97	0.00	0.00	49.86
凯腾精工	4.55	5.75	11.96	11.21	1.41	0.00	34.87
凯添燃气	6.55	6.90	10.01	12.52	0.00	0.00	35.98
科达自控	14.53	12.37	12.31	13.95	1.41	8.29	62.86
利通科技	13.02	14.77	10.91	11.90	0.00	0.00	50.59
连城数控	13.33	8.89	12.10	11.06	0.00	0.00	45.39
流金岁月	0.00	0.00	8.86	11.64	0.00	0.00	20.50
龙竹科技	11.38	10.00	8.61	12.32	1.76	0.00	44.08
鹿得医疗	6.64	8.81	12.03	14.39	6.01	0.00	47.88
美之高	0.00	0.00	12.61	14.01	6.02	0.00	32.64
诺思兰德	12.64	18.00	16.01	19.75	6.28	3.00	75.69
齐鲁华信	11.90	14.25	10.06	11.50	1.41	0.00	49.13

续表

公司简称	授权率得分（权重20%）/分	发明专利比例得分（权重20%）/分	权利要求数量得分（权重20%）/分	保护范围得分（权重20%）/分	海外布局得分（权重10%）/分	转让许可得分（权重10%）/分	创新质量得分/分
球冠电缆	14.44	12.61	8.80	14.54	0.00	0.00	50.40
驱动力	7.27	12.81	13.16	14.09	0.00	0.00	47.33
润农节水	10.91	2.59	11.79	11.31	0.00	0.00	36.60
三友科技	13.42	13.34	12.06	11.91	2.47	0.00	53.20
三元基因	15.69	19.50	12.94	18.93	6.09	0.00	73.15
森萱医药	7.27	10.04	12.12	12.36	0.00	0.00	41.79
生物谷	15.56	17.41	10.31	20.00	0.00	0.00	63.28
拾比佰	7.93	8.96	12.33	14.35	0.00	0.00	43.58
数字人	13.78	16.65	12.68	17.05	0.00	0.00	60.16
苏轴股份	9.55	12.42	12.81	14.29	0.00	0.00	49.06
泰祥股份	10.91	5.93	13.04	12.83	0.00	0.00	42.71
通易航天	12.89	7.84	12.71	11.96	0.00	0.00	45.40
同辉信息	12.73	12.87	13.27	19.66	0.00	0.00	58.52
同惠电子	17.58	13.99	10.36	11.72	0.00	0.00	53.65
同力股份	13.33	9.52	11.86	12.25	0.00	0.00	46.97
同享科技	14.07	3.56	11.62	11.70	0.00	0.00	40.95

续表

公司简称	授权率得分（权重20%）/分	发明专利比例得分（权重20%）/分	权利要求数量得分（权重20%）/分	保护范围得分（权重20%）/分	海外布局得分（权重10%）/分	转让许可得分（权重10%）/分	创新质量得分/分
同心传动	20.00	9.76	12.95	12.81	0.00	0.00	55.53
万通液压	9.35	10.00	13.03	11.03	0.00	0.00	43.41
威博液压	8.73	3.00	12.02	8.79	0.00	0.00	32.53
微创光电	10.91	15.08	12.56	16.27	0.00	0.00	54.81
五新隧装	14.14	12.48	13.80	12.25	0.00	6.00	58.66
新安洁	8.73	10.26	13.45	13.80	0.00	0.00	46.23
星辰科技	15.15	12.64	10.43	17.13	0.00	3.00	58.36
旭杰科技	10.91	5.06	13.19	13.53	0.00	0.00	42.69
殷图网联	13.33	20.00	8.16	13.67	0.00	0.00	55.16
颖泰生物	13.85	15.21	13.47	16.15	6.58	3.00	68.26
永顺生物	10.91	16.80	13.10	18.83	0.00	6.00	65.64
云创数据	13.45	14.51	10.73	13.28	5.65	0.00	57.61
长虹能源	14.07	6.56	10.54	12.24	0.00	0.00	43.42
志晟信息	7.27	20.00	14.49	16.17	0.00	0.00	57.94
智新电子	14.07	5.67	12.61	13.61	0.00	0.00	45.97
中航泰达	9.70	5.13	15.20	15.93	0.00	0.00	45.96

续表

公司简称	授权率得分（权重20%）/分	发明专利比例得分（权重20%）/分	权利要求数量得分（权重20%）/分	保护范围得分（权重20%）/分	海外布局得分（权重10%）/分	转让许可得分（权重10%）/分	创新质量得分/分
中寰股份	20.00	12.31	12.82	13.30	0.00	6.00	64.43
中设咨询	16.77	10.81	12.47	13.05	0.00	0.00	53.10
朱老六	20.00	12.56	12.00	13.14	0.00	0.00	57.70
梓橦宫	17.04	12.63	7.82	15.95	0.00	0.00	53.44

注：表中"—"表示无相关数据。

四、创新能力

创新能力是根据创新效率、创新数量、创新质量的得分进行综合评价，总分按100分计算，创新数量、创新质量赋予相同的40%权重，创新效率赋予20%权重，具体评价结果见表7-4。

表7-4 北交所上市公司的创新能力

公司简称	创新效率得分（权重20%）/分	创新数量得分（权重40%）/分	创新质量得分（权重40%）/分	创新能力总分/分
艾融软件	9.21	21.08	26.53	56.82
安徽凤凰	13.02	29.33	19.44	61.80
贝特瑞	7.53	40.00	35.69	83.22
秉扬科技	0.92	6.81	24.23	31.96
常辅股份	10.49	24.67	13.93	49.09
创远仪器	12.49	29.29	27.21	68.99
大地电气	12.27	26.46	11.32	50.05
大唐药业	12.53	14.27	19.42	46.22

续表

公司简称	创新效率得分（权重20%）/分	创新数量得分（权重40%）/分	创新质量得分（权重40%）/分	创新能力总分/分
德瑞锂电	12.51	17.19	23.72	53.42
德源药业	0.72	7.14	22.09	29.94
德众汽车	0.00	0.00	0.00	0.00
方大股份	10.81	8.43	21.66	40.90
丰光精密	14.49	26.06	13.93	54.47
富士达	12.70	32.49	16.02	61.21
盖世食品	15.28	13.30	17.03	45.61
观典防务	13.57	24.17	23.28	61.02
广道高新	2.82	3.89	28.68	35.39
广脉科技	12.17	14.27	14.00	40.44
广咨国际	0.53	1.30	0.00	1.83
国义招标	11.01	3.89	9.88	24.79
国源科技	0.28	2.27	5.92	8.47
海希通讯	13.41	24.67	15.93	54.01
汉鑫科技	4.31	5.51	19.88	29.71
翰博高新	4.46	26.92	15.95	47.33
浩森科技	12.69	26.18	18.42	57.29
禾昌聚合	12.30	25.48	16.32	54.11
恒合股份	4.16	3.89	11.01	19.06
恒拓开源	8.28	6.49	22.13	36.90
沪江材料	12.54	24.26	22.67	59.47
华维设计	7.33	17.84	15.10	40.27
华阳变速	7.76	13.62	10.53	31.92
吉冈精密	13.73	24.98	16.48	55.19
吉林碳谷	19.78	3.89	25.50	49.18
佳先股份	15.10	25.24	16.99	57.34
建邦科技	16.53	19.46	16.69	52.68

续表

公司简称	创新效率得分（权重20%）/分	创新数量得分（权重40%）/分	创新质量得分（权重40%）/分	创新能力总分/分
锦好医疗	14.53	24.98	15.63	55.14
晶赛科技	9.03	19.14	19.94	48.11
凯腾精工	13.24	28.83	13.95	56.02
凯添燃气	20.00	24.00	14.39	58.39
科达自控	12.73	26.06	25.14	63.93
利通科技	8.72	17.84	20.24	46.79
连城数控	12.00	27.73	18.15	57.89
流金岁月	12.25	12.65	8.20	33.10
龙竹科技	13.39	26.89	17.63	57.92
鹿得医疗	7.91	25.55	19.15	52.62
美之高	6.56	24.07	13.06	43.69
诺思兰德	3.25	14.59	30.27	48.12
齐鲁华信	12.02	24.45	19.65	56.12
球冠电缆	1.90	24.12	20.16	46.18
驱动力	13.09	10.70	18.93	42.73
润农节水	13.31	24.81	14.64	52.76
三友科技	12.45	24.74	21.28	58.47
三元基因	0.42	24.00	29.26	53.68
森萱医药	12.31	25.08	16.72	54.10
生物谷	5.46	8.11	25.31	38.88
拾比佰	3.71	25.58	17.43	46.72
数字人	2.19	11.35	24.06	37.61
苏轴股份	4.33	22.05	19.62	46.01
泰祥股份	12.25	16.22	17.09	45.55
通易航天	13.08	23.03	18.16	54.27
同辉信息	7.55	24.38	23.41	55.35
同惠电子	12.02	24.45	21.46	57.93

续表

公司简称	创新效率得分（权重20%）/分	创新数量得分（权重40%）/分	创新质量得分（权重40%）/分	创新能力总分/分
同力股份	7.37	27.92	18.79	54.08
同享科技	12.80	24.24	16.38	53.42
同心传动	12.96	15.24	22.21	50.41
万通液压	8.45	16.54	17.36	42.35
威博液压	12.90	24.53	13.01	50.44
微创光电	8.71	24.24	21.92	54.87
五新隧装	16.46	36.56	23.46	76.48
新安洁	12.46	24.10	18.49	55.04
星辰科技	11.24	19.78	23.34	54.36
旭杰科技	12.86	24.24	17.08	54.18
殷图网联	0.00	2.59	22.07	24.66
颖泰生物	5.93	33.26	27.30	66.49
永顺生物	3.97	13.30	26.26	43.53
云创数据	3.39	17.19	23.04	43.63
长虹能源	7.17	25.79	17.37	50.33
志晟信息	2.72	6.16	23.18	32.06
智新电子	11.94	15.57	18.39	45.89
中航泰达	15.96	26.20	18.38	60.54
中寰股份	2.15	11.35	25.77	39.28
中设咨询	12.58	25.08	21.24	58.89
朱老六	12.12	4.86	23.08	40.07
梓橦宫	8.66	11.03	21.37	41.06

五、创新能力排名前十企业分析

根据得分结果进行排序，找出创新能力前十位的企业（见图7-1），接下来对它们作具体分析。

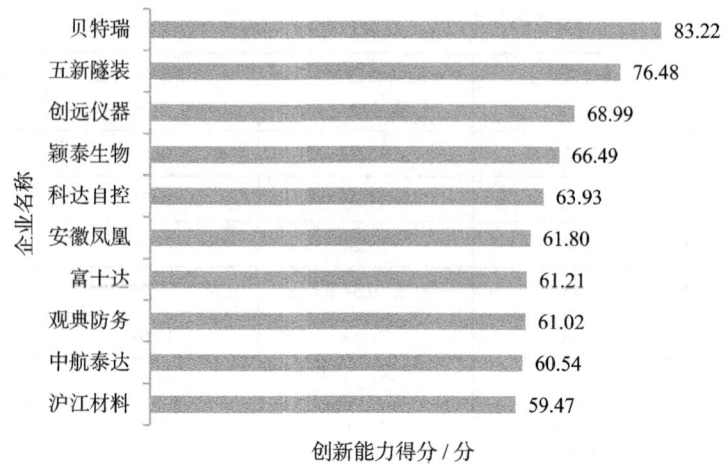

图 7-1 创新能力得分前十的企业

（一）贝特瑞

贝特瑞是一家新能源材料制造商，以锂离子电池负极材料和正极材料为核心产品，包括天然石墨负极材料、人造石墨负极材料、硅基等新型负极材料、磷酸铁锂正极材料、高镍三元正极材料（NCA、NCM811等）等锂离子电池正负极材料。❶

贝特瑞十分重视技术研发，近年的研发投入每年都在 2 亿元以上。截至 2021 年 12 月 31 日，该公司的专利或专利申请共计 755 件，其中包括当前拥有或曾经拥有的专利或专利申请。贝特瑞的专利申请趋势如图 7-2 所示。

贝特瑞的专利申请始于 2000 年，申请类型以发明为主，实用新型次之，没有外观设计申请。贝特瑞的前身成立于 2000 年，也就是说，专利申请一直伴随着公司的成长，并且数量稳步提升。

贝特瑞的专利或专利申请绝大多数为原始取得，只有 2000 年、2012 年、2014—2016 年申请的个别专利为受让取得。贝特瑞历年专利获取方式如图 7-3 所示。

---

❶ 详见贝特瑞新材料集团股份有限公司的《向不特定合格投资者公开发行股票说明书》。

图 7-2　贝特瑞的专利申请趋势

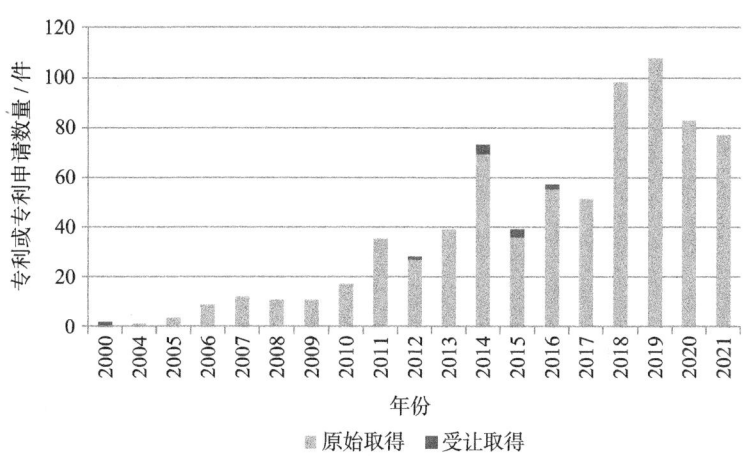

图 7-3　贝特瑞历年的专利获取方式

受让所得专利或专利申请中，有 2 件原始申请人为天津大学和内蒙古蒙西高新材料股份有限公司，1 件原始申请人为广州有色金属研究院，5 件原始申请人为潘泽忠，2 件原始申请人为深圳市深瑞墨烯科技有限公司，2 件原始申请人为上海上大瑞沪微系统集成技术有限公司。

原始申请人为天津大学和内蒙古蒙西高新材料股份有限公司的 2 件包括

1件发明和1件实用新型,是2000年申请的,2005年转让给天津市铁中煤化工有限公司,2006年天津市铁中煤化工有限公司又将权利转让给天津市铁诚电池材料有限公司(2010年名称变更为"天津市贝特瑞新能源材料有限责任公司")。其中,1件发明的名称是"中间相炭微球的共缩聚制备方法",1件实用新型的名称是"中间相炭微球制备中过滤与洗涤一体化的装置"。发明专利维持了20年,实用新型专利维持了10年,都是维持到法定期限届满才失效的。众所周知,专利维持年费是随着年限呈阶梯式增长的,越到后期费用越高。这两件专利能够一直维持到法定期限届满,可见其应用价值比较高。

原始申请人为广州有色金属研究院的1件是发明专利,于2012年申请,发明名称为"一种碳包覆掺杂改性钛酸锂及其制备方法"。

原始申请人为潘泽忠的有3件实用新型,2件发明申请,是2014—2015年申请的。3件实用新型的名称是"一种包装机""一种无磨损全密封阀门""一种高精度投料器";2件发明申请的名称是"一种无磨损全密封阀门""一种高精度投料器"(2件发明申请均已被驳回)。

原始申请人为深圳市深瑞墨烯科技有限公司的是2件发明专利,分别是2014年和2016年申请的,发明名称分别为"涂覆碳纳米材料的方法""高导热石墨烯薄膜的制备方法及基于该薄膜的散热方法"。

原始申请人为上海上大瑞沪微系统集成技术有限公司的包括1件发明专利和1件发明申请。发明专利是2015年申请的,名称是"一种高导热性导热胶及其制备方法";发明申请是2016年申请的,名称是"石墨烯填充的热固性高分子复合物及其制备方法",目前还处于审查过程中。

贝特瑞受让的上述专利或专利申请均与自身的主营业务相关,与自身原始取得的技术存在一定的互补性。

贝特瑞的专利或专利申请主要布局在中国,在海外布局的国家或地区主要是韩国、日本、美国、欧洲(见图7-4)。专利的地域布局反映了市场竞争的区域。中国、日本和韩国目前是主要的锂离子电池产地,中国目前是全球最主要的锂离子电池正负极材料产地。贝特瑞的客户主要分布在中国、日本和

韩国，人造石墨负极材料产品得到中国、日本、韩国、欧美等国家或地区客户的认可。❶

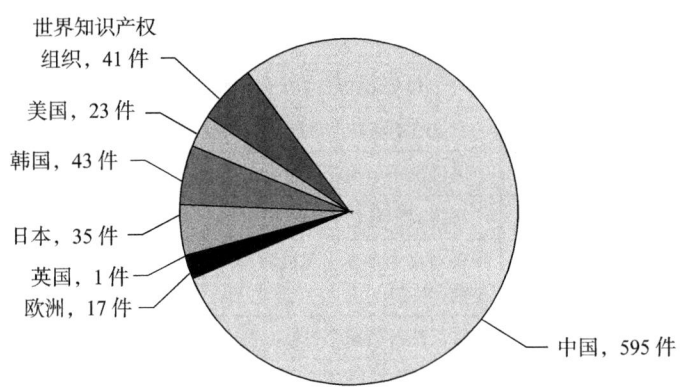

图7-4 贝特瑞专利的分布

贝特瑞在韩国布局的专利或专利申请有43件（见表7-5）。

表7-5 贝特瑞在韩国的专利或专利申请情况

专利公开 （公告）号	专利申请年份	专利或专利申请标题
KR101085641B1	2006	锂离子电池复合碳负极材料及其制备方法
KR101085611B1	2007	锂离子电池硅碳复合负极材料及其制备方法
KR1020130030769A	2010	锂离子电池负极复合硬碳材料及其制备方法
KR101383967B1	2010	锂离子电池负极材料及其制备方法
KR101439068B1	2011	电极负极材料及其制备方法
KR1020140030319A	2011	锂离子电池负极材料及其制备方法、锂离子电池
KR101768019B1	2011	锂离子电池负极材料及其制备方法、锂离子电池
KR101589509B1	2013	一种锂离子电池软碳负极材料及其制备方法
KR1020140120861A	2014	一种锂离子电池石墨负极材料及其制备方法
KR101600685B1	2014	一种锂离子电池正极材料改性的方法

---

❶ 详见贝特瑞新材料集团股份有限公司的《向不特定合格投资者公开发行股票说明书》。

续表

专利公开（公告）号	专利申请年份	专利或专利申请标题
KR101642137B1	2014	一种锂离子电池用氧化亚硅复合负极材料、制备方法及锂离子电池
KR1020150053693A	2014	一种车载与储能用锂离子电池负极材料及其制备方法
KR1020150062918A	2014	一种SiOX基复合负极材料、制备方法及电池
KR101687288B1	2014	一种锂离子电池硅基复合负极材料、制备方法及电池
KR1020150077258A	2014	一种锂离子电池软碳负极材料、其制备方法及锂离子电池
KR101631590B1	2014	一种石墨烯基复合负极材料的制备方法及制得的负极材料和锂离子电池
KR1020150098543A	2014	一种天然石墨球磨机械改性方法及改性天然石墨负极材料
KR101640442B1	2014	锂镍钴铝氧化物复合正极材料、其制备方法和锂离子电池
KR101866004B1	2015	一种锂离子电池用纳米硅复合负极材料、制备方法及锂离子电池
KR1020170088918A	2015	一种硅氧化合物的制造设备及制备方法
KR1020180045010A	2016	一种改性超疏水材料包覆的锂离子电池高镍正极材料及其制备方法
KR102142200B1	2016	一种复合硅负极材料、制备方法和用途
KR102105380B1	2016	一种锂离子电池用水性粘合剂、制备方法及其用途
KR102283734B1	2018	一种复合物、其制备方法及在锂离子二次电池中的用途
KR1020200039715A	2018	一种高容量倍率型碳基复合材料、其制备方法及在锂离子电池的用途
KR1020200038965A	2018	一种锂离子电池负极材料及其制备方法
KR1020200092370A	2018	一种硅基负极材料、其制备方法及在锂离子电池的用途
KR1020200092371A	2018	天然石墨基改性复合材料、其制备方法及包含该改性复合材料的锂离子电池
KR102284520B1	2018	一种锂离子电池用水性粘结剂及其制备方法和锂离子电池极片
KR1020200142054A	2019	一种锂离子电池用复合负极材料、其制备方法及在锂离子电池中的用途
KR1020200142552A	2019	一种长循环改性石墨基复合材料、其制备方法及包含该材料的锂离子电池
KR1020200142562A	2019	一种锂离子二次电池负极材料及其制备方法和应用
KR1020200139817A	2019	天然石墨及由其制备得到的改性天然石墨材料、制备方法和应用

续表

专利公开（公告）号	专利申请年份	专利或专利申请标题
KR1020210034664A	2019	一种负极材料及其制备方法和用途
KR1020200140895A	2019	一种低膨胀石墨负极材料及其制备方法和锂离子电池
KR1020210059763A	2019	正极材料的回收方法、得到的正极材料及其用途
KR1020210129691A	2020	一种复合负极材料及其制备方法和锂离子电池
KR1020210035868A	2020	一种核壳型复合负极材料、其制备方法及应用
KR1020210059771A	2020	一种硅氧化物/碳复合负极材料及其制备方法和锂离子电池
KR1020210107115A	2020	一种硅复合物负极材料及其制备方法和锂离子电池
KR1020210094623A	2020	一种硅氧复合负极材料及其制备方法和锂离子电池
KR1020210104114A	2020	一种负极材料及其制备方法和锂离子电池
KR1020210076919A	2020	废旧磷酸铁锂选择性氧化-还原再生的方法、再生磷酸铁锂和锂离子电池

为了更好地开拓韩国市场，贝特瑞于2020年在韩国设立了分公司［深圳市商务局备案名为"贝特瑞新材料集团股份有限公司（分公司）"］，虽然尚未开展生产经营活动，但是专利布局早已先行。

贝特瑞在日本布局的专利或专利申请有35件（见表7-6）。

表7-6 贝特瑞在日本的专利或专利申请情况

专利公开（公告）号	专利申请年份	专利或专利申请标题
JP5215173B2	2006	锂离子电池复合碳负极材料及其制备方法
JP5180211B2	2007	锂离子电池硅碳复合负极材料及其制备方法
JP5680191B2	2010	一种锂离子电池及其制造方法，一种复合硬碳阳极材料
JP5150010B1	2010	一种制造锂离子电池的方法
JP5509458B2	2011	电极负极材料及其制备方法
JP6021912B2	2011	锂离子电池负极材料及其制备方法、锂离子电池
JP5992395B2	2013	一种锂离子电池软碳负极材料及其制备方法
JP6334231B2	2014	一种锂离子电池石墨负极材料及其制备方法

续表

专利公开（公告）号	专利申请年份	专利或专利申请标题
JP5992016B2	2014	一种锂离子电池正极材料改性的方法
JP5992001B2	2014	一种锂离子电池用氧化亚硅复合负极材料、制备方法及锂离子电池
JP6152076B2	2014	一种车载与储能用锂离子电池负极材料及其制备方法
JP6235430B2	2014	一种SiOX基复合负极材料、制备方法及电池
JP6113123B2	2014	一种锂离子电池硅基复合负极材料、制备方法及电池
JP6116530B2	2014	一种锂离子电池软碳负极材料、其制备方法及锂离子电池
JP5864687B2	2014	一种石墨烯基复合负极材料的制备方法及制得的负极材料和锂离子电池
JP6031481B2	2014	一种天然石墨球磨机械改性方法及改性天然石墨负极材料
JP6493853B2	2014	锂镍钴铝氧化物复合正极材料、其制备方法和锂离子电池
JP6563477B2	2015	一种多元复合负极材料、其制备方法及包含其的锂离子电池
JP6367781B2	2015	一种锂离子电池用纳米硅复合负极材料、制备方法及锂离子电池
JP6461329B2	2015	一种硅氧化合物的制造设备及制备方法
JP6843129B2	2016	一种改性超疏水材料包覆的锂离子电池高镍正极材料及其制备方法
JP6843856B2	2016	一种复合硅负极材料、制备方法和用途
JP2019530190A	2018	一种复合物、其制备方法及在锂离子二次电池中的用途
JP6963734B2	2018	一种高容量倍率型碳基复合材料、其制备方法及在锂离子电池的用途
JP6942192B2	2018	一种锂离子电池负极材料及其制备方法
JP6928101B2	2018	一种硅基负极材料、其制备方法及在锂离子电池的用途
JP2020510972A	2018	天然石墨基改性复合材料、其制备方法及包含该改性复合材料的锂离子电池
JP6877545B2	2018	一种锂离子电池用水性粘结剂及其制备方法和锂离子电池极片
JP2021520050A	2019	一种锂离子电池用复合负极材料、其制备方法及在锂离子电池中的用途
JP2021521611A	2019	一种长循环改性石墨基复合材料、其制备方法及包含该材料的锂离子电池
JP2021521622A	2019	一种锂离子二次电池负极材料及其制备方法和应用
JP2021527613A	2019	天然石墨及由其制备得到的改性天然石墨材料、制备方法和应用
JP2021530835A	2019	一种负极材料及其制备方法和用途
JP2021527930A	2019	一种低膨胀石墨负极材料及其制备方法和锂离子电池
JP2021182554A	2021	一种硅基负极材料、其制备方法及在锂离子电池的用途

贝特瑞在美国布局的专利或专利申请有 23 件（见表 7-7）。

表 7-7　贝特瑞在美国的专利或专利申请情况

专利公开（公告）号	专利申请年份	专利或专利申请标题
US8993170B2	2006	锂离子电池复合碳负极材料及其制备方法
US10096822B2	2014	一种锂离子电池石墨负极材料及其制备方法
US9440861B2	2014	一种锂离子电池正极材料改性的方法
US10170754B2	2014	一种锂离子电池用氧化亚硅复合负极材料、制备方法及锂离子电池
US9799879B2	2014	锂镍钴铝氧化物复合正极材料、其制备方法和锂离子电池
US10156015B2	2014	涂覆碳纳米材料的方法
US10522834B2	2015	一种多元复合负极材料、其制备方法及包含其的锂离子电池
US10611644B2	2015	一种硅氧化合物的制造设备及制备方法
US20180277839A1	2016	锂离子电池用改性超疏水材料包覆高镍正极材料及其制备方法
US20180375094A1	2016	复合硅负极材料、制备方法和用途
US10170753B2	2016	一种锂离子电池用纳米硅复合负极材料、制备方法及锂离子电池
US10777818B2	2016	一种锂离子电池用水性粘合剂、制备方法及其用途
US20200058924A1	2018	一种复合物、其制备方法及在锂离子二次电池中的用途
US20200243846A1	2018	一种高容量倍率型碳基复合材料、其制备方法及在锂离子电池的用途
US20210226202A1	2018	一种锂离子电池负极材料及其制备方法
US20200280061A1	2018	一种硅基负极材料、其制备方法及在锂离子电池的用途
US20200266443A1	2018	天然石墨基改性复合材料、其制备方法及包含该改性复合材料的锂离子电池
US20210159492A1	2019	一种锂离子电池用复合负极材料、其制备方法及在锂离子电池中的用途
US20210107795A1	2019	一种长循环改性石墨基复合材料、其制备方法及包含该材料的锂离子电池
US20210036324A1	2019	一种锂离子二次电池负极材料及其制备方法和应用
US20210017028A1	2019	天然石墨及由其制备得到的改性天然石墨材料、制备方法和应用
US20210020941A1	2019	一种低膨胀石墨负极材料及其制备方法和锂离子电池
US20210384500A1	2021	氧化硅/碳复合负极材料及其制备方法，以及锂离子电池

贝特瑞在欧洲布局的专利或专利申请有 17 件（见表 7-8）。

表 7-8 贝特瑞在欧洲的专利或专利申请情况

专利公开（公告）号	专利申请年份	专利或专利申请标题
EP3496189A4	2018	一种复合物、其制备方法及在锂离子二次电池中的用途
EP3690996A4	2018	一种高容量倍率型碳基复合材料、其制备方法及在锂离子电池的用途
EP3726628A4	2018	一种锂离子电池负极材料及其制备方法
EP3726630A4	2018	一种硅基负极材料、其制备方法及在锂离子电池的用途
EP3726629A1	2018	天然石墨基改性复合材料、其制备方法及包含该改性复合材料的锂离子电池
EP3758114A4	2019	一种锂离子电池用复合负极材料、其制备方法及在锂离子电池中的用途
EP3790082A1	2019	一种长循环改性石墨基复合材料、其制备方法及包含该材料的锂离子电池
EP3780180A1	2019	一种锂离子二次电池负极材料及其制备方法和应用
EP3780181A1	2019	天然石墨及由其制备得到的改性天然石墨材料、制备方法和应用
EP3836260A4	2019	一种负极材料及其制备方法和用途
EP3778477A1	2019	一种低膨胀石墨负极材料及其制备方法和锂离子电池
EP3832782A4	2019	正极材料的回收方法、得到的正极材料及其用途
EP3843180A1	2020	一种核壳型复合负极材料、其制备方法及应用
EP3849001A1	2020	一种硅氧化物/碳复合负极材料及其制备方法和锂离子电池
EP3907792A1	2020	一种硅复合物负极材料及其制备方法和锂离子电池
EP3890070A1	2020	一种硅氧复合负极材料及其制备方法和锂离子电池
EP3863106A1	2020	废旧磷酸铁锂选择性氧化-还原再生的方法、再生磷酸铁锂和锂离子电池

贝特瑞从 2006 年开始在海外进行专利布局，显示出良好的专利意识，并且布局区域与市场拓展紧密贴合，为公司海外业务的拓展打下了良好的基础。

（二）五新隧装

五新隧装从事隧道施工智能装备的研发、生产、销售及租赁业务，主要产品包括混凝土湿喷机（组）、隧道（隧洞）衬砌台车、防水板作业台车、凿岩台车、隧道（隧洞）拱架安装车及各类产品零配件等。❶ 五新隧装 2018—2020 年的研发投入分别为 1195 万元、1572 万元、1837 万元。截至 2021 年 12 月 31 日，该公司的专利或专利申请共计 602 件，其中包括当前拥有或曾经拥有的专利或专利申请。

五新隧装的专利申请始于 2011 年，申请类型以实用新型为主，发明次之，还有少量外观设计申请。五新隧装的前身成立于 2010 年，专利申请一直伴随公司成长，虽然个别年份存在低谷，但整体呈增长趋势（见图 7-5）。

图 7-5　五新隧装的专利申请趋势

五新隧装的专利或专利申请绝大多数为原始取得，只有 2011 年、2015 年、2016 年申请的个别专利为受让取得，2012 年申请的个别专利为合作取得（见图 7-6）。

五新隧装受让取得的专利或专利申请有 3 件。其中，2 件为实用新型，原始申请人是湖南中铁五新钢模有限责任公司，分别是 2011 年申请的"用于非开挖水平定向钻机的动力头"和 2015 年申请的"一种用于大跨段隧道的衬砌台车"。另有 1 件发明申请，原始申请人是湖南五新模板有限公司，是 2016 年申

---

❶ 详见湖南五新隧道智能装备股份有限公司的《向不特定合格投资者公开发行股票说明书》。

请的"一种矩形箱涵及隧道施工用台车",该申请于 2017 年因撤回失效。

五新隧装合作取得的专利有 1 件,是 2012 年由公司前身湖南五新重型装备有限公司与中国葛洲坝集团三峡建设工程有限公司共同申请的、名称为"隧道台车可视化定位监测系统"的发明专利。

从地域布局方面来说,五新隧装的专利或专利申请全都布局在中国,在海外没有布局,由此可以推定该公司暂时没有开拓海外市场的打算。

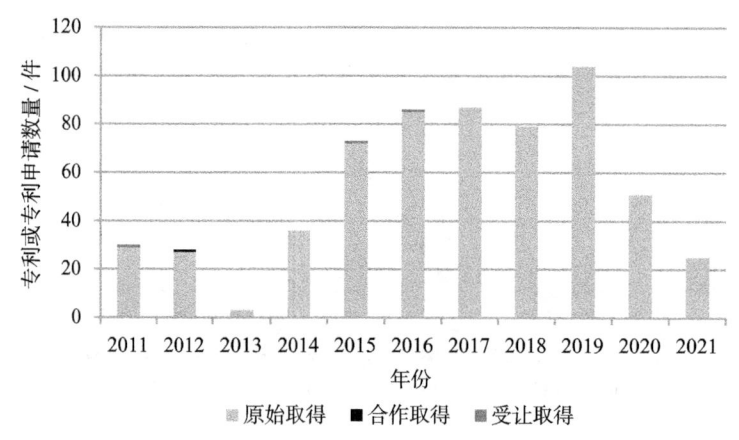

图 7-6　五新隧装历年的专利获取方式

(三) 创远仪器

创远仪器是一家专注于研发无线通信与射频微波测试仪器的企业。经过多年的发展,该公司重点拓展无线通信市场、无线电监测和北斗导航市场、以无线通信为主的智能制造市场三个方向,其主营产品包括信号模拟与信号发生系列、信号分析与频谱分析系列、矢量网络分析系列、无线网络测试与信道模拟系列、无线电监测与北斗导航测试等系列。❶

创远仪器的专利申请始于 2009 年,申请类型以发明为主,实用新型次之,外观设计较少。创远仪器的专利申请趋势如图 7-7 所示。

---

❶ 详见上海创远仪器技术股份有限公司的《向不特定合格投资者公开发行股票说明书》。

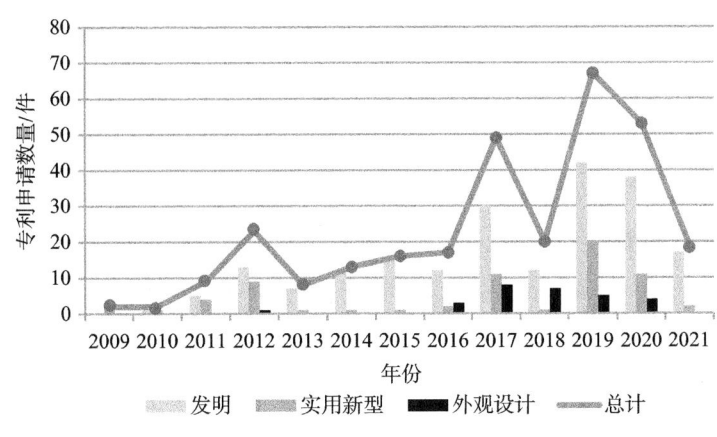

图 7-7 创远仪器的专利申请趋势

创远仪器的专利或专利申请绝大多数为原始取得，只有 2014 年、2015 年申请的个别专利为受让取得（见图 7-8）。受让取得的专利或专利申请共 3 件，原始申请人是工业和信息化部电信研究院，分别是 2014 年申请的名称为"一种基于终端上报信息判断和定位伪基站的方法"的发明专利、2015 年申请的名称为"一种载波聚合小区发现方法和装置"的发明专利、2015 年申请的名称为"一种多天线波束赋形测试方法"的发明专利。

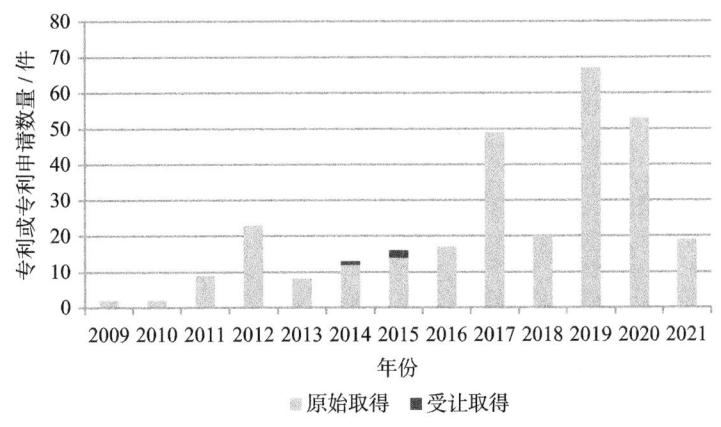

图 7-8 创远仪器历年的专利获取方式

创远仪器的专利或专利申请主要布局在中国，在海外布局的国家或地区主要是德国、美国（见图7-9）。其在德国的专利或专利申请共2件，都是2013年申请的，一件是已经授权的名称为"正交频分复用系统的信号定时和频偏补偿控制方法"的发明专利，另一件是正在审查过程中的名称为"基于数字本振对射频信号高速扫频频谱测量的系统及方法"的发明专利申请。其在美国的专利或专利申请共1件，是2018年申请的，名称为"多类型电缆连接系统中精确故障定位的方法、装置及其存储介质"，目前正在审查过程中。

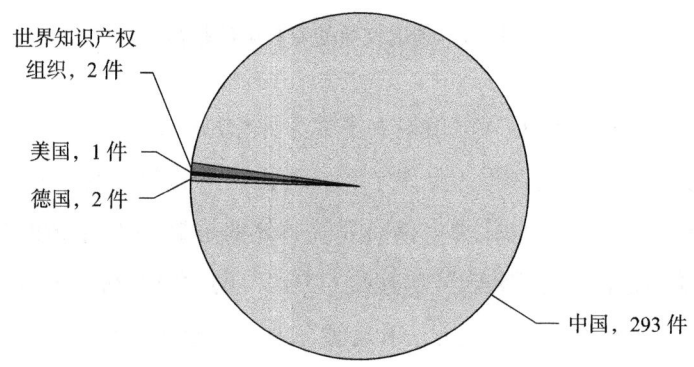

图7-9　创远仪器的专利分布

（四）颖泰生物

颖泰生物是一家农化产品供应商，主要从事农药原药、中间体及制剂产品的研发、生产、销售和标准实验室规范（Good Laboratory Practice，GLP）技术服务。该公司坚持"担当、创新、协作"，以"让农化更好地服务于社会"为使命，经过多年的积累和创新，已形成品种丰富、工艺技术较为先进的除草剂、杀菌剂、杀虫剂三大品类百余种产品。❶

颖泰生物的专利申请始于2004年，申请类型以发明为主，实用新型次之，外观设计非常少（见图7-10）。

---

❶ 详见北京颖泰嘉和生物科技股份有限公司的《向不特定合格投资者公开发行股票说明书》。

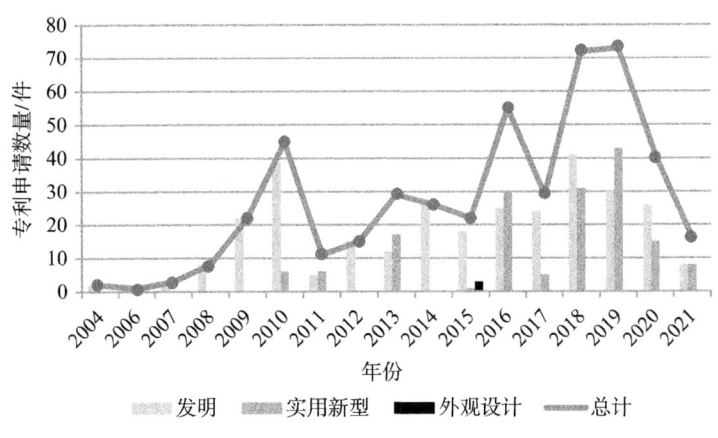

图 7-10　颖泰生物的专利申请趋势

颖泰生物的专利或专利申请绝大多数为原始取得，只有 2006 年、2008—2011 年、2013 年申请的个别专利为受让取得（见图 7-11）。

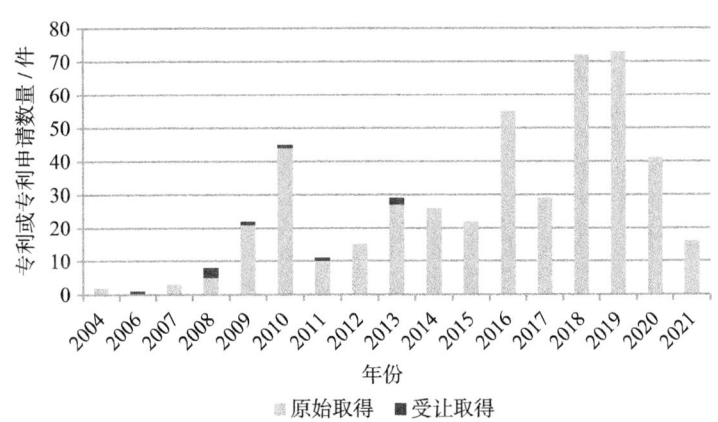

图 7-11　颖泰生物的历年专利获取方式

受让所得的专利或专利申请中，有 5 件受让自江苏常隆化工有限公司，包括 2006 年申请的名称为"3-(4-氯苯基)-3-(3,4-二烷氧基苯基)丙烯酰吗啉的制备方法"的发明专利、2008 年申请的名称为"一种 2-苯基-4,6-二氯嘧啶的生产方法"和"一种氯甲基乙基醚的生产方法"的发明专利、2010 年申请的名称为"一种苯并呋喃酮的生产方法"的发明专利、2011年申请的名称为"噻唑烷的生产方法"的发明专利。

受让所得的专利或专利申请中,另有1件受让自中国农业科学院作物科学研究所、名称为"合成型转录因子VP64-Os03g57670的应用"的发明专利(2013年申请,2019年转让);另有1件名称为"旋拨式裁切进料器"的发明专利(2013年申请,原始申请人郑小玲,2017年转让给崔岩,2018年转让给颖泰生物的子公司山东福尔特种设备有限公司);另有1件名称为"一种纯氧舱的洗舱装置"的发明专利(2008年申请,原始申请人烟台东科医疗设备有限公司、邹维贤,当前专利权人为烟台东科医疗设备有限公司、邹维贤、山东福尔特种设备有限公司);另有1件名称为"松脂酸铜的制备方法与应用"的发明申请(2009年申请,原始申请人孔波,2012年申请权转让给颖泰生物的子公司烟台博瑞特生物科技有限公司,该专利申请经审查被驳回)。

颖泰生物的专利或专利申请主要布局在中国,在海外布局的国家或地区主要是印度、美国、欧洲、澳大利亚、巴西(见图7-12)。

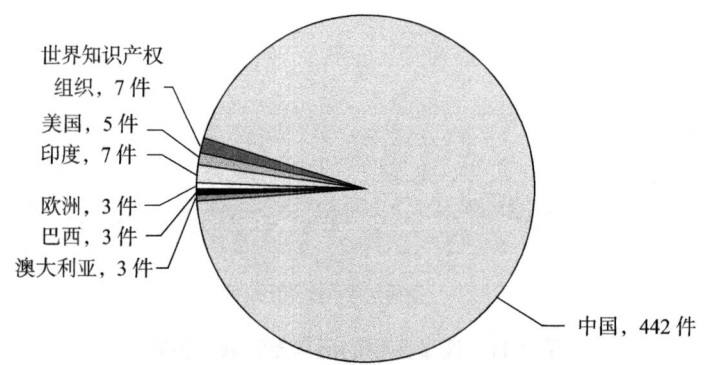

图7-12 颖泰生物专利的分布

颖泰生物在印度的专利或专利申请共7件(见表7-9)。

表 7-9　颖泰生物在印度的专利或专利申请情况

专利公开（公告）号	专利申请年份	专利或专利申请标题
IN7KOLNP2010A	2010	嘧菌酯及其类似物的制备方法
IN2582DELNP2010A	2010	嘧菌酯及其类似物的制备方法
IN332677A1	2015	嘧菌酯的制备方法
IN376026A1	2015	丙烯酸酯化合物的制备方法
IN325653A1	2015	嘧菌酯及其中间体的制备方法
IN273509S	2015	瓶子
IN273518S	2015	瓶子

颖泰生物在美国的专利或专利申请共 5 件（见表 7-10）。

表 7-10　颖泰生物在美国的专利或专利申请情况

专利公开（公告）号	专利申请年份	专利或专利申请标题
US9611226B2	2014	嘧菌酯的制备方法
US9556128B2	2014	丙烯酸酯化合物的制备方法
US9920015B2	2014	嘧菌酯及其中间体的制备方法
US10253001B2	2018	嘧菌酯及其中间体的制备方法
US8278445B2	2008	嘧菌酯及其类似物的制备方法

颖泰生物在欧洲的专利或专利申请共 3 件（见表 7-11）。

表 7-11　颖泰生物在欧洲的专利或专利申请情况

专利公开（公告）号	专利申请年份	专利或专利申请标题
EP2998299B1	2014	嘧菌酯的制备方法
EP2977371B1	2014	丙烯酸酯化合物的制备方法
EP3042896B8	2014	嘧菌酯及其中间体的制备方法

颖泰生物在澳大利亚的专利或专利申请共 3 件（见表 7-12）。

表 7-12　颖泰生物在澳大利亚的专利或专利申请情况

专利公开（公告）号	专利申请年份	专利或专利申请标题
AU2014268009B2	2014	嘧菌酯的制备方法
AU2014234835B2	2014	丙烯酸酯化合物的制备方法
AU2014317729B2	2014	嘧菌酯及其中间体的制备方法

颖泰生物在巴西的专利或专利申请共 3 件（见表 7-13）。

表 7-13　颖泰生物在巴西的专利或专利申请情况

专利公开（公告）号	专利申请年份	专利或专利申请标题
BRPI0812999A2	2008	合成方法
BRPI1524260A2	2014	丙烯酸酯化合物的制备方法
BRPI1524286A2	2014	嘧菌酯及其中间体的制备方法

嘧菌酯是一种杀菌剂，是甲氧基丙烯酸酯类代表产品，用于禾谷类作物、花生、马铃薯、果树等，是一种广谱杀菌剂，几乎对所有真菌性病害均有效。颖泰生物的该类产品在境外销售的比例远高于境内，因此其海外专利布局主要集中在嘧菌酯相关技术上。

（五）科达自控

科达自控的主营业务是应用工业互联网技术体系，向客户提供矿山数据监测与自动控制系统、市政数据远程监测系统、自动控制相关产品和 365 在现（线）自动化技术服务，满足客户对生产过程中的智能化改造和自动化控制的需求，主要应用于矿山、市政等领域。❶

科达自控的专利申请始于 2003 年，申请类型以实用新型为主，发明次之，外观设计数量极少（见图 7-13）。

---

❶ 详见山西科达自控股份有限公司的《向不特定合格投资者公开发行股票说明书》。

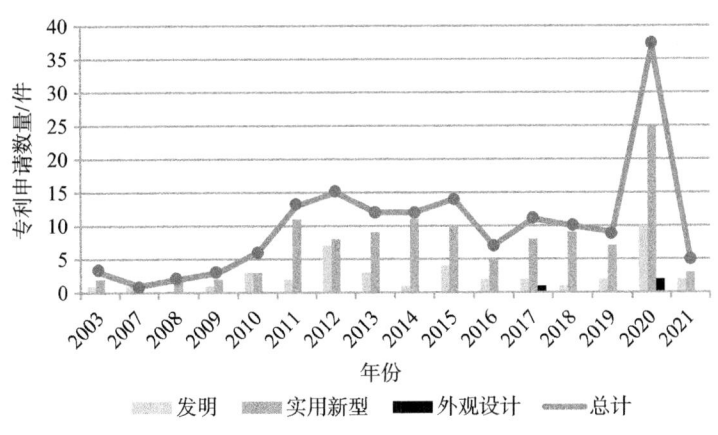

图 7-13　科达自控的专利申请趋势

科达自控的专利或专利申请全部为原始取得（见图 7-14）。

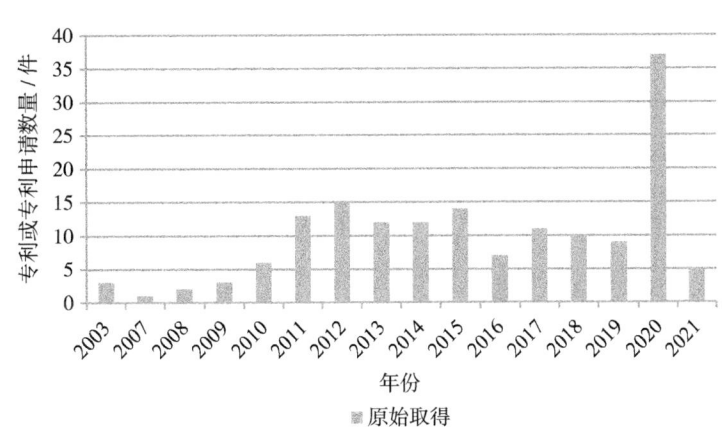

图 7-14　科达自控的历年专利获取方式

科达自控的专利或专利申请主要布局在中国，只有一件通过 PCT 途径提交的国际申请，意图在海外谋求布局（见图 7-15）。

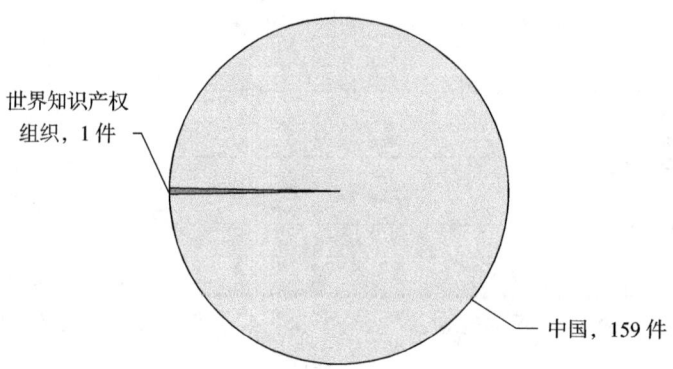

图 7-15　科达自控专利的分布

（六）安徽凤凰

安徽凤凰的主营业务是汽车滤清器的研发、生产和销售，是国内汽车滤清器行业产品品种较为齐全的公司。该公司产品涵盖空气滤清器、空调滤清器、机油滤清器和燃油滤清器四大系列 8000 多个品种，广泛适用于各类主流乘用车车型、商用车车型和工程机械。❶

安徽凤凰的专利申请始于 2008 年，申请类型以发明为主，实用新型次之，近几年外观设计数量有增多趋势（见图 7-16）。

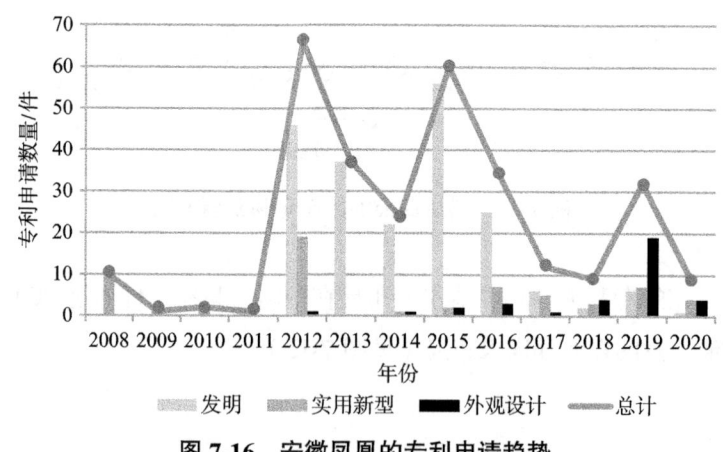

图 7-16　安徽凤凰的专利申请趋势

---

❶ 详见安徽凤凰滤清器股份有限公司的《向不特定合格投资者公开发行股票说明书》。

安徽凤凰的专利或专利申请绝大多数为原始取得,只有 2019 年申请的 1 件专利为受让取得(见图 7-17)。该专利受让自李耀强,名称是"一种新能源汽车用便于更换滤芯的空气滤清器"。

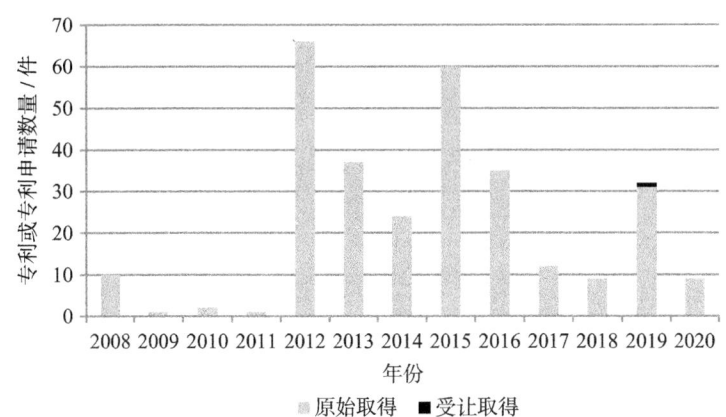

图 7-17　安徽凤凰的历年专利获取方式

从地域布局方面来说,安徽凤凰的专利或专利申请全都布局在中国,在海外没有布局,由此可以推定该公司暂时没有开拓海外市场的打算。

(七)富士达

富士达的主营业务为射频同轴连接器、射频同轴电缆组件、射频电缆等产品的研发、生产和销售。❶

富士达的专利申请始于 2002 年,申请类型以实用新型为主,发明次之,外观设计略少于发明的数量(见图 7-18)。

富士达的专利申请全部为原始取得(见图 7-19)。

富士达的专利或专利申请主要布局在中国,在海外布局的国家或地区主要是欧洲、美国(见图 7-20)。其在欧洲的 1 件发明专利是 2017 年申请的,名称是"圆形捆扎防水快插式射频连接器";在美国的 1 件发明是 2007 年申请的,名称是"高频自锁连接器",已经因放弃而失效。

---

❶ 详见中航富士达科技股份有限公司的《向不特定合格投资者公开发行股票说明书》。

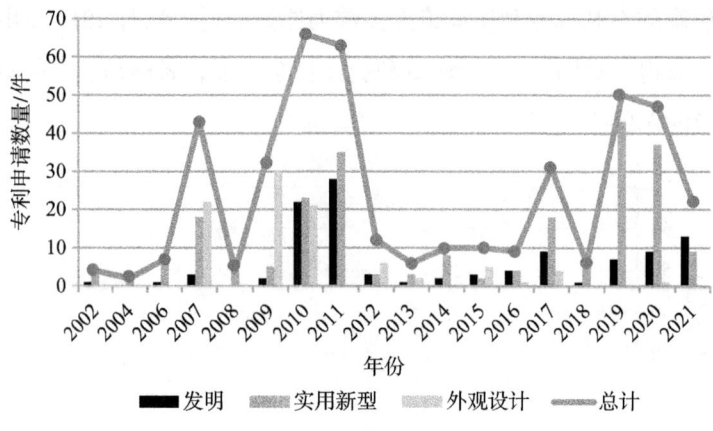

图 7-18 富士达的专利申请趋势

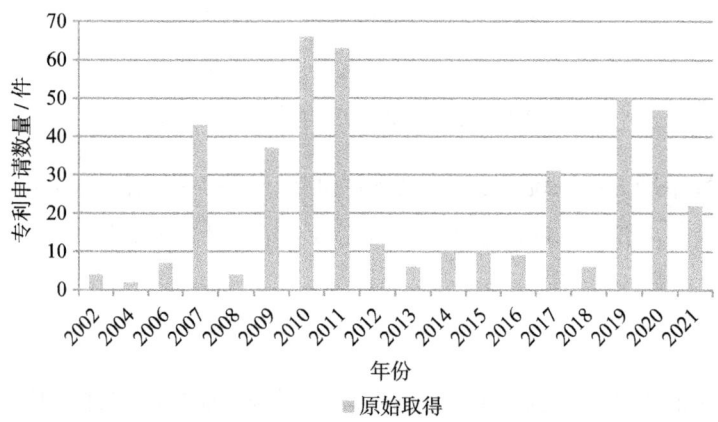

图 7-19 富士达的历年专利获取方式

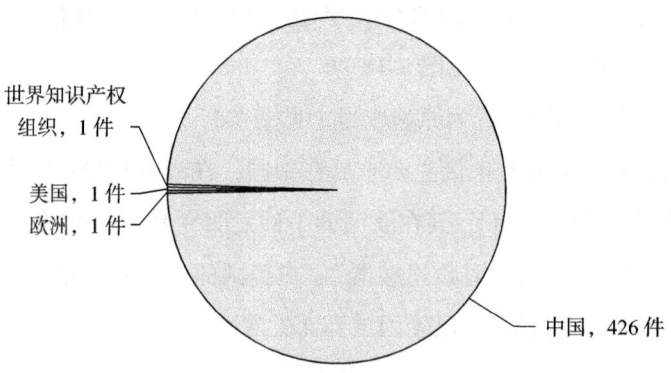

图 7-20 富士达专利的分布

（八）观典防务

观典防务是国内领先的无人机服务提供商，也是国内最早从事无人机禁毒产品研发与服务产业化的企业，主营业务为无人机飞行服务与数据处理，无人机系统及智能防务装备的研发、生产与销售。❶

观典防务的专利申请始于 2007 年，申请类型以实用新型为主，发明次之，没有外观设计申请。2019 年以后，该公司的专利申请量有快速增长趋势（见图 7-21）。

图 7-21 观典防务的专利申请趋势

观典防务的专利或专利申请大多数为原始取得，只有 2016—2019 年申请的少量专利为受让取得（见图 7-22）。

受让所得专利中，包括受让自成都鼎智汇科技有限公司的发明专利"一种基于虚拟机的负载均衡控制方法"、受让自佛山皖和新能源科技有限公司的发明专利"一种无人机发动机进行气流整流机构"、受让自刘福珍的发明专利"一种实时远程采集数据的飞行器电路工作方法"、受让自深圳市富裕泰贸易有限公司的发明专利"一种可收起落架的无人机"、受让自唐曾美的发明专利"无人飞行器"、受让自张琴的发明专利"起飞降落稳定性高的飞行器"、受让自朱承启的发明专利"一种无人机控制装置"。

---

❶ 详见观典防务技术股份有限公司的《向不特定合格投资者公开发行股票说明书》。

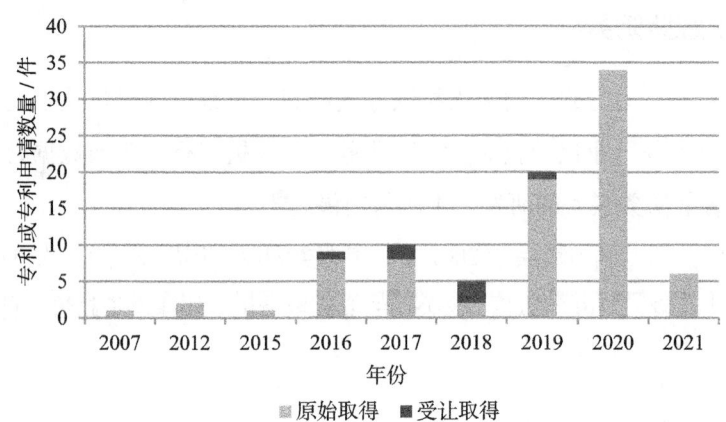

图 7-22　观典防务的历年专利获取方式

从地域布局方面来说，观典防务的专利或专利申请全都布局在中国，在海外没有布局，由此可以推定该公司暂时没有开拓海外市场的打算。

（九）中航泰达

中航泰达是一家工业烟气治理领域的综合服务商，致力于为钢铁、焦化等非电行业提供工业烟气治理全生命周期服务，具体包括工程设计、施工管理、设备成套供应、系统调试、试运行等工程总承包服务及环保设施专业化运营服务。❶

中航泰达的专利申请始于 2007 年，申请类型以实用新型为主，发明次之，没有外观设计申请（见图 7-23）。

中航泰达早期（2007—2013 年）的专利均为受让所得，2015 年以后申请的专利主要为原始取得，只有 2016 年申请的个别专利为受让取得（见图 7-24）。

上述受让所得的专利均受让自北京中航泰达科技有限公司。转让人北京中航泰达科技有限公司的大股东刘斌同时也是受让人北京中航泰达环保科技股份有限公司的控股股东，因此这两家公司是有关联的。受让所得的专利包括 2007 年申请的名称为"旋涡撞击流脱硫除尘装置"的实用新型专利 1 件，2012 年

---

❶ 详见北京中航泰达环保科技股份有限公司的《向不特定合格投资者公开发行股票说明书》。

申请的名称为"移动式模块化烟气净化装置"的发明专利和实用新型专利各1件、名称为"移动式集成烟气净化装置"的发明专利和实用新型专利各1件，2013年申请的名称为"强制紊流烟气脱硫塔"的发明专利和实用新型专利各1件、名称为"氧化风喷出装置"的发明专利和实用新型专利各1件，2016年申请的名称为"管束式除尘器气体流速的调节装置"的实用新型专利1件。

图 7-23　中航泰达的专利申请趋势

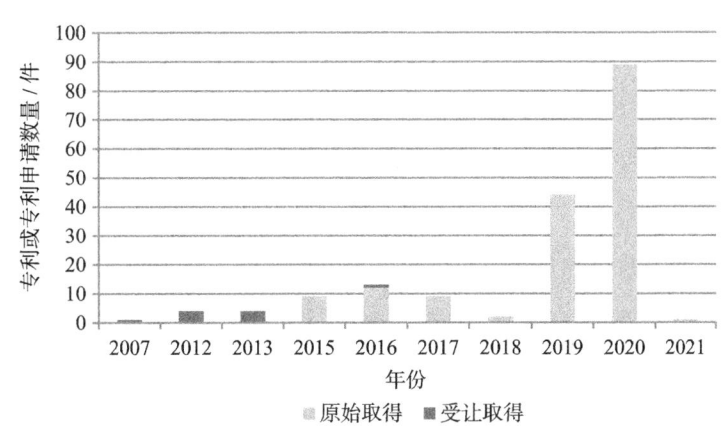

图 7-24　中航泰达的历年专利获取方式

从地域布局方面来说，中航泰达的专利或专利申请全都布局在中国，在海外没有布局，由此可以推定该公司暂时没有开拓海外市场的打算。

（十）沪江材料

沪江材料主要从事高阻隔工业软包装的研发、生产和销售，成立于 1995 年，2002 年进入工业特种包装领域，2003 年其主导产品铝塑复合重包袋研发成功并投产，发展至今已形成五大系列产品，主要应用于化工、电气（锂电）、食品、医药等产品的特种包装。❶

沪江材料的专利申请始于 2005 年，申请类型均为实用新型和发明，没有外观设计申请。该公司早期的申请以实用新型为主，逐渐发展为发明与实用新型兼而有之，2018 年以后发明专利申请的数量有超越实用新型的趋势（见图 7-25）。

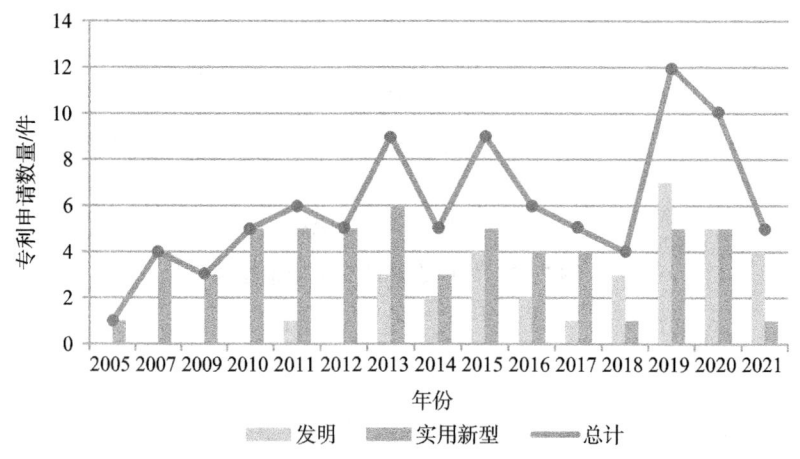

图 7-25 沪江材料的专利申请趋势

沪江材料的专利或专利申请大部分为原始取得，只在 2007 年有少量专利为受让取得（见图 7-26）。具体来说，受让所得专利均受让自章澄（公司股东），包括 4 件实用新型专利"采用双面热封膜搭边中封的防潮包装袋""高阻隔铝塑复合贮藏袋""铝塑复合真空充气包装袋""真空柔性保温衬"。

---

❶ 详见《南京沪江复合材料股份有限公司招股说明书》。

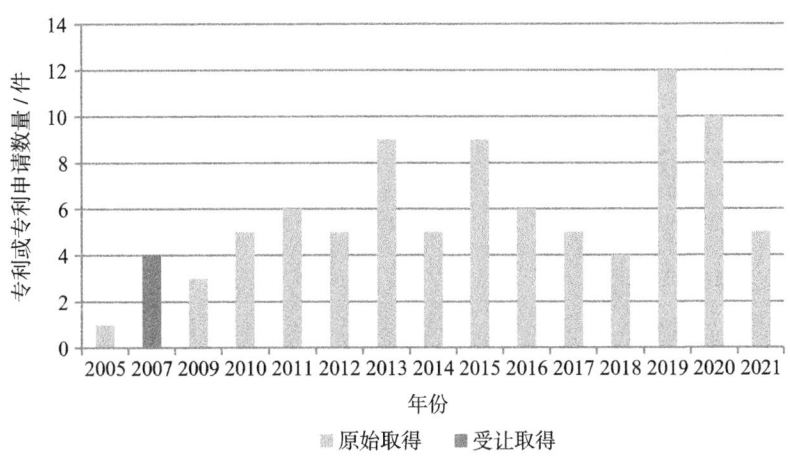

图 7-26 沪江材料的历年专利获取方式

沪江材料的专利或专利申请主要布局在中国,在海外布局的国家或地区主要是欧洲(见图 7-27)。其在欧洲的 1 件发明专利是 2019 年通过 PCT 途径申请的,名称是"一种可回收聚烯烃金属化复合膜及其制备方法"(Recyclable polyolefin metallized composite film and preparation method therefor)。

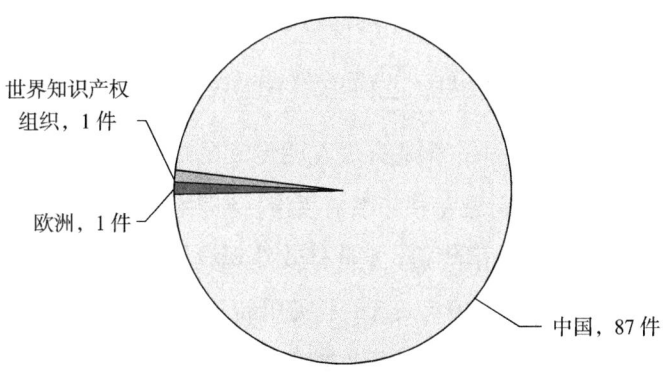

图 7-27 沪江材料专利的分布

第八章 专利储备综合分析

巧妇难为无米之炊。对于一家企业来说，在生产经营过程中无论是为了寻求专利保护，还是专利运营，前提都是要有一定数量的专利储备。笔者分析各家公司的专利储备情况，目的在于考察其对公司未来发展的影响。因为那些已经失效的专利对未来的专利保护和专利运营都已失去价值，所以不再纳入统计范围。对于有效专利，不能单纯考虑其数量，还要考虑其剩余的专利保护期限。

一、专利储备指数（Is）

本书中专利储备指数为：Is=Sq/Sp。Is 是专利储备指数；Sq 是企业专利储备量；Sp 是同板块或同行业专利平均储备量。

$$Sq = \sum_{i=1}^{m}(Yi - Yc + Ti) + \sum_{u=1}^{n}(Yu - Yc + Tu) + \sum_{d=1}^{k}(Yd - Yc + Td)$$

其中，Yc 是当前年份；Yi 是有效发明专利的申请年份，m 是有效发明专利个数；Yu 是有效实用新型专利的申请年份，n 是有效实用新型专利个数；Yd 是有效外观设计专利的申请年份，k 是有效外观设计专利个数；Ti 是发明专利的法定保护期限，我国为 20 年；Tu 是实用新型专利的法定保护期限，我国为 10 年；Td 是外观设计专利的法定保护期限，我国 2021 年 6 月 1 日以后申请的为 15 年，之前为 10 年。

鉴于不同行业特点不同，我们对同行业的各家公司进行比较。

1. 传媒行业企业的专利储备指数

北交所上市的传媒行业企业只有流金岁月 1 家（见图 8-1）。截至 2021 年

12月31日，该公司拥有有效实用新型专利22件，剩余保护期限为2~9年，平均每件实用新型专利剩余保护期限约6年；有效外观设计专利2件，每件剩余保护期限4年。

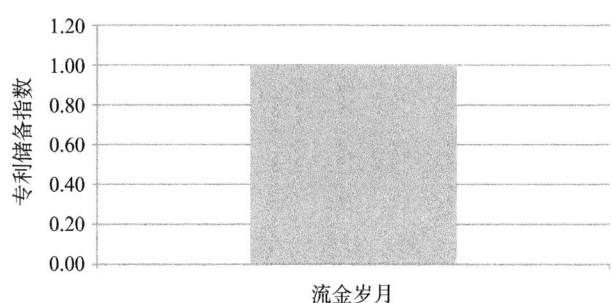

图8-1　传媒行业企业的专利储备指数

2. 电力设备行业企业的专利储备指数

北交所上市的电力设备行业企业有6家（见图8-2）。截至2021年12月31日，各家公司的专利储备情况如下。

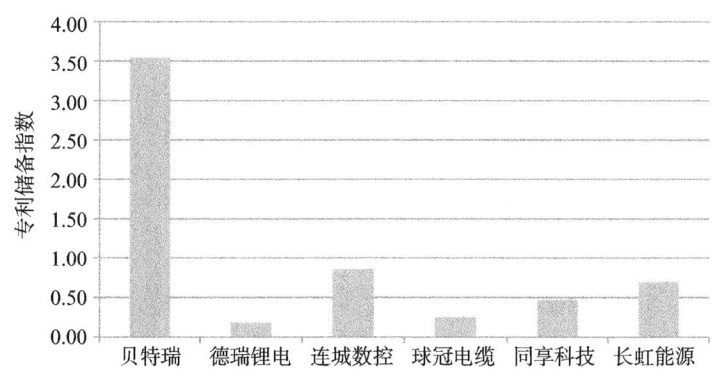

图8-2　电力设备行业企业的专利储备指数

贝特瑞拥有有效发明专利234件，剩余保护期限分布在3~18年，平均每件发明专利剩余保护期限约11年；有效实用新型专利162件，剩余保护期限分布在0~9年，平均每件实用新型专利剩余保护期限约6年。

德瑞锂电拥有有效发明专利 4 件，剩余保护期限分布在 11~15 年，平均每件发明专利剩余保护期限约 14 年；有效实用新型专利 22 件，剩余保护期限分布在 2~8 年，平均每件实用新型专利剩余保护期限约 6 年。

连城数控拥有有效发明专利 10 件，剩余保护期限分布在 6~19 年，平均每件发明专利剩余保护期限约 13 年；有效实用新型专利 113 件，剩余保护期限分布在 0~9 年，平均每件实用新型专利剩余保护期限约 6 年；有效外观设计专利 1 件，剩余保护期限 7 年。

球冠电缆拥有有效发明专利 12 件，剩余保护期限分布在 1~17 年，平均每件发明专利剩余保护期限约 9 年；有效实用新型专利 33 件，剩余保护期限分布在 0~9 年，平均每件实用新型专利剩余保护期限约 4 年。

同享科技拥有有效发明专利 2 件，剩余保护期限分布在 13~14 年；有效实用新型专利 71 件，剩余保护期限分布在 2~9 年，平均每件实用新型专利剩余保护期限约 6 年；有效外观设计专利 1 件，剩余保护期限 9 年。

长虹能源拥有有效发明专利 10 件，剩余保护期限分布在 7~16 年，平均每件发明专利剩余保护期限约 12 年；有效实用新型专利 97 件，剩余保护期限分布在 0~8 年，平均每件实用新型专利剩余保护期限约 6 年；有效外观设计专利 4 件，剩余保护期限分布在 7~8 年。

3. 电子行业企业的专利储备指数

北交所上市的电子行业企业有 4 家（见图 8-3）。截至 2021 年 12 月 31 日，各家公司的专利储备情况如下。

翰博高新拥有有效发明专利 10 件，剩余保护期限分布在 13~16 年，平均每件发明专利剩余保护期限约 14 年；有效实用新型专利 104 件，剩余保护期限分布在 0~9 年，平均每件实用新型专利剩余保护期限约 6 年。

晶赛科技拥有有效发明专利 10 件，剩余保护期限分布在 7~15 年，平均每件发明专利剩余保护期限约 12 年；有效实用新型专利 32 件，剩余保护期限分布在 0~9 年，平均每件实用新型专利剩余保护期限约 5 年。

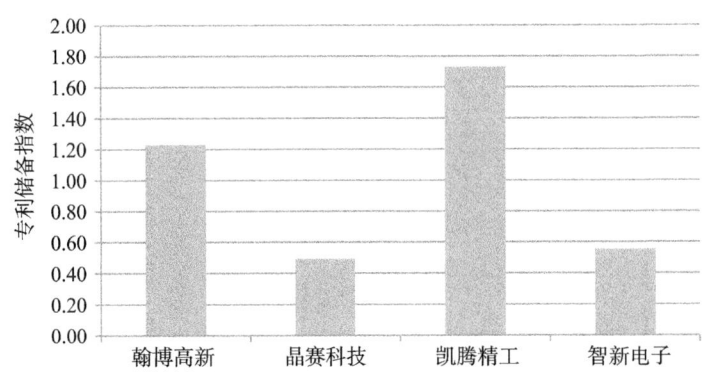

图 8-3　电子行业企业的专利储备指数

凯腾精工拥有有效发明专利 10 件，剩余保护期限分布在 8~19 年，平均每件发明专利剩余保护期限约 15 年；有效实用新型专利 144 件，剩余保护期限分布在 1~8 年，平均每件实用新型专利剩余保护期限约 6 年；有效外观设计专利 12 件，剩余保护期限分布在 5~6 年。

智新电子拥有有效发明专利 2 件，剩余保护期限分布在 16~18 年，平均每件发明专利剩余保护期限约 17 年；有效实用新型专利 50 件，剩余保护期限分布在 1~9 年，平均每件实用新型专利剩余保护期限约 6 年；有效外观设计专利 4 件，剩余保护期限分布在 1~8 年，平均每件外观设计专利剩余保护期限约 4 年。

4. 公用事业行业企业的专利储备指数

北交所上市的公用事业行业企业只有凯添燃气 1 家（见图 8-4）。截至 2021 年 12 月 31 日，该公司的专利储备情况为：拥有有效发明专利 3 件，剩余保护期限分布在 10~14 年，平均每件发明专利剩余保护期限约 12 年；有效实用新型专利 47 件，剩余保护期限分布在 0~8 年，平均每件实用新型专利剩余保护期限约 5 年；有效外观设计专利 1 件，剩余保护期限 3 年。

5. 国防军工行业企业的专利储备指数

北交所上市的国防军工行业企业有 2 家（见图 8-5）。截至 2021 年 12 月 31 日，各家公司的专利储备情况如下。

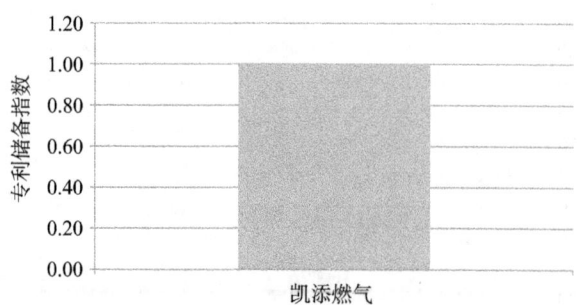

图 8-4　公用事业行业企业的专利储备指数

观典防务拥有有效发明专利 14 件，剩余保护期限分布在 13~18 年，平均每件发明专利剩余保护期限约 16 年；有效实用新型专利 67 件，剩余保护期限分布在 0~9 年，平均每件实用新型专利剩余保护期限约 7 年。

通易航天拥有有效发明专利 3 件，剩余保护期限分布在 11~17 年，平均每件发明专利剩余保护期限约 14 年；有效实用新型专利 46 件，剩余保护期限分布在 1~9 年，平均每件实用新型专利剩余保护期限约 6 年。

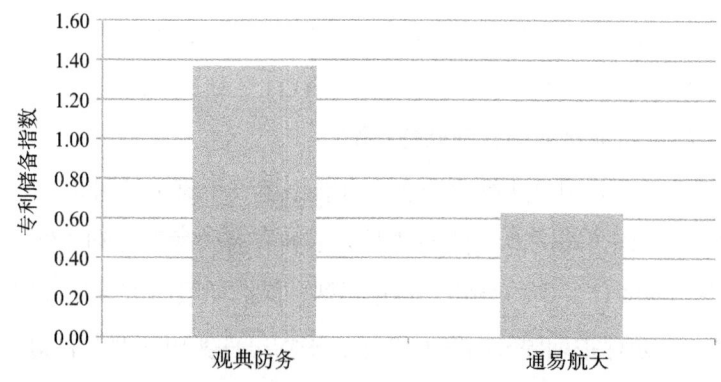

图 8-5　国防军工行业企业的专利储备指数

6. 环保行业企业的专利储备指数

北交所上市的环保行业企业有 3 家（见图 8-6）。截至 2021 年 12 月 31 日，各家公司的专利储备情况如下。

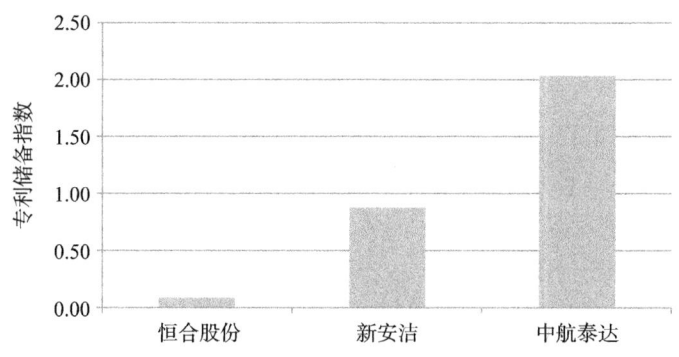

图 8-6 环保行业企业的专利储备指数

恒合股份拥有有效实用新型专利 6 件，剩余保护期限分布在 5~8 年，平均每件实用新型专利剩余保护期限约 6 年。

新安洁拥有有效发明专利 7 件，剩余保护期限分布在 8~15 年，平均每件发明专利剩余保护期限约 13 年；有效实用新型专利 51 件，剩余保护期限分布在 0~9 年，平均每件实用新型专利剩余保护期限约 5 年；有效外观设计专利 1 件，剩余保护期限 7 年。

中航泰达拥有有效发明专利 8 件，剩余保护期限分布在 10~17 年，平均每件发明专利剩余保护期限约 12 年；有效实用新型专利 105 件，剩余保护期限分布在 0~9 年，平均每件实用新型专利剩余保护期限约 7 年。

7. 机械设备行业企业的专利储备指数

北交所上市的机械设备行业企业有 14 家（见图 8-7）。截至 2021 年 12 月 31 日，各家公司的专利储备情况如下。

常辅股份拥有有效发明专利 5 件，剩余保护期限分布在 5~14 年，平均每件发明专利剩余保护期限约 9 年；有效实用新型专利 44 件，剩余保护期限分布在 0~8 年，平均每件实用新型专利剩余保护期限约 4 年；有效外观设计专利 2 件，剩余保护期限 0 年。

丰光精密拥有有效发明专利 5 件，剩余保护期限分布在 14~17 年，平均每件发明专利剩余保护期限约 15 年；有效实用新型专利 132 件，剩余保护期限分布在 0~8 年，平均每件实用新型专利剩余保护期限约 5 年。

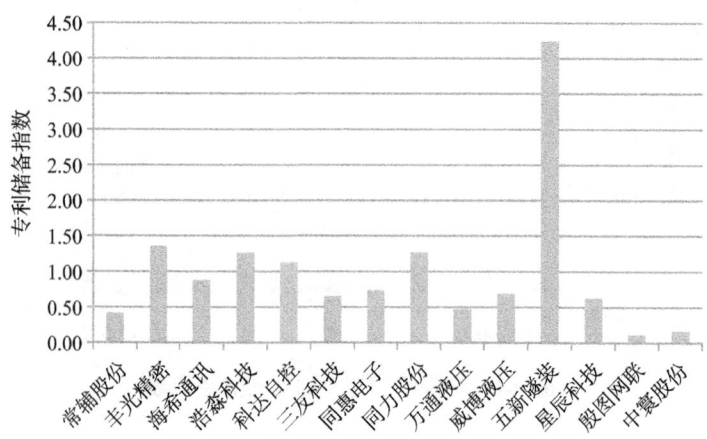

图 8-7　机械设备行业企业的专利储备指数

海希通讯拥有有效发明专利 3 件，剩余保护期限分布在 6~12 年，平均每件发明专利剩余保护期限约 10 年；有效实用新型专利 72 件，剩余保护期限分布在 0~9 年，平均每件实用新型专利剩余保护期限约 6 年；有效外观设计专利 12 件，剩余保护期限分布在 0~8 年，平均每件外观设计专利剩余保护期限约 6 年。

浩淼科技拥有有效发明专利 14 件，剩余保护期限分布在 4~14 年，平均每件发明专利剩余保护期限约 11 年；有效实用新型专利 95 件，剩余保护期限分布在 0~9 年，平均每件实用新型专利剩余保护期限约 5 年；有效外观设计专利 15 件，剩余保护期限分布在 6~14 年，平均每件外观设计专利剩余保护期限约 7 年。

科达自控拥有有效发明专利 17 件，剩余保护期限分布在 8~15 年，平均每件发明专利剩余保护期限约 11 年；有效实用新型专利 87 件，剩余保护期限分布在 0~9 年，平均每件实用新型专利剩余保护期限约 5 年；有效外观设计专利 3 件，剩余保护期限分布在 5~8 年，平均每件外观设计专利剩余保护期限约 7 年。

三友科技拥有有效发明专利 18 件，剩余保护期限分布在 0~17 年，平均每件发明专利剩余保护期限约 11 年；有效实用新型专利 33 件，剩余保护期限分布在 0~8 年，平均每件实用新型专利剩余保护期限约 5 年；有效外观设计专利 1 件，剩余保护期限 4 年。

同惠电子拥有有效发明专利 19 件，剩余保护期限分布在 8~16 年，平均每件发明专利剩余保护期限约 14 年；有效实用新型专利 28 件，剩余保护期限分布在 0~8 年，平均每件实用新型专利剩余保护期限约 5 年；有效外观设计专利 2 件，剩余保护期限分布在 2~4 年，平均每件外观设计专利剩余保护期限约 3 年。

同力股份拥有有效发明专利 15 件，剩余保护期限分布在 6~17 年，平均每件发明专利剩余保护期限约 11 年；有效实用新型专利 99 件，剩余保护期限分布在 0~9 年，平均每件实用新型专利剩余保护期限约 5 年；有效外观设计专利 10 件，剩余保护期限分布在 0~9 年，平均每件外观设计专利剩余保护期限约 3 年。

万通液压拥有有效发明专利 7 件，剩余保护期限分布在 8~15 年，平均每件发明专利剩余保护期限约 13 年；有效实用新型专利 30 件，剩余保护期限分布在 2~8 年，平均每件实用新型专利剩余保护期限约 6 年；有效外观设计专利 1 件，剩余保护期限 6 年。

威博液压拥有有效发明专利 3 件，剩余保护期限分布在 14~17 年，平均每件发明专利剩余保护期限约 16 年；有效实用新型专利 52 件，剩余保护期限分布在 4~9 年，平均每件实用新型专利剩余保护期限约 7 年。

五新隧装拥有有效发明专利 64 件，剩余保护期限分布在 9~17 年，平均每件发明专利剩余保护期限约 13 年；有效实用新型专利 252 件，剩余保护期限分布在 0~9 年，平均每件实用新型专利剩余保护期限约 6 年；有效外观设计专利 21 件，剩余保护期限分布在 0~9 年，平均每件外观设计专利剩余保护期限约 6 年。

星辰科技拥有有效发明专利 27 件，剩余保护期限分布在 2~15 年，平均每件发明专利剩余保护期限约 6 年；有效实用新型专利 16 件，剩余保护期限分布在 2~8 年，平均每件实用新型专利剩余保护期限约 7 年；有效外观设计专利 12 件，剩余保护期限分布在 4~14 年，平均每件外观设计专利剩余保护期限约 7 年。

殷图网联拥有有效发明专利 5 件，剩余保护期限分布在 8~14 年，平均每件发明专利剩余保护期限约 12 年。

中寰股份拥有有效发明专利 2 件，剩余保护期限分布在 12~13 年；有效实用新型专利 19 件，剩余保护期限分布在 1~8 年，平均每件实用新型专利剩余保护期限约 4 年。

8. 基础化工行业企业的专利储备指数

北交所上市的基础化工行业企业有 7 家（见图 8-8）。截至 2021 年 12 月 31 日，各家公司的专利储备情况如下。

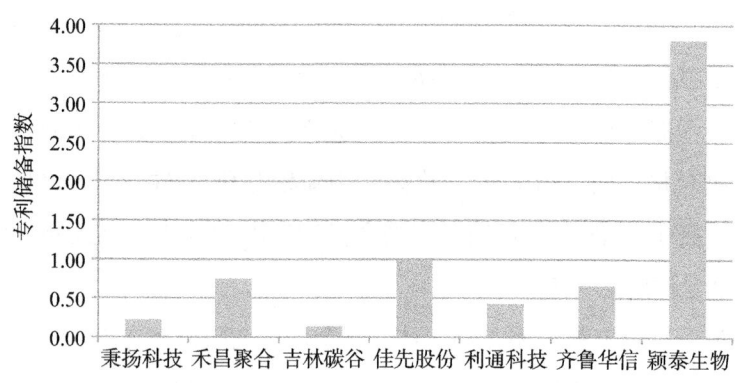

图 8-8 基础化工行业企业的专利储备指数

秉扬科技拥有有效发明专利 6 件，剩余保护期限分布在 7~15 年，平均每件发明专利剩余保护期限约 12 年；有效实用新型专利 17 件，剩余保护期限分布在 2~7 年，平均每件实用新型专利剩余保护期限约 4 年。

禾昌聚合拥有有效发明专利 9 件，剩余保护期限分布在 6~14 年，平均每件发明专利剩余保护期限约 11 年；有效实用新型专利 57 件，剩余保护期限分布在 2~9 年，平均每件实用新型专利剩余保护期限约 6 年。

吉林碳谷拥有有效发明专利 3 件，剩余保护期限分布在 5~13 年，平均每件发明专利剩余保护期限约 8 年；有效实用新型专利 8 件，剩余保护期限分布在 6~9 年，平均每件实用新型专利剩余保护期限约 8 年。

佳先股份拥有有效发明专利 9 件，剩余保护期限分布在 7~17 年，平均每件发明专利剩余保护期限约 13 年；有效实用新型专利 82 件，剩余保护期限分布在 1~9 年，平均每件实用新型专利剩余保护期限约 6 年。

利通科技拥有有效发明专利 17 件，剩余保护期限分布在 7~17 年，平均每件发明专利剩余保护期限约 11 年；有效实用新型专利 8 件，剩余保护期限分布在 4~8 年，平均每件实用新型专利剩余保护期限约 7 年；有效外观设计专利 2 件，剩余保护期限均为 7 年。

齐鲁华信拥有有效发明专利 19 件，剩余保护期限分布在 5~17 年，平均每件发明专利剩余保护期限约 13 年；有效实用新型专利 24 件，剩余保护期限分布在 3~9 年，平均每件实用新型专利剩余保护期限约 7 年。

颖泰生物拥有有效发明专利 145 件，剩余保护期限分布在 2~19 年，平均每件发明专利剩余保护期限约 11 年；有效实用新型专利 150 件，剩余保护期限分布在 1~9 年，平均每件实用新型专利剩余保护期限约 6 年；有效外观设计专利 2 件，剩余保护期限均为 3 年。

9. 计算机行业企业的专利储备指数

北交所上市的计算机行业企业有 9 家（见图 8-9）。截至 2021 年 12 月 31 日，各家公司的专利储备情况如下。

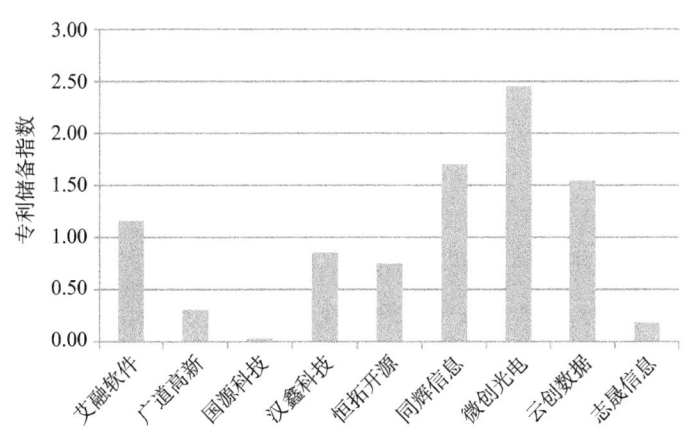

图 8-9　计算机行业企业的专利储备指数

艾融软件拥有有效发明专利 13 件，剩余保护期限分布在 14~16 年，平均每件发明专利剩余保护期限约 15 年。

广道高新拥有有效发明专利 5 件，剩余保护期限分布在 6~18 年，平均每件发明专利剩余保护期限约 10 年。

国源科技拥有有效实用新型专利 1 件，剩余保护期限 5 年。

汉鑫科技拥有有效发明专利 8 件，剩余保护期限分布在 8~13 年，平均每件发明专利剩余保护期限约 12 年；有效实用新型专利 11 件，剩余保护期限分布在 3~8 年，平均每件实用新型专利剩余保护期限约 5 年。

恒拓开源拥有有效发明专利 7 件，剩余保护期限均为 17 年；有效实用新型专利 3 件，剩余保护期限均为 1 年；有效外观设计专利 3 件，剩余保护期限均为 1 年。

同辉信息拥有有效发明专利 13 件，剩余保护期限分布在 8~12 年，平均每件发明专利剩余保护期限约 9 年；有效实用新型专利 32 件，剩余保护期限分布在 1~8 年，平均每件实用新型专利剩余保护期限约 4 年；有效外观设计专利 7 件，剩余保护期限分布在 2~8 年，平均每件外观设计专利剩余保护期限约 6 年。

微创光电拥有有效发明专利 22 件，剩余保护期限分布在 8~17 年，平均每件发明专利剩余保护期限约 13 年；有效实用新型专利 19 件，剩余保护期限分布在 3~8 年，平均每件实用新型专利剩余保护期限约 5 年；有效外观设计专利 5 件，剩余保护期限分布在 3~8 年，平均每件外观设计专利剩余保护期限约 6 年。

云创数据拥有有效发明专利 12 件，剩余保护期限分布在 10~16 年，平均每件发明专利剩余保护期限约 15 年；有效实用新型专利 17 件，剩余保护期限分布在 0~7 年，平均每件实用新型专利剩余保护期限约 3 年；有效外观设计专利 7 件，剩余保护期限分布在 0~8 年，平均每件外观设计专利剩余保护期限约 5 年。

志晟信息拥有有效发明专利 2 件，剩余保护期限均为 15 年。

10. 家用电器行业企业的专利储备指数

北交所上市的家用电器行业企业只有拾比佰 1 家（见图 8-10）。截至 2021 年 12 月 31 日，该公司的专利储备情况为：拥有有效发明专利 8 件，剩余保护期限分布在 8~18 年，平均每件发明专利剩余保护期限约 12 年；有效实用新型专利 74 件，剩余保护期限分布在 0~9 年，平均每件实用新型专利剩余保护期限约 4 年；有效外观设计专利 4 件，剩余保护期限均为 3 年。

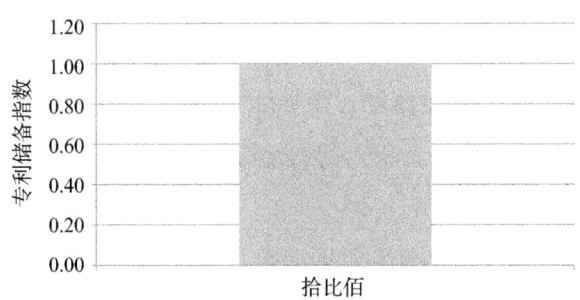

图 8-10 家用电器行业企业的专利储备指数

11. 建筑装饰行业企业的专利储备指数

北交所上市的建筑装饰行业企业有 4 家（见图 8-11）。截至 2021 年 12 月 31 日，各家公司的专利储备情况如下。

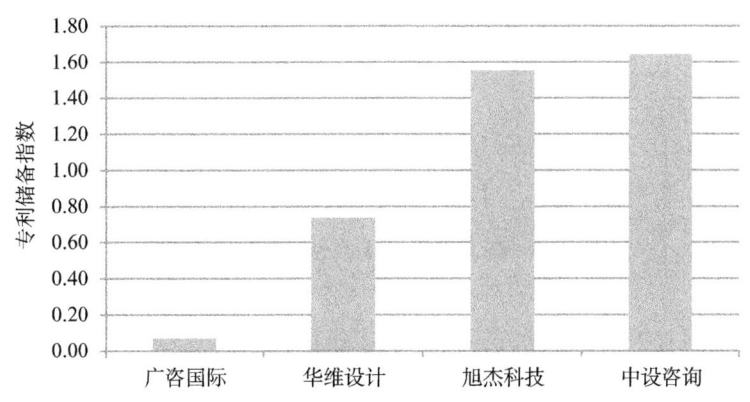

图 8-11 建筑装饰行业企业的专利储备指数

广咨国际拥有有效发明专利 2 件,剩余保护期限均为 13 年。

华维设计拥有有效发明专利 1 件,剩余保护期限 17 年;有效实用新型专利 49 件,剩余保护期限分布在 2~8 年,平均每件实用新型专利剩余保护期限约 5 年;有效外观设计专利 4 件,剩余保护期限均为 7 年。

旭杰科技拥有有效发明专利 5 件,剩余保护期限分布在 13~18 年,平均每件发明专利剩余保护期限约 17 年;有效实用新型专利 78 件,剩余保护期限分布在 3~9 年,平均每件实用新型专利剩余保护期限约 6 年。

中设咨询拥有有效发明专利 9 件,剩余保护期限分布在 10~14 年,平均每件发明专利剩余保护期限约 13 年;有效实用新型专利 76 件,剩余保护期限分布在 0~9 年,平均每件实用新型专利剩余保护期限约 6 年;有效外观设计专利 4 件,剩余保护期限均为 7 年。

12. 交运设备行业企业的专利储备指数

北交所上市的交运设备行业企业有 8 家(见图 8-12)。截至 2021 年 12 月 31 日,各家公司的专利储备情况如下。

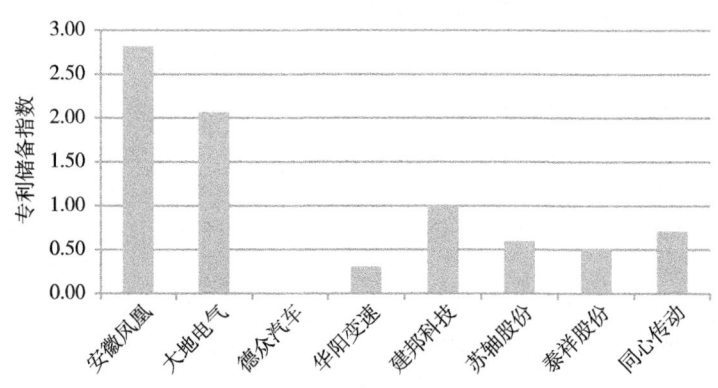

图 8-12　交运设备行业企业的专利储备指数

安徽凤凰拥有有效发明专利 66 件,剩余保护期限分布在 9~17 年,平均每件发明专利剩余保护期限约 10 年;有效实用新型专利 48 件,剩余保护期限分布在 0~8 年，平均每件实用新型专利剩余保护期限约 3 年；有效外观设计专利 35 件，剩余保护期限分布在 0~8 年，平均每件外观设计专利剩余保护期限约 6 年。

大地电气拥有有效发明专利 10 件，剩余保护期限分布在 8~12 年，平均每件发明专利剩余保护期限约 10 年；有效实用新型专利 104 件，剩余保护期限分布在 0~9 年，平均每件实用新型专利剩余保护期限约 6 年；有效外观设计专利 7 件，剩余保护期限分布在 5~9 年，平均每件外观设计专利剩余保护期限约 7 年。

德众汽车尚未形成专利储备。

华阳变速拥有有效发明专利 1 件，剩余保护期限 11 年；有效实用新型专利 19 件，剩余保护期限分布在 1~8 年，平均每件实用新型专利剩余保护期限约 6 年。

建邦科技拥有有效发明专利 4 件，剩余保护期限分布在 13~18 年，平均每件发明专利剩余保护期限约 15 年；有效实用新型专利 47 件，剩余保护期限分布在 3~9 年，平均每件实用新型专利剩余保护期限约 6 年；有效外观设计专利 3 件，剩余保护期限分布在 5~9 年，平均每件外观设计专利剩余保护期限约 7 年。

苏轴股份拥有有效发明专利 7 件，剩余保护期限分布在 6~13 年，平均每件发明专利剩余保护期限约 9 年；有效实用新型专利 31 件，剩余保护期限分布在 0~9 年，平均每件实用新型专利剩余保护期限约 5 年。

泰祥股份拥有有效发明专利 2 件，剩余保护期限分布在 9~14 年，平均每件发明专利剩余保护期限约 12 年；有效实用新型专利 30 件，剩余保护期限分布在 1~8 年，平均每件实用新型专利剩余保护期限约 6 年。

同心传动拥有有效发明专利 3 件，剩余保护期限分布在 14~17 年，平均每件发明专利剩余保护期限约 15 年；有效实用新型专利 38 件，剩余保护期限分布在 3~8 年，平均每件实用新型专利剩余保护期限约 6 年。

13. 农林牧渔行业企业的专利储备指数

北交所上市的农林牧渔行业企业有 3 家（见图 8-13）。截至 2021 年 12 月 31 日，各家公司的专利储备情况如下。

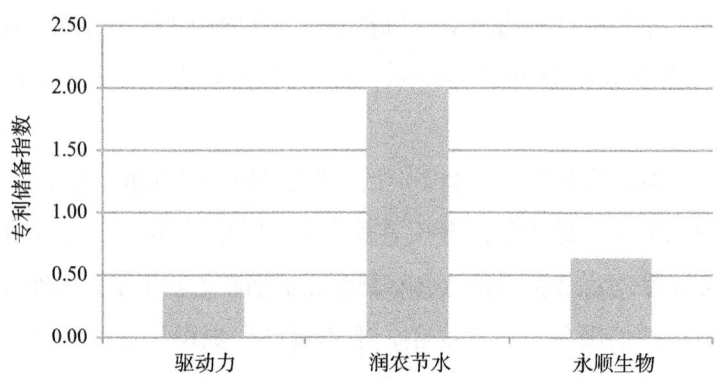

图 8-13　农林牧渔行业企业的专利储备指数

驱动力拥有有效发明专利 4 件，剩余保护期限分布在 9~15 年，平均每件发明专利剩余保护期限约 12 年；有效实用新型专利 8 件，剩余保护期限分布在 3~8 年，平均每件实用新型专利剩余保护期限约 7 年；有效外观设计专利 2 件，剩余保护期限分别为 0 年和 5 年。

润农节水拥有有效发明专利 8 件，剩余保护期限分布在 12~18 年，平均每件发明专利剩余保护期限约 15 年；有效实用新型专利 86 件，剩余保护期限分布在 1~9 年，平均每件实用新型专利剩余保护期限约 5 年；有效外观设计专利 2 件，剩余保护期限分别为 9 年和 14 年。

永顺生物拥有有效发明专利 12 件，剩余保护期限分布在 5~18 年，平均每件发明专利剩余保护期限约 10 年；有效实用新型专利 8 件，剩余保护期限均为 8 年。

14. 轻工制造行业企业的专利储备指数

北交所上市的轻工制造行业企业有 4 家（见图 8-14）。截至 2021 年 12 月 31 日，各家公司的专利储备情况如下。

方大股份拥有有效发明专利 10 件，剩余保护期限分布在 7~17 年，平均每件发明专利剩余保护期限约 13 年；有效实用新型专利 14 件，剩余保护期限分布在 1~9 年，平均每件实用新型专利剩余保护期限约 7 年；有效外观设计专利 1 件，剩余保护期限 7 年。

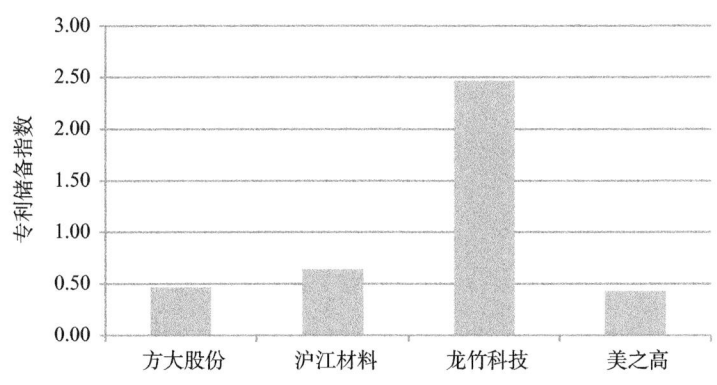

图 8-14 轻工制造行业企业的专利储备指数

沪江材料拥有有效发明专利 12 件,剩余保护期限分布在 9~18 年,平均每件发明专利剩余保护期限约 14 年;有效实用新型专利 36 件,剩余保护期限分布在 0~9 年,平均每件实用新型专利剩余保护期限约 4 年。

龙竹科技拥有有效发明专利 20 件,剩余保护期限分布在 7~18 年,平均每件发明专利剩余保护期限约 14 年;有效实用新型专利 122 件,剩余保护期限分布在 2~9 年,平均每件实用新型专利剩余保护期限约 6 年;有效外观设计专利 44 件,剩余保护期限分布在 4~14 年,平均每件外观设计专利剩余保护期限约 6 年。

美之高拥有有效发明专利 1 件,剩余保护期限 10 年;有效实用新型专利 42 件,剩余保护期限分布在 0~9 年,平均每件实用新型专利剩余保护期限约 4 年;有效外观设计专利 11 件,剩余保护期限分布在 1~6 年,平均每件外观设计专利剩余保护期限约 3 年。

15. 社会服务行业企业的专利储备指数

北交所上市的社会服务行业企业只有国义招标 1 家(见图 8-15)。截至 2021 年 12 月 31 日,该公司的专利储备情况为:有效发明专利 2 件,剩余保护期限分别为 16 年和 18 年;有效实用新型专利 7 件,剩余保护期限均为 7 年。

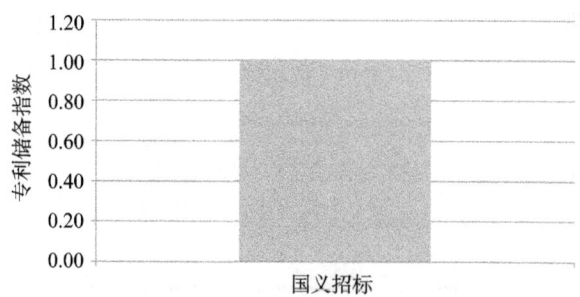

图 8-15　社会服务行业企业的专利储备指数

16. 食品饮料行业企业的专利储备指数

北交所上市的食品饮料行业企业有 2 家（见图 8-16）。截至 2021 年 12 月 31 日，各家公司的专利储备情况如下。

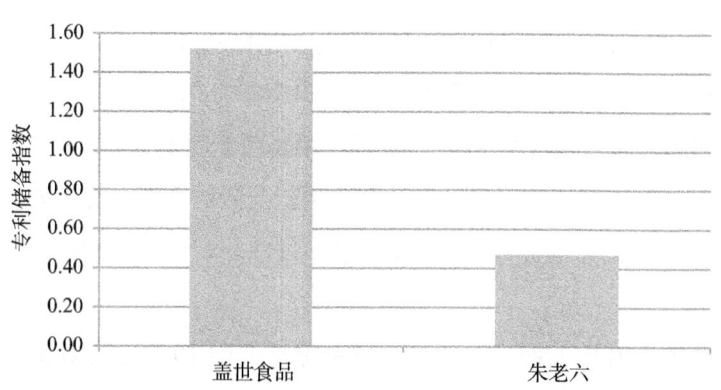

图 8-16　食品饮料行业企业的专利储备指数

盖世食品拥有有效发明专利 3 件，剩余保护期限分布在 6~11 年，平均每件发明专利剩余保护期限约 8 年；有效实用新型专利 25 件，剩余保护期限分布在 7~8 年，平均每件实用新型专利剩余保护期限约 8 年。

朱老六拥有有效发明专利 2 件，剩余保护期限均为 12 年；有效实用新型专利 9 件，剩余保护期限分布在 2~9 年，平均每件实用新型专利剩余保护期限约 3 年；有效外观设计专利 2 件，剩余保护期限分别为 3 年和 8 年。

17. 通信行业企业的专利储备指数

北交所上市的通信行业企业有3家（见图8-17）。截至2021年12月31日，各家公司的专利储备情况如下。

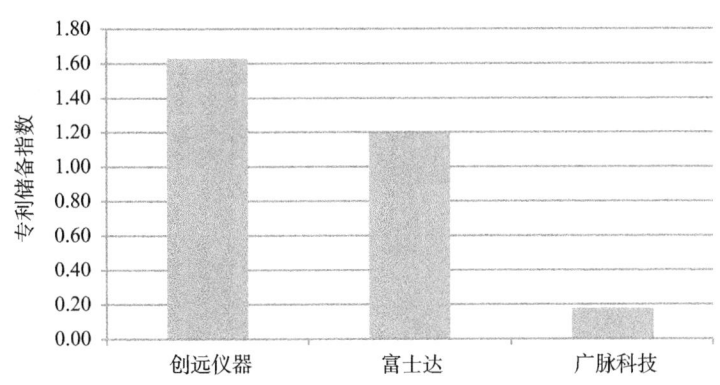

图8-17 通信行业企业的专利储备指数

创远仪器拥有有效发明专利62件，剩余保护期限分布在0~19年，平均每件发明专利剩余保护期限约13年；有效实用新型专利59件，剩余保护期限分布在0~9年，平均每件实用新型专利剩余保护期限约5年；有效外观设计专利28件，剩余保护期限分布在0~8年，平均每件外观设计专利剩余保护期限约6年。

富士达拥有有效发明专利11件，剩余保护期限分布在5~19年，平均每件发明专利剩余保护期限约14年；有效实用新型专利116件，剩余保护期限分布在0~9年，平均每件实用新型专利剩余保护期限约7年；有效外观设计专利1件，剩余保护期限8年。

广脉科技拥有有效发明专利2件，剩余保护期限分别为14年和17年；有效实用新型专利26件，剩余保护期限分布在1~8年，平均每件实用新型专利剩余保护期限约4年；有效外观设计专利2件，剩余保护期限分别为6年和7年。

18. 医药生物行业企业的专利储备指数

北交所上市的医药生物行业企业有 10 家（见图 8-18）。截至 2021 年 12 月 31 日，各家公司的专利储备情况如下。

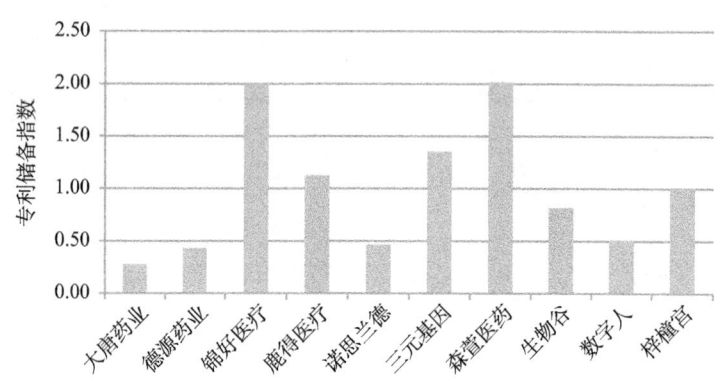

图 8-18　医药生物行业企业的专利储备指数

大唐药业拥有有效发明专利 3 件，剩余保护期限分布在 10~13 年，平均每件发明专利剩余保护期限约 12 年；有效实用新型专利 9 件，剩余保护期限分布在 0~7 年，平均每件实用新型专利剩余保护期限约 2 年；有效外观设计专利 7 件，剩余保护期限分布在 1~9 年，平均每件外观设计专利剩余保护期限约 6 年。

德源药业拥有有效发明专利 14 件，剩余保护期限分布在 2~15 年，平均每件发明专利剩余保护期限约 10 年；有效实用新型专利 1 件，剩余保护期限 6 年；有效外观设计专利 4 件，剩余保护期限分布在 0~4 年，平均每件外观设计专利剩余保护期限约 3 年。

锦好医疗拥有有效发明专利 4 件，剩余保护期限分布在 17~18 年，平均每件发明专利剩余保护期限约 17 年；有效实用新型专利 39 件，剩余保护期限分布在 3~8 年，平均每件实用新型专利剩余保护期限约 5 年；有效外观设计专利 72 件，剩余保护期限分布在 1~14 年，平均每件外观设计专利剩余保护期限约 6 年。

鹿得医疗拥有有效发明专利 7 件，剩余保护期限分布在 10~16 年，平均每件发明专利剩余保护期限约 13 年；有效实用新型专利 59 件，剩余保护期限分布在

0~9 年，平均每件实用新型专利剩余保护期限约 4 年；有效外观设计专利 8 件，剩余保护期限分布在 6~14 年，平均每件外观设计专利剩余保护期限约 11 年。

诺思兰德拥有有效发明专利 18 件，剩余保护期限分布在 1~19 年，平均每件发明专利剩余保护期限约 7 年；有效实用新型专利 4 件，剩余保护期限分布在 6~7 年，平均每件实用新型专利剩余保护期限约 6 年；有效外观设计专利 1 件，剩余保护期限 7 年。

三元基因拥有有效发明专利 50 件，剩余保护期限分布在 2~16 年，平均每件发明专利剩余保护期限约 10 年；有效外观设计专利 3 件，剩余保护期限均为 0 年。

森萱医药拥有有效发明专利 14 件，剩余保护期限分布在 5~17 年，平均每件发明专利剩余保护期限约 13 年；有效实用新型专利 86 件，剩余保护期限分布在 3~9 年，平均每件实用新型专利剩余保护期限约 6 年。

生物谷拥有有效发明专利 45 件，剩余保护期限分布在 0~18 年，平均每件发明专利剩余保护期限约 6 年；有效外观设计专利 5 件，剩余保护期限均为 1 年。

数字人拥有有效发明专利 13 件，剩余保护期限分布在 8~17 年，平均每件发明专利剩余保护期限约 13 年；有效实用新型专利 2 件，剩余保护期限分别为 3 年和 5 年。

梓橦宫拥有有效发明专利 22 件，剩余保护期限分布在 2~16 年，平均每件发明专利剩余保护期限约 11 年；有效实用新型专利 13 件，剩余保护期限均为 7 年；有效外观设计专利 2 件，剩余保护期限分别为 8 年和 14 年。

19. 有色金属行业企业的专利储备指数

北交所上市的有色金属行业企业只有吉冈精密 1 家（见图 8-19）。截至 2021 年 12 月 31 日，该公司的专利储备情况为：有效发明专利 2 件，剩余保护期限均为 12 年；有效实用新型专利 104 件，剩余保护期限分布在 2~9 年，平均每件实用新型专利剩余保护期限约 7 年。

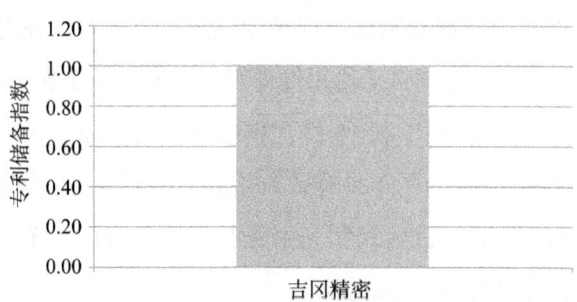

图 8-19　有色金属行业企业的专利储备指数

二、专利支撑系数（Cz）

本书中专利支撑系数为：Cz = Vq/Sq。Cz 是专利支撑系数，Vq 是企业 2021 年度营业收入（万元），Sq 是企业专利储备量。

营业收入受多方面因素的影响，专利虽然只是其中之一，但可尝试以此分析公司的发展潜力。专利支撑系数越大，意味着单位专利储备量对应的营业收入越高，这对当前来说可以理解为单位专利储备的价值更高，但从长远发展来看，也可以理解为专利储备不足，后续营业收入的增长可能缺乏足够的专利支撑。

鉴于不同行业特点不同，对专利支撑的需求也不同，我们对同行业的各家公司进行比较。

1. 传媒行业企业的专利支撑系数

北交所上市的传媒行业企业只有流金岁月 1 家（见图 8-20），该公司 2021 年度营业收入 85 037 万元，专利支撑系数 598.9。

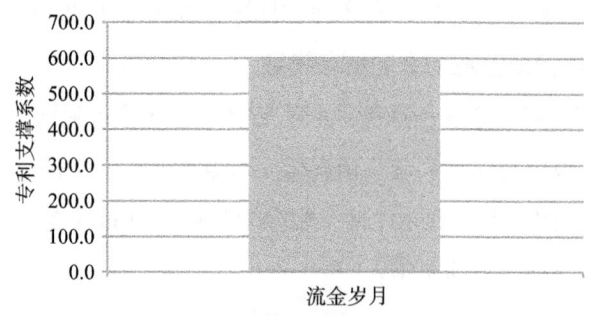

图 8-20　传媒行业企业的专利支撑系数

2. 电力设备行业企业的专利支撑系数

北交所上市的电力设备行业企业有6家（见图8-21），各家公司的专利支撑系数为：贝特瑞2021年度营业收入1 049 135万元，专利支撑系数290.6；德瑞锂电2021年度营业收入22 139万元，专利支撑系数121.0；连城数控2021年度营业收入204 012万元，专利支撑系数233.4；球冠电缆2021年度营业收入268 805万元，专利支撑系数1054.1；同享科技2021年度营业收入80 262万元，专利支撑系数167.6；长虹能源2021年度营业收入307 148万元，专利支撑系数433.2。

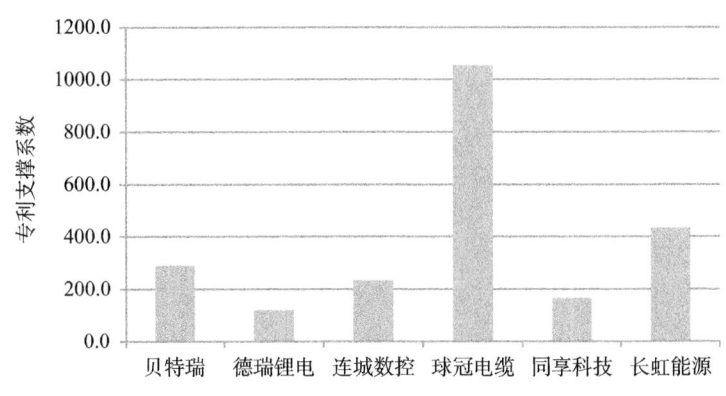

图 8-21　电力设备行业企业的专利支撑系数

3. 电子行业企业的专利支撑系数

北交所上市的电子行业企业有4家（见图8-22），各家公司的专利支撑系数为：翰博高新2021年度营业收入290 477万元，专利支撑系数397.4；晶赛科技2021年度营业收入47 489万元，专利支撑系数162.6；凯腾精工2021年度营业收入39 358万元，专利支撑系数38.3；智新电子2021年度营业收入45 222万元，专利支撑系数137.0。

4. 公用事业行业企业的专利支撑系数

北交所上市的公用事业行业企业只有凯添燃气1家（见图8-23），该公司2021年度营业收入45 927万元，专利支撑系数180.8。

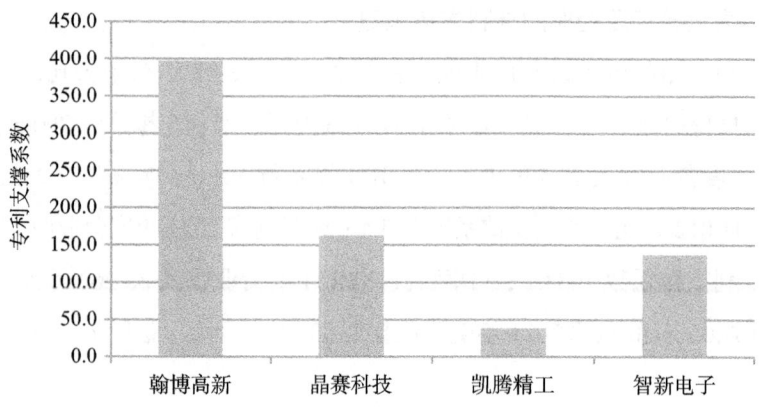

图 8-22 电子行业企业的专利支撑系数

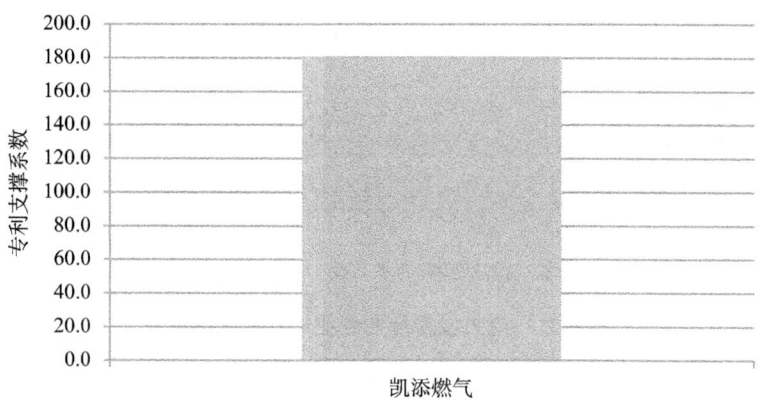

图 8-23 公用事业行业企业的专利支撑系数

5. 国防军工行业企业的专利支撑系数

北交所上市的国防军工行业企业有 2 家（见图 8-24），各家公司的专利支撑系数为：观典防务 2021 年度营业收入 22 986 万元，专利支撑系数 33.9；通易航天 2021 年度营业收入 10 402 万元，专利支撑系数 33.3。

6. 环保行业企业的专利支撑系数

北交所上市的环保行业企业有 3 家（见图 8-25），各家公司的专利支撑系数为：恒合股份 2021 年度营业收入 6785 万元，专利支撑系数 193.9；新安洁

2021年度营业收入61 118万元,专利支撑系数175.1;中航泰达2021年度营业收入55 708万元,专利支撑系数68.9。

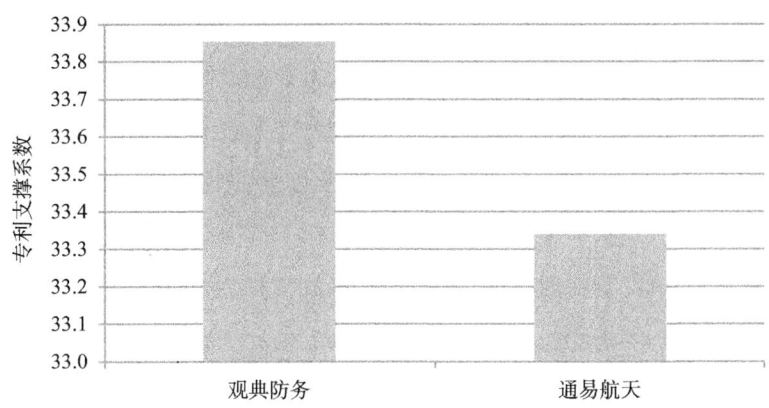

图8-24 国防军工行业企业的专利支撑系数

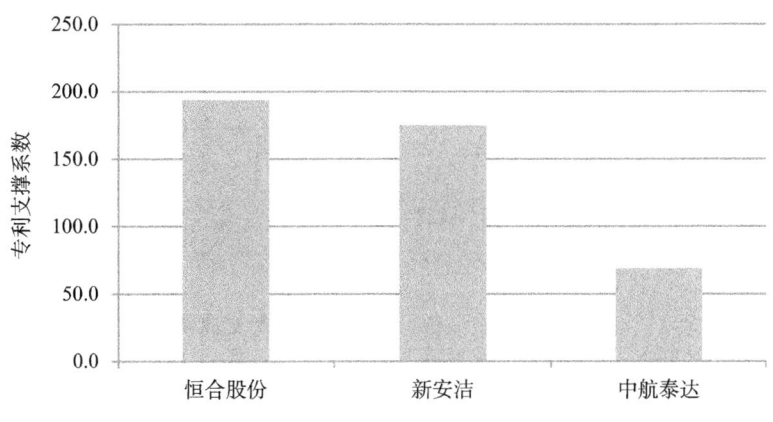

图8-25 环保行业企业的专利支撑系数

7. 机械设备行业企业的专利支撑系数

北交所上市的机械设备行业企业有14家(见图8-26),各家公司的专利支撑系数为:常辅股份2021年度营业收入22 752万元,专利支撑系数96.0;丰光精密2021年度营业收入26 326万元,专利支撑系数34.1;海希通讯2021

年度营业收入 28 583 万元，专利支撑系数 57.1；浩淼科技 2021 年度营业收入 41 274 万元，专利支撑系数 57.5；科达自控 2021 年度营业收入 26 336 万元，专利支撑系数 41.2；三友科技 2021 年度营业收入 28 725 万元，专利支撑系数 77.6；同惠电子 2021 年度营业收入 14 792 万元，专利支撑系数 35.3；同力股份 2021 年度营业收入 409 431 万元，专利支撑系数 568.7；万通液压 2021 年度营业收入 33 563 万元，专利支撑系数 125.7；威博液压 2021 年度营业收入 31 685 万元，专利支撑系数 81.0；五新隧装 2021 年度营业收入 69 036 万元，专利支撑系数 28.7；星辰科技 2021 年度营业收入 14 186 万元，专利支撑系数 39.7；殷图网联 2021 年度营业收入 9079 万元，专利支撑系数 148.8；中寰股份 2021 年度营业收入 21 454 万元，专利支撑系数 225.8。

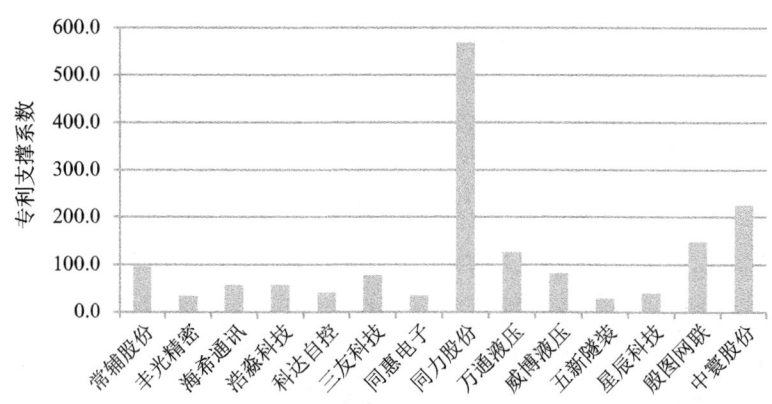

图 8-26　机械设备行业企业的专利支撑系数

8. 基础化工行业企业的专利支撑系数

北交所上市的基础化工行业企业有 7 家（见图 8-27），各家公司的专利支撑系数为：秉扬科技 2021 年度营业收入 30 224 万元，专利支撑系数 215.9；禾昌聚合 2021 年度营业收入 97 689 万元，专利支撑系数 206.5；吉林碳谷 2021 年度营业收入 120 946 万元，专利支撑系数 1439.8；佳先股份 2021 年度营业收入 47 948 万元，专利支撑系数 76.8；利通科技 2021 年度营业收入 33 156 万元，专利支撑系数 123.7；齐鲁华信 2021 年度营业收入 57 967 万元，专利支撑系数 140.4；颖泰生物 2021 年度营业收入 735 373 万元，专利支撑系数 307.4。

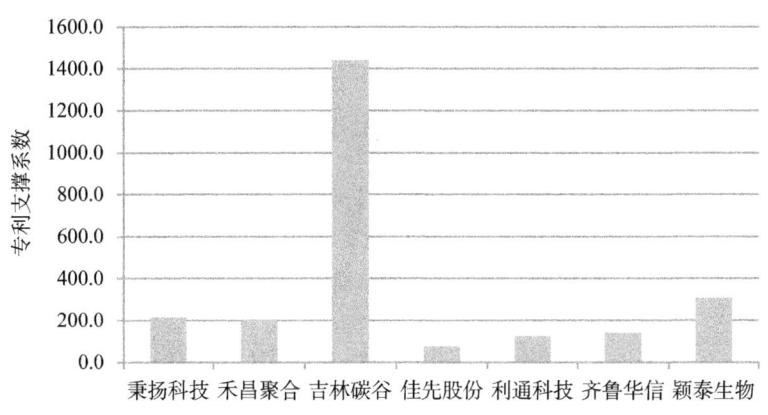

图 8-27　基础化工行业企业的专利支撑系数

9. 计算机行业企业的专利支撑系数

北交所上市的计算机行业企业有 9 家（见图 8-28），各家公司的专利支撑系数为：艾融软件 2021 年度营业收入 42 145 万元，专利支撑系数 217.2；广道高新 2021 年度营业收入 29 028 万元，专利支撑系数 569.2；国源科技 2021 年度营业收入 29 160 万元，专利支撑系数 5832.0；汉鑫科技 2021 年度营业收入 27 163 万元，专利支撑系数 190.0；恒拓开源 2021 年度营业收入 19 589 万元，专利支撑系数 156.7；同辉信息 2021 年度营业收入 56 687 万元，专利支撑系数 199.6；微创光电 2021 年度营业收入 15 363 万元，专利支撑系数 37.5；云创数据 2021 年度营业收入 47 662 万元，专利支撑系数 184.7；志晟信息 2021 年度营业收入 28 060 万元，专利支撑系数 935.3。

10. 家用电器行业企业的专利支撑系数

北交所上市的家用电器行业企业只有拾比佰 1 家（见图 8-29），该公司 2021 年度营业收入 141 577 万元，专利支撑系数 340.3。

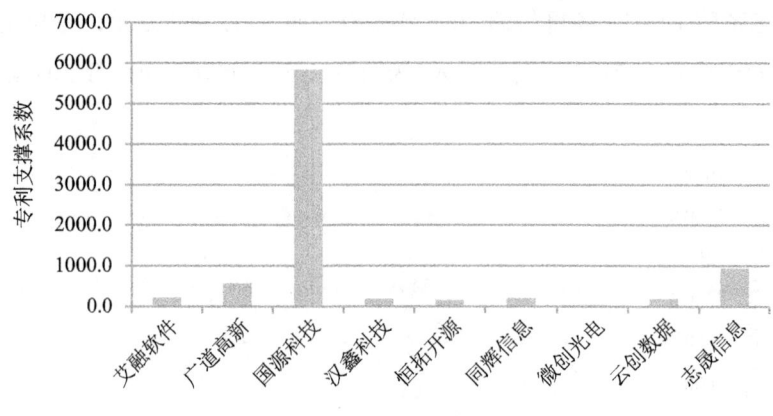

图 8-28　计算机行业企业的专利支撑系数

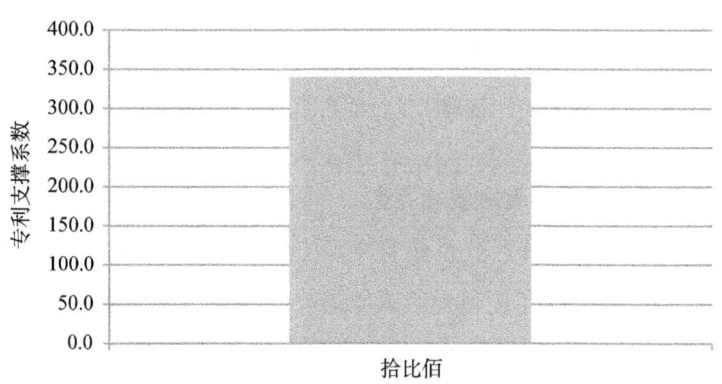

图 8-29　家用电器行业企业的专利支撑系数

11. 建筑装饰行业企业的专利支撑系数

北交所上市的建筑装饰行业企业有 4 家（见图 8-30），各家公司的专利支撑系数为：广咨国际 2021 年度营业收入 44 459 万元，专利支撑系数 1710.0；华维设计 2021 年度营业收入 18 090 万元，专利支撑系数 67.0；旭杰科技 2021 年度营业收入 47 224 万元，专利支撑系数 82.8；中设咨询 2021 年度营业收入 22 819 万元，专利支撑系数 37.8。

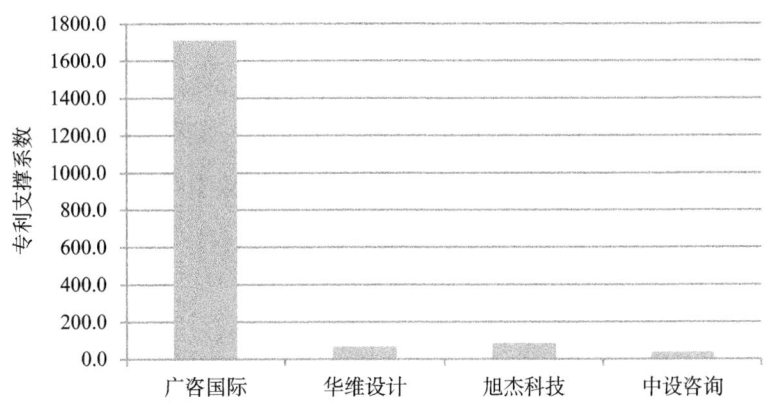

图 8-30　建筑装饰行业企业的专利支撑系数

12. 交运设备行业企业的专利支撑系数

北交所上市的交运设备行业企业有 8 家（见图 8-31），各家公司的专利支撑系数为：安徽凤凰 2021 年度营业收入 38 981 万元，专利支撑系数 36.6；大地电气 2021 年度营业收入 79 502 万元，专利支撑系数 101.8；德众汽车 2021 年度营业收入 274 498 万元，该公司没有专利，专利支撑系数无法计算；华阳变速 2021 年度营业收入 27 864 万元，专利支撑系数 240.2；建邦科技 2021 年度营业收入 48 127 万元，专利支撑系数 127.0；苏轴股份 2021 年度营业收入 53 214 万元，专利支撑系数 235.5；泰祥股份 2021 年度营业收入 16 038 万元，专利支撑系数 85.3；同心传动 2021 年度营业收入 13 246 万元，专利支撑系数 49.2。

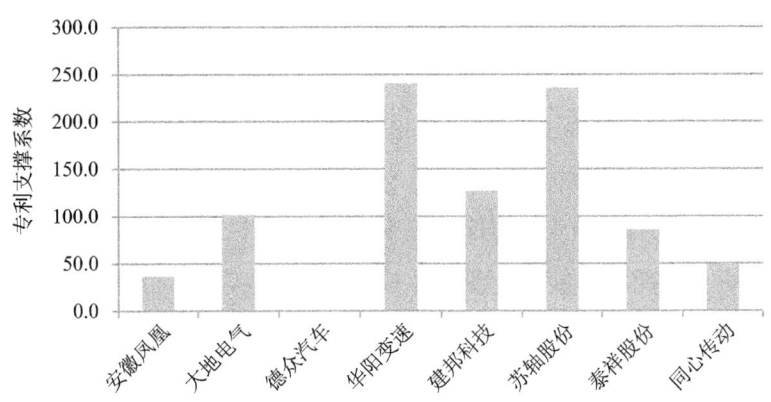

图 8-31　交运设备行业企业的专利支撑系数

13. 农林牧渔行业企业的专利支撑系数

北交所上市的农林牧渔行业企业有3家（见图8-32），各家公司的专利支撑系数为：驱动力2021年度营业收入13 719万元，专利支撑系数129.4；润农节水2021年度营业收入58 901万元，专利支撑系数100.3；永顺生物2021年度营业收入36 353万元，专利支撑系数194.4。

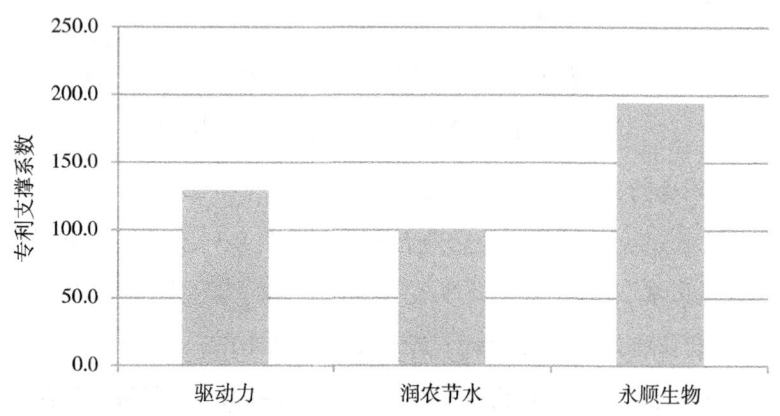

图8-32 农林牧渔行业企业的专利支撑系数

14. 轻工制造行业企业的专利支撑系数

北交所上市的轻工制造行业企业有4家（见图8-33），各家公司的专利支撑系数为：方大股份2021年度营业收入36 262万元，专利支撑系数158.4；沪江材料2021年度营业收入32 854万元，专利支撑系数104.6；龙竹科技2021年度营业收入34 903万元，专利支撑系数28.8；美之高2021年度营业收入50 200万元，专利支撑系数239.0。

15. 社会服务行业企业的专利支撑系数

北交所上市的社会服务行业企业只有国义招标1家（见图8-34），该公司2021年度营业收入23 101万元，专利支撑系数278.3。

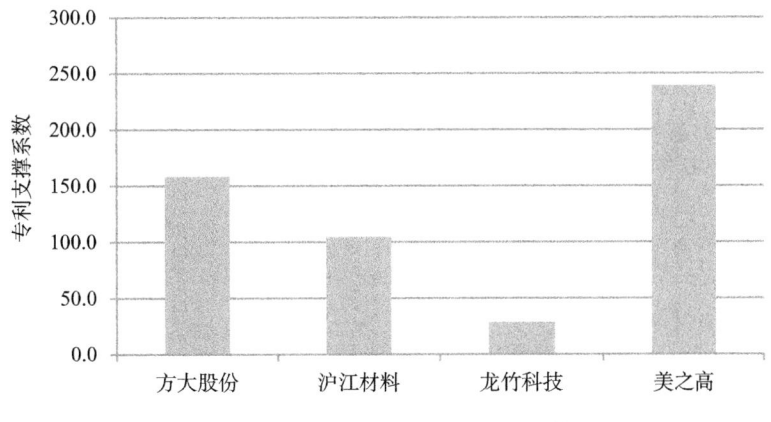

图 8-33　轻工制造行业企业的专利支撑系数

图 8-34　社会服务行业企业的专利支撑系数

16. 食品饮料行业企业的专利支撑系数

北交所上市的食品饮料行业企业有 2 家（见图 8-35），各家公司的专利支撑系数为：盖世食品 2021 年度营业收入 34 423 万元，专利支撑系数 161.6；朱老六 2021 年度营业收入 28 166 万元，专利支撑系数 426.8。

17. 通信行业企业的专利支撑系数

北交所上市的通信行业企业有 3 家（见图 8-36），各家公司的专利支撑系数为：创远仪器 2021 年度营业收入 42 142 万元，专利支撑系数 33.1；富士达 2021 年度营业收入 60 327 万元，专利支撑系数 64.7；广脉科技 2021 年度营业收入 37 786 万元，专利支撑系数 271.8。

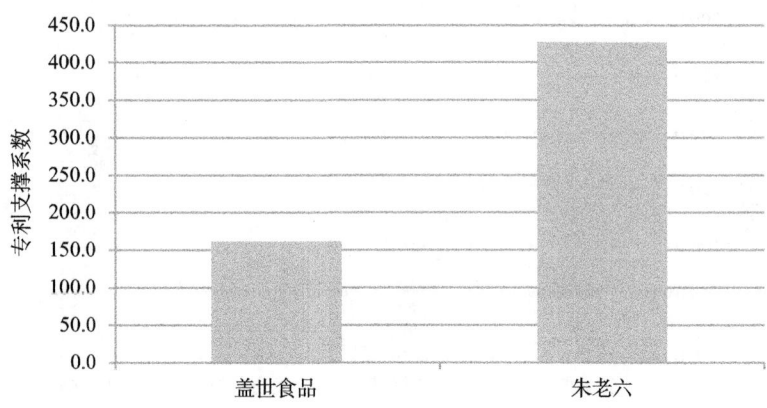

图 8-35 食品饮料行业企业的专利支撑系数

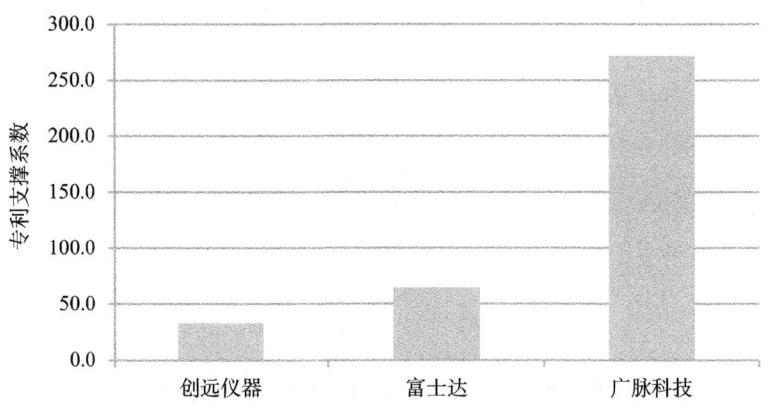

图 8-36 通信行业企业的专利支撑系数

18. 医药生物行业企业的专利支撑系数

北交所上市的医药生物行业企业有 10 家（见图 8-37），各家公司的专利支撑系数为：大唐药业 2021 年度营业收入 23 588 万元，专利支撑系数 235.9；德源药业 2021 年度营业收入 51 382 万元，专利支撑系数 333.7；锦好医疗 2021 年度营业收入 19 195 万元，专利支撑系数 26.9；鹿得医疗 2021 年度营业收入 40 285 万元，专利支撑系数 100.7；诺思兰德 2021 年度营业收入 5686 万元，专利支撑系数 34.3；三元基因 2021 年度营业收入 20 160 万元，专利支撑系数

41.8；森萱医药 2021 年度营业收入 56 354 万元，专利支撑系数 78.4；生物谷 2021 年度营业收入 56 617 万元，专利支撑系数 194.6；数字人 2021 年度营业收入 8372 万元，专利支撑系数 45.7；梓橦宫 2021 年度营业收入 42 413 万元，专利支撑系数 118.8。

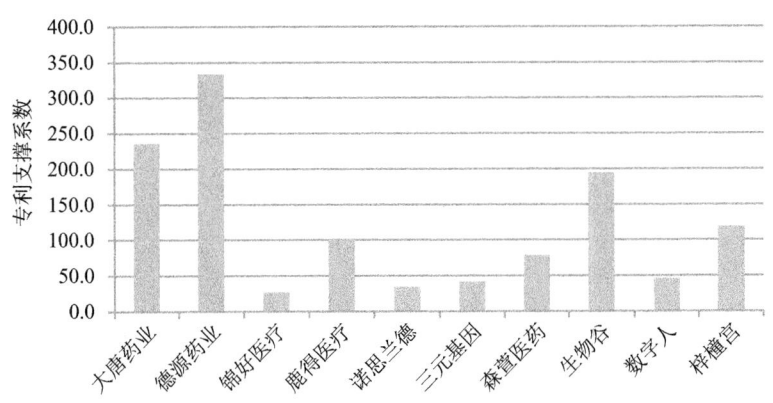

图 8-37 医药生物行业企业的专利支撑系数

19. 有色金属行业企业的专利支撑系数

北交所上市的有色金属行业企业只有吉冈精密 1 家（见图 8-38），该公司 2021 年度营业收入 37 747 万元，专利支撑系数 49.5。

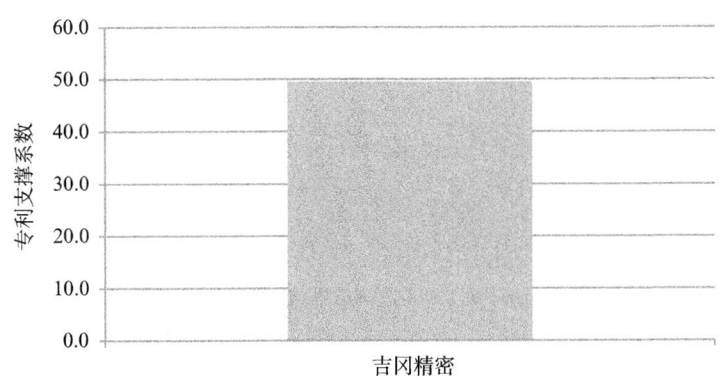

图 8-38 有色金属行业企业的专利支撑系数

第九章　与科创板科创属性的对标分析

根据《科创属性评价指引（试行）》❶，申报科创板上市的企业是有指标要求的。一般情况下，在行业领域符合科创板定位的前提下❷，还应同时符合下列4项指标：

（1）最近三年研发投入占营业收入比例5%以上，或最近三年研发投入金额累计在6000万元以上。

（2）研发人员占当年员工总数的比例不低于10%。

（3）形成主营业务收入的发明专利5项以上。

（4）最近三年营业收入复合增长率达到20%，或最近一年营业收入金额达到3亿元。

另外五种特殊情形下，即使没有达到前述指标，也可以申报科创板上市。这五种情形其中之一就是"形成核心技术和主营业务收入的发明专利（含国防专利）合计50项以上"。

根据以上要求，我们首先分析一下北交所上市的84家公司是否有"形成核心技术和主营业务收入的发明专利（含国防专利）合计50项以上"的企业。截至2021年12月31日，84家公司中拥有50项以上发明专利的企业如表9-1所示。

---

❶ 2020年3月20日公布，根据2021年4月16日中国证券监督管理委员会《关于修改〈科创属性评价指引（试行）〉的决定》修正。

❷ 限制金融科技、模式创新企业在科创板上市，禁止房地产和主要从事金融、投资类业务的企业在科创板上市。

第九章 与科创板科创属性的对标分析

表 9-1　北交所拥有 50 件以上发明专利的企业

公司简称	有效发明专利数量/件
贝特瑞	240
颖泰生物	145
安徽凤凰	66
五新隧装	65
创远仪器	62
三元基因	50

表 9-1 中 6 家公司的这些发明专利是否形成核心技术和主营业务收入,下面我们展开分析。

一、贝特瑞

贝特瑞的主要产品包括天然石墨负极材料,人造石墨负极材料,硅基(硅氧、硅碳)、软碳、硬碳等新型负极材料,磷酸铁锂正极材料与高镍三元正极材料(NCA、NCM811 等)等锂离子电池正负极材料。这些材料是制造新能源汽车动力电池、消费电子电池、储能电池的核心材料❶。

据贝特瑞的公开发行说明书披露,截至 2020 年 3 月 31 日,该公司拥有的 191 件发明专利中有 160 件与其生产正负极材料直接相关。该公司的专利除广泛应用于生产经营流程之外,还有 142 件专利或专利申请(其中 103 件已获得授权,没有区分专利类型)与公司的核心技术直接相关。

截至 2021 年 12 月 31 日,贝特瑞拥有发明专利 240 件,比 2020 年 3 月 31 日又增加了 49 件,由此推断与公司生产正负极材料直接相关的发明专利应该也会在 160 件的基础上相应增加,与公司的核心技术直接相关的发明专利数量也会相应增加。

---

❶ 详见贝特瑞新材料集团股份有限公司的《向不特定合格投资者公开发行股票说明书》。

从贝特瑞的公开发行说明书披露的情况来看，核心技术处在不同的阶段，具体情况如下。

已经实现产业应用的包括用于人造石墨负极材料的等静压压型技术，用于天然石墨负极材料的高温通气纯化技术，用于磷酸铁锂正极材料的高功率球形 LFP 制备技术、球形 LFP 密实化技术，用于天然石墨负极材料、磷酸铁锂正极材料的新型表面改性技术。

已经实现量产的包括应用于硅基负极材料的氧化亚硅表面改性技术、高容量硅碳产品开发技术，用于磷酸铁锂正极材料的磷酸铁锂碳表面修饰技术、纳米分散技术、磷酸铁锂掺杂技术、磷酸铁锂造粒技术、磷酸铁锂与纳米碳材料复合技术，用于高镍三元正极材料的高镍 NCA 正极材料表面处理、高镍三元 NCM 的表面处理技术、共掺杂技术、单晶大颗粒高镍三元材料制备技术、高镍三元材料表面氧含量控制技术、高镍正极材料深度脱水技术。

处于中试阶段的包括用于硅基负极材料的高首效氧化亚硅技术，用于磷酸铁锂正极材料的磷酸铁锂回收技术。

处于小试阶段的包括用于磷酸铁锂正极材料的磷酸铁锂喷雾热分解制备技术、磷酸铁锂或石墨烯复合材料制备技术。

已经突破关键技术、处于产品研发过程中的包括用于人造石墨负极材料的新型造粒技术、新型催化石墨化技术，用于硬碳负极材料的硬碳表面处理技术，用于天然石墨负极材料的空心化技术、陶瓷表面处理技术。

研发完成、作为技术储备的包括磷酸铁锰锂制备技术、磷酸钒锂制备技术。

处于研发中的包括用于高镍三元正极材料的高镍正极材料新型制备技术、高镍正极材料回收技术。

可以看出，核心技术专利与形成主营业务收入的专利是一种交叉关系，即有些专利是核心技术，但还没有用于生产；有些专利已经用于生产，但不属于核心技术。如果没有该公司自己的信息披露，那么很难判断哪些专利已经用于生产、哪些专利属于核心技术，毕竟技术的关联性未必都体现在字面上。

总之，根据目前掌握的数据可以判断，贝特瑞形成核心技术和主营业务收入的发明专利数量应该是大于 50 件的,仅此一项指标,就已经符合申报科创板上市的条件。

二、颖泰生物

颖泰生物是以研发为基础、以市场需求为先导的农化产品供应商,主要从事农药原药、中间体及制剂产品的研发、生产、销售和 GLP 技术服务,经过多年的积累和创新,已形成品种丰富、工艺技术较为先进的除草剂、杀菌剂、杀虫剂三大品类百余种产品。❶

从颖泰生物的公开发行说明书披露的情况来看,其核心技术处在不同的阶段,具体情况如下。

处于大批量生产阶段的包括用于磺草酮产品的磺草酮清洁生产技术(对应发明专利"一种苯甲酰基 –1,3– 环己二酮类化合物的制备方法""一种 2– 硝基 –4– 甲砜基苯甲酸的制备方法"),用于乙氧氟草醚产品的连续硝化法绿色催化新工艺制高效低毒乙氧氟草醚原药技术(对应发明专利"二苯醚衍生物的合成方法以及乙氧氟草醚的合成方法"),用于氟苯、邻氟甲苯、对氟甲苯产品的含氟农药绿色化关键技术研发及应用(对应的发明专利"一种邻氟甲苯制备方法""间氟甲苯的制备方法""对氟甲苯的制备方法"),用于硝磺草酮产品的高效安全除草剂硝磺草酮清洁生产技术研发与应用(对应的发明专利"一种苯甲酰基 –1,3– 环己二酮类化合物的制备方法""一种 2– 硝基 –4– 甲砜基苯甲酸的制备方法"),用于乙氧氟草醚、三氟羧草醚产品的高效、安全含氟二苯醚系列除草剂协同清洁生产技术及产业化(对应的发明专利申请"硝基苯甲酸酯的制备方法"),用于戊唑醇产品的 98% 戊唑醇原药生产技术(对应的发明专利"一种提高戊唑醇抗结块性的方法"),用于精异丙甲草、丙草胺、乙草胺产品的酰胺类除草剂核心技术(对应的发明专利或申请"一种改进型连续釜式生产亚胺的装置及方法""一种 1,5– 环辛二烯氯化铱二聚体的制备方法""连续酰化合成

---

❶ 详见北京颖泰嘉和生物科技股份有限公司《向不特定合格投资者公开发行股票说明书》。

丙草胺的方法及装置""连续釜式生产胺醚的装置及方法""一种含有磺酰脲类、吡啶类、乙草胺的除草剂组合物及其应用""一种 N- 亚甲基 –2- 甲基 –6- 乙基苯胺的制备方法"),用于乙氧氟草醚制剂产品的二苯醚类除草剂核心技术(对应的发明专利"二苯醚衍生物的合成方法以及乙氧氟草醚的合成方法"),用于苯嗪草酮的三嗪酮类除草剂核心技术(对应的发明专利申请"一种肼腙反式转顺式的制备方法"),用于嘧菌酯产品的甲氧基丙烯酸酯类杀菌剂核心技术(对应的发明专利"嘧菌酯及其类似物的制备方法"),用于噻嗪酮的噻二嗪酮类杀虫剂核心技术(对应的发明专利"噻嗪酮的制备方法"),用于吡虫啉产品的硝基亚甲基类杀虫剂核心技术(对应的发明专利申请"一种无污染环保型高产率制备吡虫啉的方法"),用于异菌脲产品的二羧酰亚胺类杀菌剂技术〔对应的发明专利"一种 3-(3,5- 二氯苯基)-2,4- 咪唑烷二酮的制备方法"〕。

处于产业化应用阶段的包括用于 25% 吡虫啉可溶性粒剂产品的环境友好型杀虫剂吡虫啉可溶性粒剂生产技术(对应的发明专利"一种含吡虫啉的水溶性颗粒剂、其制备方法和应用"),用于 500g/L 丁噻隆悬浮剂、480g/L 硝磺草酮悬浮剂、250g/L 嘧菌酯悬浮剂、430g/L 戊唑醇悬浮剂、240g/L 甲咪唑烟酸可溶液剂等产品的水基化制剂生产技术(对应的发明专利"一种杀菌剂组合物和制剂及其应用""一种杀菌剂组合物和制剂及其应用"),用于 50% 烟嘧磺隆 + 硝磺草酮 + 氯氟吡氧乙酸水分散粒剂产品的环境友好型 50% 烟嘧磺隆 + 硝磺草酮 + 氯氟吡氧乙酸水分散粒剂生产技术(对应的发明专利"一种除草剂组合物及其应用")。

处于基础研究阶段的包括用于水稻、棉花、玉米产品的 CRISPR/Cas9 基因编辑技术(对应的发明专利申请"一组来源于植物的胞嘧啶脱氨酶和其在碱基编辑系统中的应用")。

以上处于大批量生产及产业化应用阶段的核心技术涉及的发明专利有 17 件,还有 6 件没有审结的发明申请。这个数量虽不满足科创属性要求的特殊条件,但是关于专利的一般条件还是满足的。此外,在公开发行说明书公告之后,该公司还陆续有发明申请提交及获得授权,潜力还是很大的。

三、安徽凤凰

安徽凤凰专注于汽车滤清器的研发、生产和销售，是国内汽车滤清器行业产品品种较为齐全的公司，产品涵盖空气滤清器、空调滤清器、机油滤清器和燃油滤清器四大系列 8000 多个品种，广泛适用于各类主流乘用车车型、商用车车型和工程机械。❶

从安徽凤凰的公开发行说明书披露的情况来看，其用于产品批量生产的核心技术情况如下。

环保型机油滤清器滤芯及其制造工艺，对应专利 6 件，其中发明专利 1 件，名称为"一种环保型机油滤清器的滤芯及其制造工艺"，CN201110121788.8。

电喷汽油滤清器用竹浆滤纸及其制备方法，对应专利 2 件，其中发明专利 1 件，名称为"一种电喷汽油滤清器用竹浆滤纸及其制备方法"，CN201210351322.1。

柴油滤清器用耐高温阻燃滤纸及其制备方法，对应专利 2 件，都是发明专利：名称为"一种柴油滤清器用耐高温阻燃滤纸及其制备方法"，CN201210351131.5；名称为"一种燃油滤清器用矿棉纤维滤纸及其制备方法"，CN201210351303.9。

汽油滤清器用耐高温抗腐蚀滤纸及其制备方法，对应专利 2 件，都是发明专利：名称为"一种汽油滤清器用耐高温抗腐蚀滤纸及其制备方法"，CN201210351330.6；名称为"一种麻浆高过滤精度滤清器滤纸"，CN201210360322.8。

旋装式滤清器外壳的喷粉工艺及该工艺中用的流水线，对应专利 6 件，其中发明专利 1 件，名称为"旋装式滤清器外壳的喷粉工艺及该工艺中用的流水线"，CN201210199197.7。

耐高温燃油滤纸及其制备方法，对应专利 2 件，其中发明专利 1 件，名称为"一种耐高温燃油滤纸及其制备方法"，CN201210351368.3。

阻燃型汽车空气滤纸及其制备方法，对应专利 3 件，其中发明专利 2 件：名称为"一种阻燃型汽车空气滤纸及其制备方法"，CN201210351323.6；名称为"一种汽车发动机滤清器用空气滤纸及其制备方法"，CN201210351287.3。

---

❶ 详见安徽凤凰滤清器股份有限公司的《向不特定合格投资者公开发行股票说明书》。

耐高温汽车滤清器用滤纸,对应专利2件,都是发明专利:名称为"一种耐高温汽车滤清器用滤纸",CN201210360403.8;名称为"一种滤清器滤纸及其制备方法",CN201210351360.7。

去除吸附有害颗粒的结构滤芯及其制备方法,对应专利2件,都是发明专利:名称为"一种去除吸附有害颗粒的结构滤芯及其制备方法",CN201310255124.X;名称为"一种微孔纳米银活性滤芯及其制备方法",CN201310255143.2。

燃油滤清器用复合滤纸及其制备方法,对应专利3件,其中发明专利1件,名称为"一种燃油滤清器用复合滤纸及其制备方法",CN201410170085.8。

活性炭滤芯及其制备方法,对应专利8件,其中发明专利3件:名称为"一种活性炭滤芯及其制备方法",CN201310255455.3;名称为"一种活性炭滤芯及其制备方法",CN201310255272.1;名称为"一种活性碳纤维过滤芯及其制备方法",CN201310255197.9。

以上核心技术对应的产品收入占营业收入的比例为80%以上,对应的发明专利18件。发明专利的数量虽不满足科创属性要求的特殊条件,但是一般条件还是满足的,并且该公司后续还将有发明申请提交及获得授权,潜力还是很大的。

四、五新隧装

五新隧装专门从事隧道施工智能装备的研发、生产、销售及租赁业务,主要产品包括混凝土湿喷机(组)、隧道(隧洞)衬砌台车、防水板作业台车、凿岩台车、隧道(隧洞)拱架安装车及各类产品零配件等。❶

从五新隧装的公开发行说明书披露的情况来看,其核心技术对应的专利情况如下。

混凝土湿喷机(组)产品相关的整机智能控制中心,对应的专利3件,均为发明专利:名称为"一种车载式混凝土湿喷车控制系统",CN201410235948.5;名称为"一种混凝土喷射车臂架液压控制系统",CN201410239478.X;名称为

---

❶ 详见湖南五新隧道智能装备股份有限公司《向不特定合格投资者公开发行股票说明书》。

"一种混凝土喷浆车故障预警系统及控制方法",CN201510791083.5。

混凝土湿喷机（组）产品相关的机械手设计及智能控制技术,对应的专利4件,均为发明专利：名称为"一种臂架控制系统及混凝土喷浆车",CN201510791278.X；名称为"一种车载式混凝土湿喷车控制系统",CN201410541646.0；名称为"一种臂架及混凝土喷浆车",CN201510793452.4；名称为"一种刮板装置及混凝土湿喷机",CN201611108946.5。

混凝土湿喷机（组）产品相关的高性能喷嘴、喷射装置设计及制造技术,对应的专利3件,其中发明专利2件：名称为"一种混凝土喷浆车的喷射装置及混凝土喷浆车",CN201510590113.6；名称为"一种混凝土喷浆车的喷头总成及混凝土喷浆车",CN201510589303.6。

混凝土湿喷机（组）产品相关的高性能泵送系统技术,对应的专利3件,其中发明专利1件,名称为"一种混凝土喷浆车的速凝剂调速方法及速凝剂系统",CN201510847120.X。

隧道（隧洞）模板承载式衬砌台车技术,对应的专利3件,均为实用新型专利。隧道（隧洞）衬砌台车混凝土分层浇筑系统,对应的专利3件,均为实用新型专利。隧道（隧洞）衬砌台车智能化信息系统,对应的专利1件,为发明专利,名称为"一种发动机远程启停控制系统及高空作业车",CN201610239914.2。

防水板钢筋作业台车之可调的模块化门架系统,对应的专利3件,均为实用新型专利。防水板钢筋作业台车之旋转伸缩机械臂技术,对应的专利3件,均为实用新型专利。

隧道拱架作业车之机械手轻量化技术及智能制造技术,对应的专利3件,均为实用新型专利。隧道拱架作业车之多自由度机械手设计,对应的专利2件,均为发明专利：名称为"一种夹持装置及隧道拱架作业车",CN201610239113.6；名称为"一种可调式转角拱架夹持机构",CN201611208626.7。

凿岩台车之智能精准的电脑控制钻进系统,对应的专利2件,均为实用新型专利。凿岩台车之钻臂伸缩臂技术,对应的专利2件,其中1件实用新型专利、1件外观设计。

以上核心技术涉及的发明专利共 13 件，发明专利的数量虽不满足科创属性要求的特殊条件，但是一般条件还是满足的。五新隧装的专利总量还是很多的，只不过大部分是实用新型。其实，实用新型专利也会涉及核心技术，如以上列举的核心技术中就有 20 多件实用新型专利。另外，五新隧装还有 100 多件发明专利申请正在审查过程中，潜力还是很大的。

五、创远仪器

创远仪器是一家专注于研发无线通信与射频微波测试仪器的高新技术企业，重点拓展无线通信市场、无线电监测和北斗导航市场及无线通信为主的智能制造市场三个方向。❶

从创远仪器的公开发行说明书披露的情况来看，其核心技术对应的专利情况如下。

仪表射频微波电路设计及制造技术，对应的专利 23 件，其中发明专利 8 件：名称为"基于镜像法的宽频带自适应谐波消除装置"，CN201210009110.5；名称为"一种可控增益电路"，CN201210009324.2；名称为"基于数字本振对射频信号高速扫频频谱测量的系统及方法"，CN201210580327.1；名称为"实现通信系统中 IQ 不平衡估计的方法"，CN201410009129.9；名称为"基于谐波混频的无分频器宽带低相噪频率合成器"，CN201410025497.2；名称为"基于分块式结构实现信号源功率快速校准的系统及方法"，CN201510095205.7；名称为"用于多端口射频元件的完全多端口矢网测量装置及方法"，CN201511025092.X；名称为"提高超外差式频谱分析仪频率测量精度的电路结构及方法"，CN201511027238.4。

兼容多制式无线通信物理层协议技术，对应的专利 29 件，其中发明专利 18 件：名称为"一种多模移动终端测试设备的模式切换方法与装置"，CN201110384284.5；名称为"一种 TD-SCDMA 快速上行同步方法与装置"，CN201210107821.6；名称为"一种无线终端测试方法、装置以及系统"，CN201210489828.9；名称

---

❶ 详见上海创远仪器技术股份有限公司《向不特定合格投资者公开发行股票说明书》。

为"一种网络测试设备",CN201220541750.6;名称为"应用于正交频分复用系统的信号定时与频偏补偿控制方法",CN201210580010.8;名称为"实现多制式手机信号识别功能的电路结构",CN201310030013.9;名称为"实现LTE系统精细频偏估计的方法",CN201410006663.4;名称为"实现多端口无线终端测试的集成装置",CN201410021004.8;名称为"一种邻区关系的确定方法及装置",CN201410069313.2;名称为"一种基于终端上报信息判断和定位伪基站的方法",CN201410041507.1;名称为"基于TD-LTE下行参考信号的小区搜索系统及方法",CN201510987898.0;名称为"伪基站定位装置以及定位方法",CN201510996136.7;名称为"一种载波聚合小区发现方法和装置",CN201510423111.8;名称为"分布式手机信号屏蔽器",CN201610007816.6;名称为"一种NB-IoT小区搜索装置及其搜索方法",CN201610720676.7;名称为"NB-IoT导频信号发生装置的导频信号发生方法",CN201610718873.5;名称为"一种NB-IoT系统空口时频同步方法",CN201610976820.3;名称为"一种环境门限干扰检测方法",CN201611025384.8。

超高速基带信号处理平台相关技术,对应的专利20件,其中发明专利14件:名称为"一种宽带幅度均衡补偿装置",CN201110249364.X;名称为"一种频率偏差与相位偏差的联合测量方法及装置",CN201110316111.X;名称为"一种直流偏移补偿方法及装置",CN201210497239.5;名称为"应用于通信系统接收机的I/Q不平衡补偿控制方法",CN201210581347.0;名称为"应用于正交频分复用系统的信号定时与频偏补偿控制方法",CN201210580010.8;名称为"基于多阶数字扫频的无源互调故障定位检测电路结构",CN201310145704.3;名称为"实现通信系统中IQ不平衡估计的方法",CN201410009129.9;名称为"实现通信系统中IQ原点偏移和直流偏移估计的方法",CN201410011137.7;名称为"实现信号调制质量测量和星座图显示的方法",CN201410021016.0;名称为"实现瞬态信号捕获和频谱分析的系统",CN201410048275.2;名称为"实现多通道信号分析同步与时延校正的系统及方法",CN201510106745.0;名称为"提高模数转换动态范围的电路",CN201510194775.1;名称为"物理下行控制信道盲检测方法",CN201510926625.5;名称为"一种基于频域参数估计的矢量信号分析仪通道补偿方法",CN201611213475.4。

5G 毫米波测试技术,对应的专利 4 件,其中发明专利 2 件:名称为"实现微波测试仪器近杂散自动校准的系统及方法",CN201510894906.7;名称为"用于频谱仪实现快速功率自动定标的方法",CN201610004140.5。

其他核心技术,对应的专利 33 件,其中发明专利 3 件:名称为"一种可程控旋转编码器的自适应电路",CN201110243303.2;名称为"一种串口通信方法与装置",CN201210031090.1;名称为"兼备访问外部设备和电池充电管理功能的系统及方法",CN201510095047.5。

以上核心技术涉及的发明专利共计 45 件,与科创属性要求的特殊条件十分接近。另外,创远仪器还有 100 多件发明专利申请正在审查过程中,潜力还是很大的。

六、三元基因

三元基因主要从事现代生物医药产品的研究、开发、生产和销售,是中国基因工程药物基础研究和临床应用开发领域的领先企业。该公司主要产品为多剂型和多规格的重组人干扰素 α1b,该产品为我国第一个具有自主知识产权的基因工程一类药物(国家 I 类新药),具有独特的产品优势和巨大的临床应用潜力,形成了丰富的重组人干扰素 α1b 剂型组合,临床应用领域覆盖感染科、儿科和肿瘤科等多个临床科室,治疗病毒性肝炎、病毒性肺炎和黑色素瘤等多种病毒性疾病和恶性肿瘤。❶

从三元基因的公开发行说明书披露的情况来看,其核心技术对应的专利情况如下。

重组人干扰素 α1b 的基因工程关键工艺技术和应用,对应的专利 2 件,都是发明专利:名称为"蛋白质层析纯化填料的清洁方法",CN201310547219.9;

---

❶ 详见北京三元基因药业股份有限公司《向不特定合格投资者公开发行股票说明书》。

名称为"蛋白质层析纯化填料的清洁方法",CN201310547434.9。上述专利应用于该公司主营产品运德素产品系列。

蛋白质高稳定性水溶液技术,对应的专利2件,都是发明专利:名称为"一种稳定的重组人干扰素α1b水溶液",CN 200410069390;名称为"一种聚乙二醇化干扰素稳定的水溶液",CN201210043687.8。上述专利应用于该公司主营产品运德素产品系列。

基因改组(DNA Shuffling)结合聚乙二醇(PEG)定点修饰技术,对应的专利5件,都是发明专利:名称为"干扰素α突变体及其聚乙二醇衍生物",CN200780034504.3;名称为"聚乙二醇修饰蛋白质的修饰位点分析方法",CN201110339619;名称为"干扰素α突变体及其聚乙二醇衍生物"(Interferon alpha mutant and its polyethylene glycol derivative),美国专利US12519917;名称为"一种干扰素β聚乙二醇衍生物及其变体"(A interferon β polyethylene glycol derivative and variants thereof),日本专利JP2009541739;名称为"干扰素α突变体及其聚乙二醇衍生物"(Interferon alpha mutant and its polyethylene glycol derivative),韩国专利KR1020097013006。上述专利尚未形成产品。

雾化吸入技术,对应的专利7件,都是发明专利:名称为"干扰素α的干粉吸入剂",CN201210236625.9;名称为"干扰素α的干粉吸入剂",CN201210236605.1;名称为"干扰素α的干粉吸入剂",CN201210235907.7;名称为"干扰素α与地塞米松磷酸钠的雾化吸入剂",CN201110407384.5;名称为"干扰素α与氨溴索的雾化吸入剂",CN201110408121.6;名称为"干扰素α与硫酸沙丁胺醇的雾化吸入剂",CN201110407386.4;名称为"干扰素α与布地奈德的雾化吸入剂",CN 201410008507.1。上述专利应用于该公司主营产品运德素产品系列。

肝炎患者基因检测技术,对应的专利1件,是发明专利,名称为"用于预测α干扰素治疗乙肝患者疗效的分子标记",CN201811541107.1。上述专利尚未形成产品。

抗乙肝病毒的小干扰RNA技术,对应的专利1件,是发明专利,名称为"针对乙肝病毒的 shRNA 及携带其的重组腺相关病毒基因治疗载体",CN201010149858.6。上述专利尚未形成产品。

以上核心技术涉及的发明专利共 18 件,发明专利的数量虽不满足科创属性要求的特殊条件,但是一般条件还是满足的。

从以上几家公司核心技术与专利的对应关系可以看出:一是核心技术未必一定对应发明专利,也有可能对应实用新型专利,还有可能对应商业秘密;二是发明专利未必都是核心技术;三是核心技术未必都已形成主营业务收入,有的可能正在形成产品的过程中。

关于科创属性要求的发明专利是否形成核心技术和主营业务收入,判断过程中对企业的信息披露有一定依赖性。以上几家公司都披露了核心技术对应的专利情况,由此我们能够知道哪些发明专利形成了核心技术。但是,对于哪些发明专利形成了主营业务收入,有的公司披露了,有的公司没有披露。总之,如果企业信息披露到位,我们就比较容易判断,否则很难判断。

第十章　上市企业的专利风险与对策

一、风险概述

专利是企业的重要无形资产，往往与企业的核心技术密切相关，直接关系企业的核心竞争力。企业如果与他人出现专利纠纷，则事关产品能否继续生产或者生产工艺能否继续使用的问题，对企业的生存和发展至关重要。因此，在企业 IPO 过程中，中国证监会对专利事项的审核非常严格，一旦出现专利纠纷，将直接影响企业的 IPO 进程。

在具体实践中，专利风险大致有如下三种。

1. 企业侵犯他人专利权的风险

《专利法》第十一条规定："发明和实用新型专利权被授予后，除本法另有规定的以外，任何单位或者个人未经专利权人许可，都不得实施其专利，即不得为生产经营目的制造、使用、许诺销售、销售、进口其专利产品，或者使用其专利方法以及使用、许诺销售、销售、进口依照该专利方法直接获得的产品。外观设计专利权被授予后，任何单位或者个人未经专利权人许可，都不得实施其专利，即不得为生产经营目的制造、许诺销售、销售、进口其外观设计专利产品。"这是《专利法》赋予专利权人的权利。

企业生产的产品或者使用的生产工艺是否会侵犯他人的专利权，是需要专业人员进行排查的。这是因为专利权的保护范围如何确定、侵权比对如何进行、存在哪些原则，都是非常专业的工作，需要既懂法律又懂技术的复合型人才承担。

有的企业在是否存在专利侵权风险的认识上存在误区，如有的企业可能会

认为自身是拥有专利的,因此不会侵犯他人的专利权。这种认识是错误的。专利权的保护范围与实际产品或生产工艺的映射关系错综复杂,不经过专业排查,很难得出不侵权的结论。比如,苹果公司和三星集团各自都拥有大量的手机专利,但是他们依然会互相起诉对方侵犯了自己的专利权。

实践中,大多数侵权诉讼是在同行业竞争对手之间发生,但也有少数例外。IPO期间是专利侵权诉讼的敏感期。同行业竞争对手在敏感期起诉,意在最大程度地阻击IPO进程,限制对手的竞争力;非同行业竞争对手的专利权人通过在敏感期起诉,意在借机获取最大化收益。

2. 企业与他人存在专利权属纠纷

专利权属纠纷是指不同的民事主体为专利权的归属发生争议。这种争议有时候发生在单位与员工之间,有时候发生在两个或两个以上单位或个人之间。

单位与员工之间的专利权属纠纷主要涉及职务发明问题。对此,《专利法》第六条规定:"执行本单位的任务或者主要是利用本单位的物质技术条件所完成的发明创造为职务发明创造。职务发明创造申请专利的权利属于该单位,申请被批准后,该单位为专利权人。该单位可以依法处置其职务发明创造申请专利的权利和专利权,促进相关发明创造的实施和运用。非职务发明创造,申请专利的权利属于发明人或者设计人;申请被批准后,该发明人或者设计人为专利权人。利用本单位的物质技术条件所完成的发明创造,单位与发明人或者设计人订有合同,对申请专利的权利和专利权的归属作出约定的,从其约定。"对于什么是"执行本单位的任务",在《中华人民共和国专利法实施细则》第十二条中有更详细的规定:"专利法第六条所称执行本单位的任务所完成的职务发明创造,是指:(一)在本职工作中作出的发明创造;(二)履行本单位交付的本职工作之外的任务所作出的发明创造;(三)退休、调离原单位后或者劳动、人事关系终止后1年内作出的,与其在原单位承担的本职工作或者原单位分配的任务有关的发明创造。专利法第六条所称本单位,包括临时工作单位;专利法第六条所称本单位的物质技术条件,是指本单位的资金、设备、零部件、原材料或者不对外公开的技术资料等。"

两个或两个以上单位或个人之间的专利权属纠纷主要是合作研发问题。对此，《专利法》第八条规定："两个以上单位或者个人合作完成的发明创造、一个单位或者个人接受其他单位或者个人委托所完成的发明创造，除另有协议的以外，申请专利的权利属于完成或者共同完成的单位或者个人；申请被批准后，申请的单位或者个人为专利权人。"

3. 企业管理不善导致自身专利失效风险

一件专利授权之后，每年都需要缴纳年费，才能维持专利权有效。对大型企业来说，其所拥有的专利往往在数千甚至数万的量级，企业内部相应地会设有专门的知识产权部门负责专利的申请、维护等事务。对中小型企业来说，尤其是初创企业，专利数量不多，也没有专门的知识产权部门，有的甚至连专门负责的人员都没有，在这种情况下很容易产生疏漏，因为忘记缴纳年费导致专利权失效。

以上专利风险有的来自企业外部，有的来自企业内部，如果不事先排查或者事后妥善应对，有可能导致 IPO 延期，甚至夭折。下面列举的案例虽然并非来自北交所上市企业，但前车之鉴还是应该引以为戒。

二、案例分析

（一）典型案例 1

【案情介绍】

2018 年 12 月，江苏通领科技有限公司（原告，以下简称"通领公司"）在南京市中级人民法院起诉公牛集团股份有限公司（被告，以下简称"公牛集团"），认为被告未经许可使用其两项专利，分别为专利号 ZL201010297882.4 的发明专利（支撑滑动式安全门）和专利号 ZL201020681902.3 的实用新型专利（电源插座安全保护装置），并要求法院判定被告立即停止侵权，并作出 9.99 亿元的经济赔偿。此时，正是公牛集团 IPO 申请审核期间。

2019年1月4日,公牛集团向国家知识产权局提出了上述两项专利的无效宣告请求。

2019年7月3日,通领公司以涉案第ZL201010297882.4号发明专利已被国家知识产权局宣告无效为由,向南京市中级人民法院提出撤诉申请。法院于2019年7月5日作出裁定,准许通领公司撤回起诉。

2019年6月11日,国家知识产权局作出无效决定(第40759号),宣告ZL201020681902.3号实用新型专利全部无效。2019年7月21日,南京市中级人民法院以涉案专利已被国家知识产权局宣告全部无效为理由驳回了通领公司关于上述实用新型专利的起诉。2019年8月13日,通领公司向最高人民法院提起上诉,请求最高人民法院撤销南京市中级人民法院关于上述专利案件的裁定,将相关案件发回南京市中级人民法院重审。2020年3月27日,最高人民法院裁定:驳回上诉,维持原裁定。

对于涉案的两件专利,从国家知识产权局的专利公告数据中,我们没有看到以上两项专利权被宣告无效。也就是说,国家知识产权局2019年6月作出的两个无效决定并没有生效,据说通领公司已于2019年9月就这两个无效决定向北京知识产权法院提起了行政诉讼,结果尚不得知。

综上,截至2020年3月27日,上述专利侵权诉讼都已尘埃落定,通领公司没有赢得诉讼,公牛集团也已于2020年2月6日上市。

【案例点评】

这是一起典型的IPO期间的专利诉讼案件,同时因为其诉讼标的金额巨大引起广泛关注。

通领公司和公牛集团都生产电源插座,存在业务竞争关系。通领公司在对手IPO期间起诉对手侵犯专利权,意图是阻击对手上市,这是一种典型的竞争策略。

公牛集团的应对策略也很典型。首先,及时组织团队检索现有技术,针对涉案专利提出无效宣告请求,这是针对专利侵权诉讼的一种典型应对措施。《专利法》第四十五条规定:"自国务院专利行政部门公告授予专利权之日起,任何单位或者个人认为该专利权的授予不符合本法有关规定的，可以请求国务院专利行政部门宣告该专利权无效。"在遭遇专利侵权诉讼时，被告往往会质疑涉案专利的有效性，提出无效宣告请求，如果能够成功，则可彻底排除风险；即使不能成功，也可在诉讼程序上暂时获得制衡，缓解舆论压力。其次，为了消除诉讼事件的潜在不利影响，公牛集团的控股股东宁波良机实业有限公司出具承诺函称："如法院判决公牛集团股份有限公司及其控股子公司、分公司承担任何费用支出、经济赔偿等损失，则由本公司无条件全额承担补偿责任，或在公司及其控股子公司、分公司必须先行支付该等费用的情况下，及时向公司及其控股子公司、分公司给予全额补偿，以保证不因上述费用致使公司及其控股子公司、分公司和公司未来上市后的公众股东遭受任何损失。"

正是公牛集团及时有效的应对措施使得集团顺利上市。

（二）典型案例2

【案情介绍】

2017年5月5日，常州永安公共自行车系统股份有限公司（以下简称"永安公司"）发布公告称，其首次公开发行股票的申请在获得中国证监会核准之后，于2017年5月3日完成初步询价，但是原计划于2017年5月5日进行网上路演因出现媒体质疑事项暂停，后续发行工作暂缓。

该公告所称的媒体质疑事项，指的是顾某来发起的专利侵权诉讼。

2017年4月17日，顾某来在江苏省苏州市中级人民法院起诉永安公司，称：其于2013年10月9日经国家知识产权局批准获得第ZL201010602045.8号"无固定取还点的自行车租赁运营系统及其方法"发明专利，专利申请日为2010年12月23日。永安公司自2010年起生产、运行的自行车完全落入涉案专利的保护范围，构成侵权。根据永安公司招股记载，其产品包括有桩公共自行车、无桩共享单车、共享助力自行车，涉嫌侵权自行车覆盖面广、用户多。永安公司在未获专利权人许可的情况下实施涉案专利获得利益，违反了《专利法》第十一条、第十二条规定，请求判令永安公司立即停止侵权并向其支付维权成本10万元。

2017年4月18日,顾某来在江苏省南京市中级人民法院起诉永安公司,理由也是侵害其上述发明专利。

2017年4月20日,顾某来以永安公司侵权地较多,对其侵权相关证据需要进一步全面调查取证,申请撤回在苏州市中级人民法院的起诉。永安公司对此答辩称,永安公司自行车使用的技术方案未落入涉案专利保护范围,被控侵权行为不能成立,且顾某来系以专利侵权纠纷为工具行阻挠永安公司首次公开发行之实,相关诉讼已对其造成重大影响,不同意其撤诉。2017年5月15日,苏州市中级人民法院作出裁定,不准许顾某来撤诉。顾某来不服,向江苏省高级人民法院提出上诉。

2017年6月28日,顾某来在北京知识产权法院起诉永安公司,理由也是侵害其上述发明专利。

2017年10月24日,顾某来以其与被告达成和解协议为由,向北京知识产权法院提出撤诉申请。2017年11月10日,北京知识产权法院裁定准许顾某来撤回起诉。

2017年12月27日,顾某来以其与被告达成和解为由,向南京市中级人民法院提出撤诉申请。2018年1月13日,南京市中级人民法院裁定准许顾某来撤回起诉。

2017年12月27日,上诉人顾某来以其与被上诉人达成和解协议为由,向江苏省高级人民法院提出撤诉申请。法院当日作出裁定,准许顾某来撤回上诉。

也就是说,截至2017年12月27日,顾某来与永安公司之间的三起诉讼都已达成和解。

2018年1月3日,永安公司发布公告称,基于公司认为顾某来先生的"无固定取还点的自行车租赁运营系统及其方法"的专利存在其自身的特点,如显示功能等,公司着眼于未来,考虑到在将来的共享单车新业务中可能会应用顾某来先生的专利技术,与顾某来签订了和解协议,并已向其支付了65万元的专利使用费。

【案例点评】

这是一起典型的因专利侵权诉讼影响 IPO 进程的案例。因为最终达成和解，所以整个案件过程中法院并没有对侵权是否成立作出判决。

永安公司招股意向书显示，其自身的实施方案与上述专利存在以下不同："一是技术方案不同：顾某专利中的车载终端（位于自行车上），用于车辆定位、防盗、接收平台信息、用户认证、计价收费（以上摘自其专利摘要）；而发行人系统中，位于自行车上的设备不具有定位等功能，亦不需要接收管理平台信息与用户认证，而是通过手机终端来实现上述功能。二是用车流程和方法步骤不同：在顾某专利中，用户首先向平台发出用车请求，由平台根据定位及状态信息为用户选定自行车，回复相关信息给用户，然后用户在找到指定的自行车后进行租取；而在发行人业务中，用户自主选择自行车，无需先发用车请求然后再由系统选定车辆，即自行车不是运营平台自动匹配的，而是用户自己指定的，因此也不存在系统回复车辆信息给用户这一步骤。"

以上对比稍有不妥，即某些特征是跟专利的摘要内容对比，恰当的做法应该是涉嫌侵权的产品或方法与专利的权利要求进行对比。抛开这一点，我们只提取永安公司自身的实施方案信息，从中得知：其位于自行车上的设备不具有定位等功能，也不需要接收管理平台信息与用户认证，而是通过手机终端来实现上述功能；其用户自主选择自行车，无须先发用车请求然后再由系统选定车辆，即自行车不是运营平台自动匹配的，而是用户自己指定的，因此也不存在系统回复车辆信息给用户这一步骤。

而涉案专利共有 6 项权利要求，其中包括两项独立权利要求 1 和 5，内容如下。

1.一种无固定取还点的自行车租赁运营系统，其特征是包括用户终端、多台装有车载终端的自行车、运营业务管理平台和车辆搬运系统，其中：

车载终端用于车辆定位、防盗、接收平台的认证信息、进行用户认证、计价收费；它包括定位模块、车辆信号发射模块、车辆信号接收模块、车辆信号输入模块、车辆信号输出模块、自行车锁模块、存储模块和处理器。所述的定位模块用于定位相应自行车的位置信息并发送至运营业务管理平台;所述的车辆信号发射模块用于向运营业务管理平台上传/提交运营自行车的状态信息,包括待用、占用状态;所述的车辆信号接收模块用于接收运营业务管理平台发出的用户身份识别信息;所述的车辆信号输入模块用于接收用户的输入信息;所述的车辆信号输出模块用于向车辆使用者提供提示、指示信息;所述的自行车锁模块用于用户进行身份认证及自行车防盗。

运营业务管理平台用于接收且响应用户用车请求,指挥车辆搬运系统平衡车辆分布密度,并与各车载终端构成租赁管理系统。

车辆搬运系统接收运营业务管理平台的指令,对自行车密度进行平衡分布管理。

所述的用户终端,是用户自有的具备通讯功能的终端设备,用于向运营业务管理平台发送租赁服务请求、指令或查询,并接收反馈信息;它包括用户输入模块、用户输出模块、用户发送模块和用户接收模块。所述的用户终端各模块是分立对接的或一体化集成,用户输入模块、用户输出模块能够与其他系统或设备对接。所述的用户输入模块用于用户输入信息;所述的用户输出模块用于向用户输出信息;所述的用户发送模块用于用户向运营业务管理平台上传、提交信息;所述的用户接收模块用于用户下载、接收租赁管理系统向用户发送的信息。

5. 一种无固定取还点的自行车租赁运营方法,应用权利要求1所述的无固定取还点的自行车租赁运营系统,其特征是它包括以下步骤。

(a) 用户向运营业务管理平台发出用车请求。

(b) 运营业务管理平台根据各运营自行车的定位及状态信息,为用户选定与其用车请求相匹配的自行车,回复相关信息给用户,该信息包括自行车的位置和身份认证信息。

(c) 用户找到相应的自行车,完成身份认证操作并开锁取车。

(d) 用户使用完毕,运营自行车恢复待用状态。

(e) 运营业务管理平台使用车辆搬运系统分布车辆密度;所述的运营自行

车能够接收运营业务管理平台发出的导航信息,并发送至车载终端的处理器,该处理器通过显示模块输出。

由上可知,权利要求1中限定了"车载终端……它包括定位模块……所述的定位模块用于定位相应自行车的位置信息并发送至运营业务管理平台",而永安公司的系统不包含该特征,根据《最高人民法院关于审理侵犯专利权纠纷案件应用法律若干问题的解释(法释〔2009〕21号)》第七条的规定判断,应该没有落入权利要求1的保护范围。权利要求5中限定了"用户向运营业务管理平台发出用车请求;运营业务管理平台根据各运营自行车的定位及状态信息,为用户选定与其用车请求相匹配的自行车,回复相关信息给用户,该信息包括自行车的位置和身份认证信息",而永安公司的系统运营方法不包含该特征,应该没有落入权利要求5的保护范围。权利要求的保护范围以独立权利要求为最大,没有落入两项独立权利要求的保护范围,也不会落入其他从属权利要求的保护范围,所以永安公司的产品及其运营方法应该是不侵犯顾某来上述专利权的。

另外,顾某来上述专利保护的是无固定取还点的自行车租赁系统和运营方法,而永安公司的相关业务占比很小。永安公司招股说明书显示,从2016年下半年起,发行人开始于部分原有政府投资有桩公共自行车业务未涉及的一二线城市少量试点布局用户付费无桩共享单车业务,该部分业务占比较小,2016年度占发行人主营业务收入(77 423.63万元)比例仅为0.05%。

综上,永安公司的IPO进程受到干扰,确实有些无辜。但是,要想在诉讼程序中证明自己的清白,可能会经历漫长的法律程序。而该公司为了尽快冲出诉讼程序,也为将来业务的发展,选择了与顾某来和解,从而很快恢复了IPO进程,不失为明智的选择。

(三)典型案例3

【案情介绍】

苏州敏芯微电子技术股份有限公司(以下简称"敏芯股份")在科创板IPO

进程中,遭遇歌尔股份有限公司(以下简称"歌尔股份")及其子公司北京歌尔泰克科技有限公司(以下简称"歌尔泰克")发起的多起专利侵权诉讼和专利权属诉讼。其中,专利权属诉讼的情况如下。

2019年11月25日,歌尔泰克向苏州市中级人民法院提起诉讼,将敏芯股份及其股东李某、胡某、梅某欣列为被告,主张敏芯股份的专利号为ZL200710038554.0的发明专利为梅某欣在歌尔泰克的职务发明,专利权应归属歌尔泰克。(专利权属诉讼1)

2019年12月25日,歌尔股份向苏州市中级人民法院提起诉讼,将敏芯股份及李某、唐某明、梅某欣、邵某龙、张某列为被告,主张敏芯股份的申请号为"201910280377.X""201910293047.4""201910293219.8""201910293041.7"的四项发明专利申请为唐某明在歌尔股份的职务发明,专利申请权应归属歌尔股份。(专利权属诉讼2、3、4、5)

2020年3月19日,歌尔股份再次向苏州市中级人民法院提起一件专利权属诉讼,将敏芯股份及唐某明、梅某欣、张某列为被告,主张敏芯股份的专利号为"ZL201920493097.2"的实用新型专利为唐某明在歌尔股份的职务发明,专利权应归属歌尔股份。(专利权属诉讼6)

2020年4月27日,歌尔股份向苏州市中级人民法院提起一件专利权属诉讼,将敏芯股份及唐某明、梅某欣、张某列为被告,主张敏芯股份专利号为"ZL201920492690.5"的实用新型专利为唐某明在歌尔股份的职务发明,专利权应归属歌尔股份。(专利权属诉讼7)

2020年5月27日,歌尔股份向苏州市中级人民法院提起一件专利权属诉讼,将敏芯股份及唐某明、梅某欣、张某列为被告,主张敏芯股份的专利号为"ZL201920493062.9"的实用新型专利为唐某明在歌尔股份的职务发明,专利权应归属歌尔股份。(专利权属诉讼8)

据悉,敏芯股份系由苏州敏芯微电子技术有限公司(以下简称"敏芯有限")整体变更设立的股份有限公司,敏芯有限成立于2007年9月25日。敏芯股份是一家以MEMS传感器研发与销售为主的半导体芯片设计公司,目前主要产品线包括 MEMS 麦克风、MEMS 压力传感器和 MEMS 惯性传感器。

梅某欣是敏芯股份的副总经理，2004 年 7 月至 2006 年 8 月担任青岛歌尔电子有限公司北京科技分公司研发工程师、技术经理，2006 年 9 月至 12 月担任北京歌尔泰克科技有限公司技术经理，2007 年 1 月至 8 月就职于芯锐微电子技术（上海）有限公司，2007 年 9 月至 2015 年 12 月担任敏芯有限研发副总经理，2015 年 12 月之后担任敏芯股份副总经理。涉案 ZL200710038554.0 号"微机电声学传感器的封装结构"发明专利由梅某欣于 2007 年 3 月 28 日向国家知识产权局提出申请；2008 年 7 月 28 日，专利申请人变更为敏芯有限。

唐某明原为歌尔股份员工，2017 年 7 月 6 日与歌尔股份签订劳动合同，承担歌尔股份管理技术类岗位工作。2018 年 6 月 13 日，唐某明提交非作业员辞职申请报告申请离职，次日双方办理了离职工作交接手续。加入敏芯股份之后，唐某明在 2019 年 1 月至 4 月参与完成了涉案专利的研发。

2020 年 9 月 4 日，苏州市中级人民法院对上述专利权属诉讼 2、3、4、5、6 五个案件作出一审判决，判决结果均为歌尔股份败诉。歌尔股份不服，向最高人民法院提出上诉。经过审理，最高人民法院均驳回上诉，维持原判。

2020 年 9 月 8 日，苏州市中级人民法院对上述专利权属诉讼 1 作出一审判决，判决结果为歌尔泰克败诉。歌尔泰克不服，向最高人民法院提出上诉。经过审理，最高人民法院撤销了苏州市中级人民法院作出的一审判决，确认名称为"微机电声学传感器的封装结构"的专利（专利号 ZL200710038554.0）归歌尔泰克所有。

2020 年 11 月，苏州市中级人民法院对上述专利权属诉讼 7、8 作出一审判决，判决结果为歌尔股份败诉。歌尔股份不服，向最高人民法院提出上诉。2021 年 8 月 4 日，歌尔股份提出撤诉申请，最高人民法院裁定准许。

【案例点评】

这是一起典型的由人员跳槽引起的新老东家之间的专利权属纠纷。该案件有两个方面值得关注。

一方面是离职人员职务发明创造的判断。根据最高人民法院的观点，离职员工作出的发明创造是否属于职务发明创造应当满足以下两个条件：一是时间要求，涉案发明创造应当是在员工的劳动、人事关系终止后 1 年内作出的；二是内容要求，涉案发明创造与在原单位承担的本职工作或任务有关。在认定是否"有关"时，应当重点从离职员工本职工作或工作任务所属技术领域、从事的工作内容或者工作职责等方面进行审查判断。上述案件中的两个关键人物梅某欣和唐某明都是在离职后 1 年内完成的涉案发明创造，满足时间上的要求，但是判决结果却截然不同，原因就在于第二个条件。梅某欣无论是本职工作还是工作任务，都与涉案专利存在相关性，而唐某明则不存在相关性。

另一方面是起诉的时机。2019 年 5 月，敏芯股份进入江苏证监局公布的拟上市企业辅导备案名单；2019 年 11 月 1 日，敏芯股份的科创板 IPO 申请获得上交所受理。而歌尔股份及歌尔泰克的专利权属诉讼恰恰是在 2019 年 11 月至 2020 年 5 月提出的，另有几起专利侵权诉讼是在 2019 年 7 月至 2020 年 3 月提出的。2020 年 4 月 30 日在上会前夕被叫停审议，应该说敏芯股份的 IPO 进程受到了上述专利诉讼的影响。对起诉时机的选择，上述专利权属诉讼 1 是最明显的，涉案专利 ZL200710038554.0 是 2007 年申请的，2007 年 8 月 29 日公开，2011 年 6 月 15 日获得授权。也就是说，歌尔泰克在 2007 年 8 月 29 日之后就已经能够得知涉案专利申请的存在，却一直没有对专利权的归属提出异议，直到 12 年后敏芯股份拟上市期间才提起诉讼，这一点值得耐人寻味。

（四）典型案例 4

【案情介绍】

苏州恒久光电科技股份有限公司（以下简称"苏州恒久"），其前身为成立于 2002 年的苏州恒久光电科技有限公司。该公司的主营业务是激光有机光导鼓系列产品的研发、生产和销售。

苏州恒久 2010 年首次申请在创业板上市，当年 1 月通过了中国证监会审核，但就在 3 月准备上市时被媒体曝出其招股说明书中披露的 5 件专利和 2 件专利申请中,有4件外观设计专利和1件实用新型专利因"未缴年费专利权终止"。由于专利状态与招股说明书和申报文件披露的信息不一致,中国证监会要求保荐机构就该问题进行核查,股票暂缓上市。当年6月,创业板发行审核委员会重新审核之后,撤销了苏州恒久的IPO申请。

2016年,苏州恒久改为在中小板申请上市,根据招股说明书披露,其当时拥有18项专利权(发明专利4项、外观设计14项)。这次,苏州恒久终于如愿以偿,成功上市。

【案例点评】

这是一起典型的由公司内部管理疏漏造成的风险。

专利授权之后,必须定期缴纳年费才能维持专利权有效。《中华人民共和国专利法实施细则》第九十八条规定:"授予专利权当年以后的年费应当在上一年度期满前缴纳。专利权人未缴纳或者未缴足的,国务院专利行政部门应当通知专利权人自应当缴纳年费期满之日起6个月内补缴,同时缴纳滞纳金;滞纳金的金额按照每超过规定的缴费时间1个月,加收当年全额年费的5%计算;期满未缴纳的,专利权自应当缴纳年费期满之日起终止。"可见,即便专利权人由于疏忽忘记缴费,专利局也会发通知进行告知,而不是直接公告专利权失效。在一定期限内,专利权人都是有补救机会的。如果公司的专利直到被公告失效自己都没有发现,是极不正常的,应当引以为戒。

参考文献

[1] 安徽凤凰滤清器股份有限公司．向不特定合格投资者公开发行股票说明书 [Z/OL]．（2020-12-03）[2022-01-15]．http：//www.bse.cn/disclosure/2020/2020-12-03/1606992967_931143.pdf．

[2] 安徽佳先功能助剂股份有限公司．向不特定合格投资者公开发行股票说明书 [Z/OL]．（2020-07-07）[2022-01-15]．http：//www.bse.cn/disclosure/2020/2020-07-07/1594109525_543447.pdf．

[3] 安徽晶赛科技股份有限公司．向不特定合格投资者公开发行股票说明书 [Z/OL]．（2021-10-21）[2022-01-15]．http：//www.bse.cn/disclosure/2021/2021-10-21/1634817024_374670.pdf．

[4] 北京恒合信业技术股份有限公司．向不特定合格投资者公开发行股票说明书 [Z/OL]．（2021-09-28）[2022-01-15]．http：//www.bse.cn/disclosure/2021/2021-09-28/1632830862_452584.pdf．

[5] 北京凯腾精工制版股份有限公司．向不特定合格投资者公开发行股票说明书 [Z/OL]．（2021-07-16）[2022-01-15]．http：//www.bse.cn/disclosure/2021/2021-07-16/1626428408_148867.pdf．

[6] 北京流金岁月传媒科技股份有限公司．向不特定合格投资者公开发行股票说明书 [Z/OL]．（2020-07-15）[2022-01-15]．http：//www.bse.cn/disclosure/2020/2020-07-15/1594804208_030922.pdf．

[7] 北京诺思兰德生物技术股份有限公司．向不特定合格投资者公开发行股票说明书 [Z/OL]．（2020-11-13）[2022-01-15]．http：//www.bse.cn/disclosure/2020/2020-11-13/1605252926_788490.pdf．

[8] 北京三元基因药业股份有限公司．向不特定合格投资者公开发行股票说明书 [Z/OL]．

（2020-12-30）[2022-01-15]. http：//www.bse.cn/disclosure/2020/2020-12-30/1609314366_534355.pdf.

[9] 北京世纪国源科技股份有限公司. 向不特定合格投资者公开发行股票说明书 [Z/OL]. （2020-07-13）[2022-01-15]. http：//www.bse.cn/disclosure/2020/2020-07-13/1594632726_891461.pdf.

[10] 北京殷图网联科技股份有限公司. 向不特定合格投资者公开发行股票说明书 [Z/OL]. （2020-07-07）[2022-01-15]. http：//www.bse.cn/disclosure/2020/2020-07-07/1594107292_289808.pdf.

[11] 北京颖泰嘉和生物科技股份有限公司. 向不特定合格投资者公开发行股票说明书 [Z/OL].（2020-07-06）[2022-01-15]. http：//www.bse.cn/disclosure/2020/2020-07-06/1594020911_752057.pdf.

[12] 北京中航泰达环保科技股份有限公司. 向不特定合格投资者公开发行股票说明书 [Z/OL].（2020-07-17）[2022-01-15]. http：//www.bse.cn/disclosure/2020/2020-07-17/1594993807_245741.pdf.

[13] 贝特瑞新材料集团股份有限公司. 向不特定合格投资者公开发行股票说明书 [Z/OL]. （2020-07-09）[2022-01-15]. http：//www.bse.cn/disclosure/2020/2020-07-09/1594282684_969169.pdf.

[14] 曹文婷. 新三板挂牌企业市值管理的困境及对策 [J]. 财会月刊, 2020（19）.

[15] 曹中铭. 北交所横空出世意味着什么 [J]. 中国外资, 2021, 9.

[16] 长春市朱老六食品股份有限公司. 向不特定合格投资者公开发行股票说明书 [Z/OL]. （2021-05-10）[2022-01-15]. http：//www.bse.cn/disclosure/2021/2021-05-10/1620639026_365413.pdf.

[17] 常州电站辅机股份有限公司. 向不特定合格投资者公开发行股票说明书 [Z/OL].（2020-11-06）[2022-01-15]. http：//www.bse.cn/disclosure/2020/2020-11-06/1604662087_480838.pdf.

[18] 常州同惠电子股份有限公司. 向不特定合格投资者公开发行股票说明书 [Z/OL].（2020-12-29）[2022-01-15]. http：//www.bse.cn/disclosure/2020/2020-12-29/1609231568_859298.pdf.

[19] 陈洁. 北交所的定位及未来 [J]. 中国金融, 2021, 18.

[20] 成都中寰流体控制设备股份有限公司．向不特定合格投资者公开发行股票说明书[Z/OL]．（2021-10-27）[2022-01-15]．http：//www.bse.cn/disclosure/2021/2021-10-27/1635333983_426179.pdf．

[21] 程丹．提升北交所流动性 构建指数及产品体系[N]．证券时报，2022-01-10（A02）．

[22] 大连盖世健康食品股份有限公司．向不特定合格投资者公开发行股票说明书[Z/OL]．（2020-12-31）[2022-01-15]．http：//www.bse.cn/disclosure/2020/2020-12-31/1609400438_995878.pdf．

[23] 大连连城数控机器股份有限公司．向不特定合格投资者公开发行股票说明书[Z/OL]．（2020-07-17）[2022-01-15]．http：//www.bse.cn/disclosure/2020/2020-07-17/1594994049_510547.pdf．

[24] 德高行（北京）科技有限公司．专利领先指标的建构方法及应用：201410283508.7[P]．2014-10-22．

[25] 观典防务技术股份有限公司．向不特定合格投资者公开发行股票说明书[Z/OL]．（2020-07-15）[2022-01-15]．http：//www.bse.cn/disclosure/2020/2020-07-15/1594798428_469140.pdf．

[26] 广东广咨国际工程投资顾问股份有限公司．向不特定合格投资者公开发行股票说明书[Z/OL]．（2021-09-28）[2022-01-15]．http：//www.bse.cn/disclosure/2021/2021-09-28/1632830805_243785.pdf．

[27] 广东驱动力生物科技股份有限公司．向不特定合格投资者公开发行股票说明书[Z/OL]．（2021-01-06）[2022-01-15]．http：//www.bse.cn/disclosure/2021/2021-01-06/1609918503_519557.pdf．

[28] 广东永顺生物制药股份有限公司．向不特定合格投资者公开发行股票说明书[Z/OL]．（2020-07-15）[2022-01-15]．http：//www.bse.cn/disclosure/2020/2020-07-15/1594815007_907923.pdf．

[29] 广脉科技股份有限公司．向不特定合格投资者公开发行股票说明书[Z/OL]．（2021-09-28）[2022-01-15]．http：//www.bse.cn/disclosure/2021/2021-09-28/1632830840_895704.pdf．

[30] 桂林星辰科技股份有限公司．向不特定合格投资者公开发行股票说明书[Z/OL]．（2021-06-16）[2022-01-15]．http：//www.bse.cn/disclosure/2021/2021-06-16/1623833531_697430.pdf．

[31] 郭施亮.北交所成立,如何影响 A 股市场?[J].理财,2021(11):28-29.

[32] 国义招标股份有限公司.向不特定合格投资者公开发行股票说明书[Z/OL].(2021-08-09)[2022-01-15].http://www.bse.cn/disclosure/2021/2021-08-09/1628497207_498899.pdf.

[33] 翰博高新材料(合肥)股份有限公司.向不特定合格投资者公开发行股票说明书[Z/OL].(2020-07-17)[2022-01-15].http://www.bse.cn/disclosure/2020/2020-07-17/1594993449_051017.pdf.

[34] 何诚颖,等.不一样的北交所:北京证券交易所新政解读[M].北京:中国财政经济出版社,2021:1.

[35] 河北方大包装股份有限公司.向不特定合格投资者公开发行股票说明书[Z/OL].(2020-07-08)[2022-01-15].http://www.bse.cn/disclosure/2020/2020-07-08/1594193610_915987.pdf.

[36] 河北润农节水科技股份有限公司.向不特定合格投资者公开发行股票说明书[Z/OL].(2020-07-16)[2022-01-15].http://www.bse.cn/disclosure/2020/2020-07-16/1594884867_606227.pdf.

[37] 河北志晟信息技术股份有限公司.向不特定合格投资者公开发行股票说明书[Z/OL].(2021-10-12)[2022-01-15].http://www.bse.cn/disclosure/2021/2021-10-12/1634041710_097519.pdf.

[38] 河南同心传动股份有限公司.向不特定合格投资者公开发行股票说明书[Z/OL].(2021-10-13)[2022-01-15].http://www.bse.cn/disclosure/2021/2021-10-13/1634124141_678334.pdf.

[39] 恒拓开源信息科技股份有限公司.向不特定合格投资者公开发行股票说明书[Z/OL].(2020-07-16)[2022-01-15].http://www.bse.cn/disclosure/2020/2020-07-16/1594884955_189770.pdf.

[40] 湖北华阳汽车变速系统股份有限公司.向不特定合格投资者公开发行股票说明书[Z/OL].(2021-07-01)[2022-01-15].http://www.bse.cn/disclosure/2021/2021-07-01/1625131928_079862.pdf.

[41] 湖南德众汽车销售服务股份有限公司.向不特定合格投资者公开发行股票说明书[Z/OL].(2020-11-12)[2022-01-15].http://www.bse.cn/disclosure/2020/2020-11-12/1605171848_827726.pdf.

[42] 湖南五新隧道智能装备股份有限公司. 向不特定合格投资者公开发行股票说明书[Z/OL].（2021-07-29）[2022-01-15]. http：//www.bse.cn/disclosure/2021/2021-07-29/1627556185_593349.pdf.

[43] 华维设计集团股份有限公司. 向不特定合格投资者公开发行股票说明书[Z/OL].（2021-01-15）[2022-01-15]. http：//www.bse.cn/disclosure/2021/2021-01-15/1610710218_824703.pdf.

[44] 惠州市惠德瑞锂电科技股份有限公司. 向不特定合格投资者公开发行股票说明书[Z/OL].（2021-05-18）[2022-01-15]. http：//www.bse.cn/disclosure/2021/2021-05-18/1621330691_244669.pdf.

[45] 惠州市锦好医疗科技股份有限公司. 向不特定合格投资者公开发行股票说明书[Z/OL].（2021-09-28）[2022-01-15]. http：//www.bse.cn/disclosure/2021/2021-09-28/1632830770_350664.pdf.

[46] 吉林碳谷碳纤维股份有限公司. 向不特定合格投资者公开发行股票说明书[Z/OL].（2021-08-16）[2022-01-15]. http：//www.bse.cn/disclosure/2021/2021-08-16/1629105627_149047.pdf.

[47] 贾丽桓, 肖翔. 资本市场开放与企业高质量发展：基于代理成本与创新激励视角[J]. 现代经济探讨, 2021（12）.

[48] 江苏德源药业股份有限公司. 向不特定合格投资者公开发行股票说明书[Z/OL].（2021-01-26）[2022-01-15]. http：//www.bse.cn/disclosure/2021/2021-01-26/1611654740_211224.pdf.

[49] 江苏鹿得医疗电子股份有限公司. 向不特定合格投资者公开发行股票说明书[Z/OL].（2020-07-16）[2022-01-15]. http：//www.bse.cn/disclosure/2020/2020-07-16/1594884875_710057.pdf.

[50] 江苏森萱医药股份有限公司. 向不特定合格投资者公开发行股票说明书[Z/OL].（2020-07-16）[2022-01-15]. http：//www.bse.cn/disclosure/2020/2020-07-16/1594884871_040702.pdf.

[51] 江苏威博液压股份有限公司. 江苏威博液压股份有限公司招股说明书[Z/OL].（2021-12-17）[2022-01-15]. http：//www.bse.cn/disclosure/2021/2021-12-17/1639739900_494446.pdf.

[52] 经济合作与发展组织. 奥斯陆手册2018：创新数据收集、报告、使用指南[M]. 4版. 中国科学技术发展战略研究院, 译. 北京：科学技术文献出版社, 2021.

[53] 李浩. 北交所一本通 [M]. 北京：中国经济出版社，2021：11.

[54] 梁谦刚，郭洁，张娟娟. 总市值首度突破 90 万亿 全年成交额创纪录 [N]. 证券时报，2022-01-10（A04）.

[55] 刘慧. 新三板改革迎来重大举措 推动高质量发展的新的重大战略部署 [J]. 现代企业，2021（10）.

[56] 刘丽，孙田田，徐风. 我国 A 股退市制度的问题及完善路径研究 [C]// 创新与发展：中国证券业 2019 年论文集，2020.

[57] 刘艳. 北交所聚焦"专精特新"背后的中小企业新气象 [J]. 中国商界，2021，11.

[58] 刘玉珍，刘玉海. 成立北交所，如何赋能新三板 [J]. 中国中小企业，2021，11.

[59] 龙竹科技集团股份有限公司. 向不特定合格投资者公开发行股票说明书 [Z/OL].（2020-06-30）[2022-01-15]. http：//www.bse.cn/disclosure/2020/2020-06-30/1593503801_799457.pdf.

[60] 陆薇薇. 创业板公司的技术创新能力评价研究 [D]. 南京大学，2019.

[61] 漯河利通液压科技股份有限公司. 向不特定合格投资者公开发行股票说明书 [Z/OL].（2021-01-28）[2022-01-15]. http：//www.bse.cn/disclosure/2021/2021-01-28/1611828624_933974.pdf.

[62] 马婧妤，张雪. 深化新三板改革 聚焦"主阵地"高质量建设北交所 [N]. 上海证券报，2022-01-14.

[63] 马莉莉，李湘晋. 分层制度、做市商制度与企业融资效率：基于我国新三板挂牌企业的实证研究 [J]. 经济问题，2019（3）.

[64] 闵豫南. 做市商制度与新三板市场流动性研究 [J]. 现代经济探讨，2020（12）.

[65] 明光浩淼安防科技股份公司. 向不特定合格投资者公开发行股票说明书 [Z/OL].（2020-12-10）[2022-01-15]. http：//www.bse.cn/disclosure/2020/2020-12-10/1607592625_004567.pdf.

[66] 莫子迪. 风吹潮起北交所 [J]. 中国中小企业，2021，10.

[67] 南京沪江复合材料股份有限公司. 南京沪江复合材料股份有限公司招股说明书 [Z/OL].（2021-12-29）[2022-01-15]. http：//www.bse.cn/disclosure/2021/2021-12-29/1640779702_608899.pdf.

[68] 南京云创大数据科技股份有限公司. 向不特定合格投资者公开发行股票说明书 [Z/OL].

（2021-07-29）[2022-01-15]. http：//www.bse.cn/disclosure/2021/2021-07-29/1627555927_079192.pdf.

[69] 南通大地电气股份有限公司. 向不特定合格投资者公开发行股票说明书 [Z/OL].（2021-10-13）[2022-01-15]. http：//www.bse.cn/disclosure/2021/2021-10-13/1634124490_613650.pdf.

[70] 南通通易航天科技股份有限公司. 向不特定合格投资者公开发行股票说明书 [Z/OL].（2021-07-28）[2022-01-15]. http：//www.bse.cn/disclosure/2021/2021-07-28/1627465943_735495.pdf.

[71] 内蒙古大唐药业股份有限公司. 向不特定合格投资者公开发行股票说明书 [Z/OL].（2020-07-16）[2022-01-15]. http：//www.bse.cn/disclosure/2020/2020-07-16/1594884890_623312.pdf.

[72] 宁波球冠电缆股份有限公司. 向不特定合格投资者公开发行股票说明书 [Z/OL].（2020-07-07）[2022-01-15]. http：//www.bse.cn/disclosure/2020/2020-07-07/1594109406_411602.pdf.

[73] 宁夏凯添燃气发展股份有限公司. 向不特定合格投资者公开发行股票说明书 [Z/OL].（2020-07-15）[2022-01-15]. http：//www.bse.cn/disclosure/2020/2020-07-15/1594798410_392736.pdf.

[74] OCEAN 益友有限公司. 生成有价证券指数的方法和系统：200780016061.5[P]. 2009-05-20.

[75] 攀枝花秉扬科技股份有限公司. 向不特定合格投资者公开发行股票说明书 [Z/OL].（2020-12-21）[2022-01-15]. http：//www.bse.cn/disclosure/2020/2020-12-21/1608536022_233453.pdf.

[76] 青岛丰光精密机械股份有限公司. 向不特定合格投资者公开发行股票说明书 [Z/OL].（2020-12-09）[2022-01-15]. http：//www.bse.cn/disclosure/2020/2020-12-09/1607511490_063649.pdf.

[77] 青岛建邦汽车科技股份有限公司. 向不特定合格投资者公开发行股票说明书 [Z/OL].（2020-07-17）[2022-01-15]. http：//www.bse.cn/disclosure/2020/2020-07-17/1594994050_399097.pdf.

[78] 任浪，孙金钜. 以新三板和北交所为核心的转板制度初步建成，渐进性建立覆盖全市场的转板制度 [R]. 开源证券 - 中小盘周报，2022-02.

[79] 阮梅花，肖沪卫. 企业自主创新能力评价的专利指标体系构建初探[J]. 大学图书情报学刊，2011，29（1）：85-89.

[80] 三门三友科技股份有限公司. 向不特定合格投资者公开发行股票说明书[Z/OL].（2020-07-16）[2022-01-15]. http：//www.bse.cn/disclosure/2020/2020-07-16/1594884924_069661.pdf.

[81] 山东汉鑫科技股份有限公司. 向不特定合格投资者公开发行股票说明书[Z/OL].（2021-09-29）[2022-01-15]. http：//www.bse.cn/disclosure/2021/2021-09-29/1632914543_488096.pdf.

[82] 山东齐鲁华信实业股份有限公司. 向不特定合格投资者公开发行股票说明书[Z/OL].（2021-04-12）[2022-01-15]. http：//www.bse.cn/uploads/4/file/public/202104/20210412190820_ottmubto6v.pdf.

[83] 山东数字人科技股份有限公司. 向不特定合格投资者公开发行股票说明书[Z/OL].（2020-11-18）[2022-01-15]. http：//www.bse.cn/disclosure/2020/2020-11-18/1605684910_292021.pdf.

[84] 山东万通液压股份有限公司. 向不特定合格投资者公开发行股票说明书[Z/OL].（2020-10-22）[2022-01-15]. http：//www.bse.cn/disclosure/2020/2020-10-22/1603369346_266971.pdf.

[85] 山西科达自控股份有限公司. 向不特定合格投资者公开发行股票说明书[Z/OL].（2021-10-21）[2022-01-15]. http：//www.bse.cn/disclosure/2021/2021-10-21/1634816288_244540.pdf.

[86] 陕西同力重工股份有限公司. 向不特定合格投资者公开发行股票说明书[Z/OL].（2021-01-18）[2022-01-15]. http：//www.bse.cn/disclosure/2021/2021-01-18/1610969541_397084.pdf.

[87] 上海艾融软件股份有限公司. 向不特定合格投资者公开发行股票说明书[Z/OL].（2020-07-06）[2022-01-15]. http：//www.bse.cn/disclosure/2020/2020-07-06/1594042444_452304.pdf.

[88] 上海创远仪器技术股份有限公司. 向不特定合格投资者公开发行股票说明书[Z/OL].（2020-07-17）[2022-01-15]. http：//www.bse.cn/disclosure/2020/2020-07-17/1594980606_373797.pdf.

[89] 上海海希工业通讯股份有限公司. 向不特定合格投资者公开发行股票说明书[Z/OL].（2021-09-28）[2022-01-15]. http：//www.bse.cn/disclosure/2021/2021-09-28/1632830788_304791.pdf.

[90] 深圳市广道高新技术股份有限公司. 向不特定合格投资者公开发行股票说明书[Z/OL].

（2021-09-29）[2022-01-15]. http：//www.bse.cn/disclosure/2021/2021-09-29/1632914545_756527.pdf.

[91] 深圳市美之高科技股份有限公司. 向不特定合格投资者公开发行股票说明书 [Z/OL]. （2021-06-22）[2022-01-15]. http：//www.bse.cn/disclosure/2021/2021-06-22/1624347331_414487.pdf.

[92] 十堰市泰祥实业股份有限公司. 向不特定合格投资者公开发行股票说明书 [Z/OL]. （2020-07-13）[2022-01-15]. http：//www.bse.cn/disclosure/2020/2020-07-13/1594631526_334270.pdf.

[93] 四川长虹新能源科技股份有限公司. 向不特定合格投资者公开发行股票说明书 [Z/OL]. （2021-01-21）[2022-01-15]. http：//www.bse.cn/disclosure/2021/2021-01-21/1611228246_141353.pdf.

[94] 四川梓橦宫药业股份有限公司. 向不特定合格投资者公开发行股票说明书 [Z/OL]. （2021-07-27）[2022-01-15]. http：//www.bse.cn/disclosure/2021/2021-07-27/1627389850_717309.pdf.

[95] 苏州禾昌聚合材料股份有限公司. 向不特定合格投资者公开发行股票说明书 [Z/OL]. （2021-09-29）[2022-01-15]. http：//www.bse.cn/disclosure/2021/2021-09-29/1632914586_716054.pdf.

[96] 苏州旭杰建筑科技股份有限公司. 向不特定合格投资者公开发行股票说明书 [Z/OL]. （2020-07-09）[2022-01-15]. http：//www.bse.cn/disclosure/2020/2020-07-09/1594282465_114696.pdf.

[97] 苏州轴承厂股份有限公司. 向不特定合格投资者公开发行股票说明书 [Z/OL].（2020-07-08）[2022-01-15]. http：//www.bse.cn/disclosure/2020/2020-07-08/1594193618_017303.pdf.

[98] 孙金东. 我国科技型中小企业新三板融资问题研究 [D]. 西南财经大学，2019.

[99] 同辉佳视（北京）信息技术股份有限公司. 向不特定合格投资者公开发行股票说明书 [Z/OL].（2021-07-14）[2022-01-15]. http：//www.bse.cn/disclosure/2021/2021-07-14/1626259209_867721.pdf.

[100] 同享（苏州）电子材料科技股份有限公司. 向不特定合格投资者公开发行股票说明书

[Z/OL].（2020-07-07）[2022-01-15]. http：//www.bse.cn/disclosure/2020/2020-07-07/1594107253_490195.pdf.

[101] 潍坊智新电子股份有限公司. 向不特定合格投资者公开发行股票说明书 [Z/OL].（2021-05-19）[2022-01-15]. http：//www.bse.cn/disclosure/2021/2021-05-19/1621418647_048834.pdf.

[102] 无锡吉冈精密科技股份有限公司. 向不特定合格投资者公开发行股票说明书 [Z/OL].（2021-10-29）[2022-01-15]. http：//www.bse.cn/disclosure/2021/2021-10-29/1635504610_922051.pdf.

[103] 武汉微创光电股份有限公司. 向不特定合格投资者公开发行股票说明书 [Z/OL].（2020-07-17）[2022-01-15]. http：//www.bse.cn/disclosure/2020/2020-07-17/1594994764_807316.pdf.

[104] 向鹏. 北交所成立:优化资本市场服务"专精特新"[J]. 高科技与产业化, 2021, 27（11）.

[105] 谢玮. 北交所开市：中小企业"出路所在，希望所在"[J]. 中国经济周刊, 2021, 22.

[106] 新安洁环境卫生股份有限公司. 向不特定合格投资者公开发行股票说明书 [Z/OL].（2020-07-13）[2022-01-15]. http：//www.bse.cn/disclosure/2020/2020-07-13/1594631047_892676.pdf.

[107] 杨毅. 多层次资本市场 发挥枢纽功能助力高质量发展 [J]. 中国金融家, 2021（12）.

[108] 姚栋. 多层次资本市场视角下上市企业融资效率分析 [D]. 山东大学, 2020.

[109] 易宪容. 北京证券交易所的发展思路 [J]. 光彩, 2021, 10.

[110] 余兴喜. 北交所与"专精特新"[J]. 新理财：公司理财, 2021, 10.

[111] 云南生物谷药业股份有限公司. 向不特定合格投资者公开发行股票说明书 [Z/OL].（2020-07-13）[2022-01-15]. http：//www.bse.cn/disclosure/2020/2020-07-13/1594625636_001803.pdf.

[112] 张奥平. 北交所开市，资本市场十大关键影响全解读 [J]. 科技与金融, 2021, 12.

[113] 张晓燕. 北交所新规如何助力"专精特新"中小企业发展 [J]. 人民论坛, 2021, 29（10）.

[114] 张晓燕. 深化资本市场改革 迈向高质量发展新征程 [J]. 清华金融评论, 2021（9）.

[115] 张雄潮. 企业技术创新能力的统计研究 [D]. 湖南大学, 2015.

[116] 中航富士达科技股份有限公司. 向不特定合格投资者公开发行股票说明书 [Z/OL].（2020-07-16）[2022-01-15]. http：//www.bse.cn/disclosure/2020/2020-07-16/1594884872_

673896.pdf.

[117] 中华人民共和国工业和信息化部办公厅.工业和信息化部办公厅关于开展专精特新"小巨人"企业培育工作的通知[A/OL].（2018-11-26）[2022-2-26].https：//www.miit.gov.cn/jgsj/qyj/wjfb/art/2020/art_4f31ecab79ba40c696b12fc8b89e573b.html.

[118] 中华人民共和国科学技术部办公厅.高新技术企业认定管理工作指引[A/OL].（2016-06-29）[2022-02-19].https：//www.most.gov.cn/kjzc/gjkjzc/qyjsjb/201706/W020160629509739849739.doc.

[119] 中设工程咨询（重庆）股份有限公司.向不特定合格投资者公开发行股票说明书[Z/OL].（2021-10-12）[2022-01-15].http：//www.bse.cn/disclosure/2021/2021-10-12/1634041686_286407.pdf.

[120] 钟国斌.私募证券基金规模或破7万亿[N].深圳商报，2022-6-20（A03）.

[121] 周艾琳.北交所开市 外资机构筹备布局"中国版纳斯达克"[N].第一财经日报，2021-11-16（A07）.

[122] 周璐璐，张利静.北京证券交易所：开市以来市场生态发生六大积极变化[N].中国证券报，2022-01-10（A01）.

[123] 珠海拾比佰彩图板股份有限公司.向不特定合格投资者公开发行股票说明书[Z/OL].（2021-06-09）[2022-01-15].http：//www.bse.cn/disclosure/2021/2021-06-09/1623231249_750713.pdf.

[124] 祝青.新三板精选层首批挂牌企业质量研究：基于创业板和科创板首批上市公司的对比[J].经济研究参考，2020（15）.

[125] 卓丽洪.北交所设立的历史逻辑、时代背景与发展思考[J].发展研究，2021，38（11）.

[126] World Intellectual Property Organization. Global Innovation Index 2021：Tracking Innovation through the COVID-19 Crisis[M/OL]. Geneva：World Intellectual Property Organization, 2021. https：//www.wipo.int/edocs/pubdocs/en/wipo_pub_gii_2021.pdf.

附　录

附表 1　北交所创新能力优势企业 * 目录

序号	公司简称	所属行业	创新能力总排名	创新能力行业排名
1	贝特瑞	电力设备	1	1
2	五新隧装	机械设备	2	1
3	创远仪器	通信	3	1
4	颖泰生物	基础化工	4	1
5	科达自控	机械设备	5	2
6	安徽凤凰	交运设备	6	1
7	富士达	通信	7	2
8	观典防务	国防军工	8	1
9	中航泰达	环保	9	1
10	沪江材料	轻工制造	10	1
11	中设咨询	建筑装饰	11	1
12	三友科技	机械设备	12	3
13	凯添燃气	公用事业	13	无
14	同惠电子	机械设备	14	4
15	龙竹科技	轻工制造	15	2
16	连城数控	电力设备	16	2
17	佳先股份	基础化工	17	2
18	浩淼科技	机械设备	18	5
19	艾融软件	计算机	19	1
20	齐鲁华信	基础化工	20	3

* 北交所上市创新能力优势企业是选取创新能力总分在所有 84 家公司中排名前 50% 的公司，同时选取创新能力总分在行业内排名前 50% 的公司。如果行业内只有 1 家上市公司，其创新能力行业排名标记为"无"，并且只有当其在所有 84 家公司中排名前 50% 时才入选。

续表

序号	公司简称	所属行业	创新能力总排名	创新能力行业排名
21	凯腾精工	电子	21	1
22	同辉信息	计算机	22	2
23	吉冈精密	有色金属	23	无
24	锦好医疗	医药生物	24	1
25	新安洁	环保	25	2
26	微创光电	计算机	26	3
27	丰光精密	机械设备	27	6
28	星辰科技	机械设备	28	7
29	通易航天	国防军工	29	2
30	旭杰科技	建筑装饰	30	2
31	禾昌聚合	基础化工	31	4
32	森萱医药	医药生物	32	2
33	同力股份	机械设备	33	8
34	海希通讯	机械设备	34	9
35	三元基因	医药生物	35	3
36	德瑞锂电	电力设备	36	3
37	同享科技	电力设备	37	4
38	润农节水	农林牧渔	38	1
39	建邦科技	交运设备	39	2
40	鹿得医疗	医药生物	40	4
41	威博液压	机械设备	41	10
42	同心传动	交运设备	42	3
43	大地电气	交运设备	44	4
44	诺思兰德	医药生物	47	5
45	晶赛科技	电子	48	2
46	盖世食品	食品饮料	56	1
47	云创数据	计算机	59	4

附表2 北交所专利储备优势企业* 目录

序号	公司简称	所属行业	专利储备总排名	专利储备行业排名
1	贝特瑞	电力设备	1	1
2	五新隧装	机械设备	2	1
3	颖泰生物	基础化工	3	1
4	创远仪器	通信	4	1
5	龙竹科技	轻工制造	5	1
6	安徽凤凰	交运设备	6	1
7	凯腾精工	电子	7	1
8	富士达	通信	8	2
9	连城数控	电力设备	9	2
10	中航泰达	环保	10	1
11	大地电气	交运设备	11	2
12	丰光精密	机械设备	12	2
13	吉冈精密	有色金属	13	无
14	翰博高新	电子	14	2
15	同力股份	机械设备	15	3
16	森萱医药	医药生物	16	1
17	浩淼科技	机械设备	17	4
18	锦好医疗	医药生物	18	2
19	长虹能源	电力设备	19	3
20	观典防务	国防军工	20	1
21	科达自控	机械设备	21	5
22	佳先股份	基础化工	22	2
23	中设咨询	建筑装饰	23	1
24	润农节水	农林牧渔	24	1
25	旭杰科技	建筑装饰	25	2
26	海希通讯	机械设备	26	6

* 北交所上市专利储备优势企业是选取专利储备在所有84家公司中排名前50%的公司,同时选取专利储备在行业内排名前50%的公司。如果行业内只有1家上市公司,其专利储备行业排名标记为"无",并且只有当其在所有84家公司中排名前50%时才入选。

续表

序号	公司简称	所属行业	专利储备总排名	专利储备行业排名
27	三元基因	医药生物	27	3
28	同享科技	电力设备	28	4
29	禾昌聚合	基础化工	29	3
30	同惠电子	机械设备	30	7
31	拾比佰	家用电器	31	无
32	齐鲁华信	基础化工	32	4
33	微创光电	计算机	33	1
34	鹿得医疗	医药生物	34	4
35	威博液压	机械设备	35	8
36	建邦科技	交运设备	36	3
37	三友科技	机械设备	37	9
38	星辰科技	机械设备	38	10
39	梓橦宫	医药生物	39	5
40	新安洁	环保	40	2
41	智新电子	电子	41	3
42	沪江材料	轻工制造	42	2
43	同辉信息	计算机	46	2
44	同心传动	交运设备	48	4
45	云创数据	计算机	51	3
46	盖世食品	食品饮料	57	1
47	艾融软件	计算机	59	4